Q&A クロスボーダー信託の税務

ウィザーズ・ジャパン税理士法人
著　水谷猛雄・富田千寿子

個人信託に係る所得税・相続税の課税関係

税務経理協会

はじめに

　米国をはじめ諸外国では次世代へのスムーズな財産の承継を計画的に準備するいわゆるエステートプランニングが盛んであり，その手段の一つとして信託（トラスト）を利用するのが一般的となっています。

　信託が利用される理由には財産管理機能，倒産隔離機能及び委託者の意思が自身の死亡以降も継続させることができる意思凍結機能といった信託の持つ様々な機能の優位性が挙げられます。

　日本においても平成19年の信託法の改正を機に，信託の持つ前述のような機能が見直され，相続対策における民事信託の利用に関する興味・関心が日増しに高まってきており，今後ますます相続対策における信託の利用が増加していくことが予想されます。

　その一方で富裕層を中心に海外に資産を保有していたり，家族が海外に居住していたりといった状況は国際化の中で一般的になりつつあり，信託を利用するにあたりクロスボーダーの信託に関する税務の問題は避けて通れないものとなります。

　本書は個人を中心とした信託の税務上の一般的な取扱い，クロスボーダーの場面において信託が利用される場合の税務上の留意点等を解説することを目的としております。

　第一部では信託の所得税法上の取扱いを受益者等課税信託，集団投資信託及び法人税課税信託の分類別にそれぞれ解説し，第二部では信託の相続税法上の取扱いを一般信託，受益者等の存しない信託の分類別に解説し，第三部では信託に関する消費税等その他の税務上の取扱いについて解説しております。

　読者層は弁護士，公認会計士，税理士といった専門家やプライベートバンキング業務に携わる方々を想定しております。

　本書が信託を利用してのエステートプランニングを検討する際の一助となれば幸いです。

　最後に編集を担当いただきました税務経理協会第一編集部の小林規明氏に多大なる感謝を申し上げます。

ウィザーズ・ジャパン税理士法人
税理士　水谷　猛雄

目次
CONTENTS

はじめに

第1部 所得税

第1章 概要

- **Q1** 国内信託の所得税法上の分類について ———— 4
- **Q2** 外国信託の所得税法上の分類について ———— 6
- **Q3** 受益者等課税信託の概要 ———— 7
- **Q4** 所得税法の信託の「受益者」の定義 ———— 9
- **Q5** 受益者が2以上いる場合 ———— 12
- **Q6** 受益者等課税信託（収益及び費用の帰属の時期）———— 14
- **Q7** 受益者等課税信託（信託契約に基づく財産の移転）———— 15
- **Q8** 受益者等課税信託（信託終了に伴う財産の移転）———— 17
- **Q9** 受益者等課税信託の信託受益権の譲渡 ———— 19
- **Q10** 受益者等課税信託の信託財産に属する資産の譲渡 ———— 20
- **Q11** 受益者等課税信託の信託財産に属する株式等と同一銘柄の株式等を有している場合の取得価額の計算 ———— 24
- **Q12** 受益者等課税信託の設定時のみなし譲渡 ———— 25
- **Q13** 新たな受益者等が存するに至った場合 ———— 27
- **Q14** 受益者等課税信託の一部の受益者等が存しなくなった場合 ———— 30

Q15	受益者等課税信託が終了した場合	32
Q16	受益者等課税信託の不動産所得の損益通算の特例	34
Q17	信託計算書	37

第2章 受益者等課税信託（クロスボーダー）

Q18	租税条約の適用関係	42
Q19	恒久的施設との関係	44
Q20	外国税額控除との関係	46
Q21	受益者等課税信託（非居住者の損失利用制限）	48
Q22	事業譲渡類似株式の判定	50
Q23	米国チャリタブル・リメインダー・ユニトラスト	53

第3章 集団投資信託

Q24	集団投資信託の定義	56
Q25	合同運用信託の定義	58
Q26	合同運用信託の定義（委託者が実質的に多数でない場合）	59
Q27	投資信託の定義	61
Q28	証券投資信託の定義	64
Q29	公社債投資信託	66
Q30	株式等証券投資信託	69
Q31	株式等証券投資信託の居住者による投資の課税関係	70
Q32	集団投資信託となる証券投資信託以外の投資信託	73
Q33	国内公募公社債等運用投資信託	75
Q34	国内公募非公社債等投資信託	77
Q35	特定受益証券発行信託	79
Q36	証券投資信託の信託財産に係る利子等の課税の特例	84

Q37 集団投資信託の信託財産に係る利子等の課税の特例 ─── 86

第4章 集団投資信託(クロスボーダー)

Q38 外国信託の定義 ─── 90
Q39 外国投資信託の定義 ─── 91
Q40 外国株式投資信託の投資に係る課税関係 ─── 93
Q41 外国公社債投資信託の投資に係る課税関係 ─── 96
Q42 外国投資信託と租税条約 ─── 98
Q43 外国投資信託と恒久的施設との関係 ─── 100
Q44 外国投資信託とタックスヘイブン対策税制との関係 ─── 102
Q45 外国投資信託が受領する振替債の利子 ─── 104

第5章 法人課税信託

Q46 法人課税信託とは ─── 108
Q47 法人課税信託の法人税の納税義務 ─── 111
Q48 法人課税信託の信託設定 ─── 113
Q49 受益者等課税信託が法人課税信託に該当することとなった場合 ─── 115
Q50 法人課税信託からの収益の分配 ─── 117
Q51 法人課税信託からの元本の払戻し ─── 118
Q52 法人課税信託の受益権の売却 ─── 119
Q53 法人課税信託の信託の終了 ─── 120
Q54 受益者等の存しない信託 ─── 121
Q55 受益者等の存在しない信託の設定 ─── 124
Q56 受益者等課税信託が受益者等の存在しない信託に
該当することとなった場合 ─── 125

Q57	受益者等の存在しない信託について受益者等が存することとなった場合	126
Q58	法人課税信託に該当する投資信託	128
Q59	私募公社債等運用投資信託	129
Q60	私募非公社債等投資信託	131
Q61	特定目的信託	133
Q62	特定目的信託の社債的受益権投資の課税関係	135
Q63	社債的受益権以外の特定目的信託の受益権投資の課税関係	137

第6章 法人課税信託（クロスボーダー）

Q64	法人課税信託とタックスヘイブン対策税制（受益証券発行信託）	140
Q65	法人課税信託とタックスヘイブン対策税制（受益者等の存しない信託）	142
Q66	外国法人課税信託と租税条約	144
Q67	法人課税信託と恒久的施設	146

第7章 その他

Q68	国外転出時課税の概要	150
Q69	国外転出時課税とは	154
Q70	国外転出とは	160
Q71	国外転出時課税の対象者	161
Q72	国外転出時課税の対象となる有価証券	166
Q73	国外転出時課税の対象財産（信託受益権）	169
Q74	国外転出時課税の対象となる未決済信用取引等	170
Q75	国外転出時課税の対象となるデリバティブ取引等	172
Q76	国外転出後5年を経過するまでに帰国した場合の取扱い	176
Q77	納税猶予制度	178

Q78	納税猶予に係る手続	179
Q79	納税猶予に係る担保財産	184
Q80	納税猶予中に対象資産の譲渡等があった場合	185
Q81	譲渡価額が国外転出の時の対象資産の価額よりも下落しているとき	190
Q82	納税猶予期間満了の取扱い	192
Q83	国外転出先の国で課された外国所得税の控除	193
Q84	納税猶予の特例の適用を受けていた者が死亡した場合	194
Q85	国外転出(贈与)時課税	195
Q86	受贈者が5年以内に帰国した場合	201
Q87	納税猶予に係る手続	203
Q88	納税猶予中に贈与対象資産の譲渡等があった場合	205
Q89	譲渡価額が国外転出(贈与)の時の対象資産の価額よりも下落しているとき	209
Q90	納税猶予期間満了の取扱い	211
Q91	納税猶予の特例の適用を受けていた者が死亡した場合	212
Q92	国外転出(相続)時課税	213
Q93	相続人等が5年以内に帰国した場合	218
Q94	納税猶予に係る手続	220
Q95	納税猶予中に相続対象資産の譲渡等があった場合	222
Q96	譲渡価額が国外転出(相続)の時の対象資産の価額よりも下落しているとき	224
Q97	納税猶予期間満了の取扱い	226
Q98	納税猶予の特例の適用を受けていた者が死亡した場合	227
Q99	公益信託とは	228
Q100	公益信託の信託財産とするために財産を提供した場合	230
Q101	特定公益信託への寄付	231
Q102	外国慈善信託への寄付	234

第2部 相続税

第1章 概要

- **Q103** 一般信託の相続税・贈与税課税の概要 ──── 238
- **Q104** 信託の効力発生時の贈与又は遺贈 ──── 240
- **Q105** 受益者の定義 ──── 243
- **Q106** 生命保険信託 ──── 246
- **Q107** 受益者等の有する信託に関する権利がその信託に関する権利の全部でない場合 ──── 247
- **Q108** 新たな受益者等が存するに至った場合 ──── 249
- **Q109** 一部の受益者等が存しなくなった場合 ──── 252
- **Q110** 信託が終了した場合 ──── 254
- **Q111** 公益信託の委託者の地位が異動した場合 ──── 257
- **Q112** 受益者連続型信託とは ──── 259
- **Q113** 受益者連続型信託の課税の概要 ──── 262
- **Q114** 信託財産責任負担債務の帰属 ──── 264

第2章 一般信託(クロスボーダー)

- **Q115** 相続税・贈与税の納税義務者と課税財産の範囲 ──── 268
- **Q116** 財産の所在の判定 ──── 270
- **Q117** 住所の判定 ──── 272
- **Q118** 重国籍者の場合 ──── 274
- **Q119** 米国 Rovocable Living Trust(撤回可能生前信託) ──── 277

第3章 受益者等の存しない信託

- **Q120** 受益者の存しない信託の効力発生 ─── 280
- **Q121** 受益者の存しない信託（一定の親族の範囲）─── 283
- **Q122** 受益者等の存しない信託の受益者等となる者が複数存する場合 ─ 285
- **Q123** 受益者等の存しない信託の委託者が死亡した場合 ─── 287
- **Q124** 受益者等の存しない信託の受託者が死亡した場合 ─── 289
- **Q125** 受益者等の存しない信託の贈与税額計算 ─── 291
- **Q126** 2以上の受託者に贈与税が課税された場合の明細書の添付 ─── 293
- **Q127** 一の信託について2以上の受託者がいる場合 ─── 295
- **Q128** 受益者等の存する信託の受益者等が存しないこととなった場合 ─ 296
- **Q129** 受益者等の存しない信託について受益者が存することになった場合（受益者が締結時に存しない者である場合）─── 299
- **Q130** 受益者の存しない信託（委託者の通知義務）─── 302

第4章 受益者等の存しない信託（クロスボーダー）

- **Q131** 受益者の存しない信託の受託者が非居住者又は外国法人である場合 ─ 306
- **Q132** 米国取消不可能生命保険信託（Irrevocable Life Insurance Trust）─ 309

第5章 その他

- **Q133** 教育資金の一括贈与非課税制度の概要 ─── 316
- **Q134** 教育資金の範囲 ─── 318
- **Q135** 教育資金の一括贈与時の非課税制度の手続 ─── 321
- **Q136** 教育資金管理契約が終了した場合の課税関係 ─── 324
- **Q137** 結婚・子育て資金の一括贈与に係る贈与税の非課税 ─── 326

Q138	結婚・子育て資金の範囲	328
Q139	結婚・子育て資金の一括贈与に係る贈与税の非課税制度の手続	330
Q140	結婚・子育て資金管理契約が終了した場合の課税関係	322
Q141	信託財産である居住用不動産についての贈与税の配偶者控除の適用	334
Q142	信託財産である宅地等への小規模宅地等についての相続税の課税価格の計算の特例の適用	337
Q143	財産評価（貸付信託受益証券の評価）	345
Q144	財産評価（証券投資信託受益証券の評価）	346
Q145	不動産投資信託証券等及び受益証券発行信託の評価	348
Q146	受益者等課税信託の受益権の評価	349
Q147	受益者連続型信託に関する権利の評価	351
Q148	受益権が複層化された受益者連続型信託に関する元本受益権の全部又は一部を法人が有している場合の当該法人の株式の評価額	353
Q149	国外財産調書制度	355
Q150	国外財産調書制度（国内財産・国外財産の判定）	359
Q151	国外財産調書制度（信託受益権に係る国外財産の判定）	363
Q152	国外財産調書制度（信託受益権の価額）	365
Q153	国外財産調書制度（過少申告加算税等の特例措置）	367
Q154	国外財産調書制度（罰則）	369

第3部 消費税

Q155	受益者等課税信託の概要	373
Q156	消費税法の信託の「受益者」の定義	375
Q157	受益者等課税信託（信託契約に基づく財産の移転）	378
Q158	受益者等課税信託（信託終了に伴う財産の移転）	379

Q159	受益者等課税信託の信託受益権の譲渡	380
Q160	受益者が2以上いる場合	381
Q161	集団投資信託等の信託財産に係る消費税	383
Q162	法人課税信託の受託者の納税義務	384
Q163	不動産を信託設定した場合の登録免許税・不動産取得税	385
Q164	不動産信託終了時の登録免許税・不動産取得税	387
Q165	不動産信託受益権を取得した場合の登録免許税・不動産取得税	389
Q166	不動産信託の受託者が変更した場合の登録免許税・不動産取得税	390
Q167	責任限定信託に係る登録免許税	391
Q168	信託契約書に係る印紙税	392
Q169	信託受益証券に係る印紙税	393
Q170	受託者の納税義務（受託者の変更）	394
Q171	受託者の納税義務（複数の受託者が就任している信託について，そのうちの一人の任務が終了した場合）	396
Q172	受託者の納税義務（受託者の死亡）	398
Q173	受託者の納税義務（受託者が分割した場合の承継）	399
Q174	信託財産責任負担債務である国税に関する繰上請求	400
Q175	信託財産責任負担債務である国税に係る還付金等	401
Q176	清算受託者等の第二次納税義務	403
Q177	信託財産に対する滞納処分の制限	406
Q178	信託が終了した場合の残余財産に対する滞納処分	407
Q179	委託者に対する滞納処分	408
Q180	受託者に対する滞納処分	410
Q181	受益者に対する滞納処分	411
Q182	受託者の変更等があった場合の滞納処分の効力	413

索引 ———— 415

○凡　例

通則法	国税通則法
徴収法	国税徴収法
所法	所得税法
所令	所得税法施行令
所規	所得税法施行規則
法法	法人税法
相法	相続税法
相令	相続税法施行令
相規	相続税法施行規則
消法	消費税法
消令	消費税法施行令
措法	租税特別措置法
措令	租税特別措置法施行令
措規	租税特別措置法施行規則
印法	印紙税法
登免法	登録免許税法
地法	地方税法
国外送金等調書法	内国税の適正な課税の確保を図るための国外送金等に係る調書の提出等に関する法律
国外送金等調書令	内国税の適正な課税の確保を図るための国外送金等に係る調書の提出等に関する法律施行令
国外送金等調書規	内国税の適正な課税の確保を図るための国外送金等に係る調書の提出等に関する法律施行規則
徴基通	国税徴収法基本通達
所基通	所得税基本通達
相基通	相続税法基本通達
消基通	消費税法基本通達
措通	租税特別措置法関係通達
財基通	財産評価基本通達
国外財産調書関係通達	内国税の適正な課税の確保を図るための国外送金等に係る調書の提出等に関する法律（国外財産調書及び財産債務調書関係）の取扱い
金商法	金融商品取引法
金商令	金融商品取引法施行令

投信法……………………… 投資信託及び投資法人に関する法律
投信令……………………… 投資信託及び投資法人に関する法律施行令

※本文中括弧内の法令については，項は丸数字，号は漢数字としています。
例：（所法25①三）は，所得税法第25条第1項第3号となります。

第1部 所得税

第 1 章
概　要

第1部 所得税

 国内信託の所得税法上の分類について

国内信託は所得税法上どのように分類されるのでしょうか。

P OiNT

受益者等課税信託，集団投資信託，法人課税信託，退職年金等信託に大きく分類され，それぞれ課税関係が異なってきます。

解 説

所得税法上，国内信託は以下のとおりに分類されます。

国内信託の所得税法上の分類

国内信託	受益者等課税信託（いわゆるパススルー信託）			
	集団投資信託	合同運用信託		
		一定の投資信託	証券投資信託	公社債投資信託
				株式等証券投資信託
			国内公募投資信託	公募公社債等運用投資信託
				公募非公社債投資信託
		特定受益証券発行信託		
	法人課税信託	特定受益証券発行信託に該当しない受益証券発行信託		
		受益者の存しない信託		
		法人が委託者となる信託のうち，次に掲げるもの ・重要な事業の信託で，受益権の過半を委託者の株主に交付するもの ・長期（信託存続期間が20年超）の自己信託等 ・損益の分配割合の変更が可能である自己信託等		
		集団投資信託に該当しない投資信託	私募公社債等運用投資信託／国外公募公社債等運用投資信託	
			私募非公社債投資信託／国外公募非公社債投資信託	
		特定目的信託		
	退職年金等信託			

第 1 章 概　要

新しい信託税制の全体像（概要）

[課税方法]

受益者段階課税（発生時課税）
（信託収益の発生時に受益者等に課税）

[信託の種類]

○不動産・動産の管理等の一般的な信託
・信託財産に属する資産・負債及び信託財産に帰せられる収益・費用の帰属すべき者の範囲の整備
・信託損失に係る適正化措置
  ➤個人受益者等の信託に係る不動産所得の損失は，生じなかったものとみなす。
  ➤法人受益者等の信託損失のうち信託金額を超える部分を損金不算入

（受益者等課税信託）

[課税方法]

受益者段階課税（受領時課税）
（信託収益を現実に受領した時に受益者等に課税）

[信託の種類]

○特定受益証券発行信託
　受益証券発行信託のうち，受託者が税務署長の承認を受けた法人，未分配利益が信託元本総額の 2.5％ 以下であること等の要件に該当するもの
○合同運用信託
　範囲の適正化
○一定の投資信託（証券投資信託・国内公募等投資信託・外国投資信託）
○退職年金等信託，特定公益信託等

（集団投資信託）

[課税方法]

信託段階法人課税
（信託段階において受託者を納税義務者として法人税を課税）

[信託の種類]

○特定受益証券発行信託に該当しない受益証券発行信託
○受益者の存在しない信託
　遺言により設定された目的信託や委託者の地位を有する者のいない信託で受益者が特定されていないもの等
○法人が委託者となる信託のうち，次に掲げるもの
　・重要な事業の信託で，受益権の過半を委託者の株主に交付するもの
　・長期（信託存続期間 20 年超）の自己信託等
　・損益の分配割合の変更が可能である自己信託等
○投資信託（受領時課税される投資信託以外）
○特定目的信託

（法人課税信託）

出所：青木孝徳『改正税法のすべて（平成 19 年版）』（大蔵財務協会・2007）

第1部 所得税

 外国信託の所得税法上の分類について

外国信託は所得税法上どのように分類されるのでしょうか。

PoiNT

受益者等課税信託，集団投資信託，法人課税信託に大きく分類され，それぞれ課税関係が異なってきます。

所得税法上，外国信託は以下のとおりに分類されます。

外国信託の所得税法上の分類

外国信託	受託者等課税信託（いわゆるパススルー信託）			
	集団投資信託	合同運用信託		
		外国投資信託	証券投資信託	公社債投資信託
				株式証券投資信託
			上記以外	公社債等運用投資信託
				非公社債投資信託
	法人課税信託	受益証券発行信託		
		受益者の存しない信託		
		法人が委託者となる信託のうち，次に掲げるもの ・重要な事業の信託で，受益権の過半を委託者の株主に交付するもの ・長期（信託存続期間が20年超）の自己信託等 ・損益の分配割合の変更が可能である自己信託等		

受益者等課税信託の概要

受益者等課税信託とはどのような信託でしょうか。

受益者等課税信託とは税務上いわゆるパススルーとして取り扱われる信託をいいます。

解　説

受益者等課税信託とは集団投資信託，法人課税信託又は退職年金等信託に該当しない信託で税務上いわゆるパススルーとして取り扱われる信託をいいます。

受益者等課税信託の受益者は当該信託の信託財産に属する資産及び負債を有するものとみなし，かつ，当該信託財産に帰せられる収益及び費用は受益者の収益及び費用とみなして課税関係が決定されます（所法13）。

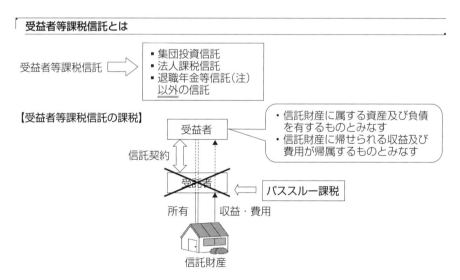

(注) 退職年金等信託とは法人税法第84条第1項に規定する確定給付年金資産管理運用契約、確定給付年金基金資産運用契約、確定拠出年金資産管理契約、勤労者財産形成給付契約若しくは勤労者財産形成基金給付契約、国民年金基金若しくは国民年金基金連合会の締結した国民年金法第128条第3項若しくは第137条の15第4項に規定する契約又はこれらに類する退職年金に関する契約で下記に定めるものに係る信託をいいます（所法13③二）。
(1) 法人税法附則第20条第3項に規定する適格退職年金契約
(2) 法人税法施行令第156条の2第10号に規定する厚生年金基金契約

また、受益者等課税信託の受益者は、当該受益者等課税信託に係る各種所得の金額の計算上総収入金額又は必要経費に算入する額は、当該受益者等課税信託の信託財産から生ずる利益又は損失をいうのではなく、当該信託財産に属する資産及び負債並びに当該信託財産に帰せられる収益及び費用を当該受益者のこれらの金額として計算することになります（所基通13-3）。

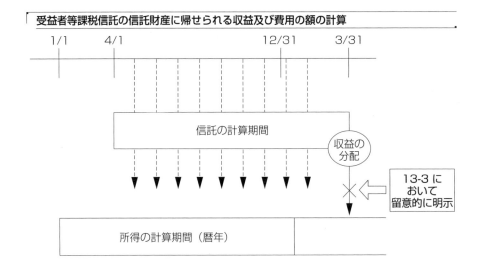

第1章 概　要

 所得税法の信託の「受益者」の定義

所得税法上の信託の「受益者」の定義を教えてください。

　所得税法上の受益者は受益者としての権利を現に有するものに限られ，一定の者を受益者とみなすものとされています。

解　説
1　原則

　所得税法上，受益者とは受益者としての権利を現に有するものに限るものとされます（所法13①）。

　したがって，受益者には信託法第182条第1項第1号に規定される残余財産受益者は含まれますが，次に掲げる者は含まれないものとされています（所基通13-8）。

① 　信託法第182条第1項第2号に規定する帰属権利者（以下，「帰属権利者」という）（その信託の終了前の期間に限る）
② 　委託者の死亡の時に受益権を取得する信託法第90条第1項第1号に掲げる受益者となるべき者として指定された者（委託者の死亡前の期間に限る）
③ 　委託者の死亡の時以後に信託財産に係る給付を受ける信託法第90条第1項第2号に掲げる受益者（委託者の死亡前の期間に限る）

　例えば信託法第90条第1項第2号の受益者のように委託者が死亡するまで受益者としての権利を有さないこととされている者は，委託者が死亡するまでは現に権利を有する者とはいえないことから，委託者が死亡するまでは「受益者等」には含まれないこととなります。

9

> **参考** 帰属権利者と残余財産受益者の違い
>
> 　信託行為で，信託終了時に残余財産の給付を受ける権利を持つと定められた者を残余財産受益者といいます（信託法2⑥，2⑦，182①一）。残余財産受益者は受益権が保障されていることから，受益者としての権利を現に有する者として取り扱われます。
> 　一方，信託行為で信託終了時に残余財産が帰属すると定められた者を帰属権利者といいます（信託法182①二）。帰属権利者は残余財産受益者と異なり，信託が終了するまでは信託法上の権利を有しないため，所得税法上の受益者には含まれないことになります。

2　みなし受益者

　信託の変更をする権限（軽微な変更をする権限を除く）を現に有し，かつ，信託の信託財産の給付を受けることとされている者は受益者とみなされます（所法13②）。

　軽微な変更をする権限とは信託の目的に反しないことが明らかである場合に限り，信託の変更をすることができる権限とされています（所令52①）。また，信託の変更をする権限には他の者との合意により信託の変更をすることができる権限が含まれます（所令52②）。

　停止条件が付された信託財産の給付を受ける権利を有する者は，信託財産の給付を受けることとされている者に該当します（所令52③）。

　みなし受益者には，信託の変更をする権限を現に有している委託者が次に掲げる場合であるものが含まれます。

① 　当該委託者が信託行為の定めにより帰属権利者として指定されている場合
② 　信託法第182条第2項に掲げる信託行為に残余財産受益者若しくは帰属権利者（以下この項において「残余財産受益者等」という）の指定に関する定めがない場合又は信託行為の定めにより残余財産受益者等として指定を受けた者の全てがその権利を放棄した場合

所得税法上の受益者

| 所得税法上の受益者 | → | 原則　受益者としての権利を現に有するもの |

↘ **みなし受益者**
・信託の変更をする権限を現に有する，かつ，
・信託の信託財産の給付を受けることとされている

受益者が 2 以上いる場合

受益者等課税信託について受益者が 2 以上いる場合の留意点について教えてください。

POiNT

受益者等課税信託について受益者が 2 以上いる場合，信託の信託財産に属する資産及び負債の全部をそれぞれの受益者がその有する権利の内容に応じて有するものとし，当該信託財産に帰せられる収益及び費用の全部がそれぞれの受益者にその有する権利の内容に応じて帰せられるものとされます。

解 説

受益者等課税信託の受益者は当該信託の信託財産に属する資産及び負債を有するものとみなし，かつ，当該信託財産に帰せられる収益及び費用は受益者の収益及び費用とみなして課税関係が決定されます（所法 13 ①）。

受益者等課税信託について受益者が 2 以上いる場合の取扱いは，以下のとおりとされています（所令 52 ④）。

① 受益者等課税信託の信託財産に属する資産及び負債の全部をそれぞれの受益者がその有する権利の内容に応じて有するものとされる。

② 受益者等課税信託の信託財産に帰せられる収益及び費用の全部をそれぞれの受益者がその有する権利の内容に応じて有するものとされる。

例えば，その信託財産に属する資産が，その構造上区分された数個の部分を独立して住居，店舗，事務所又は倉庫その他建物としての用途に供することができるものである場合において，その各部分の全部又は一部が 2 以上の受益者等の有する権利の目的となっているときは，当該目的となっている部分（以下，「受益者等共有独立部分」という）については，受益者等共有独立部分ごとに，

当該受益者等共有独立部分につき権利を有する各受益者等が，各自の有する権利の割合に応じて有しているものされることになります（所基通13-4）。

　所得税法上，受益者等課税信託の受益者とは受益者としての権利を現に有するものに限られるのであるから，例えば，一の受益者が有する受益者としての権利がその信託財産に係る受益者としての権利の一部にとどまる場合であっても，その余の権利を有する者が存しない又は特定されていないときには，当該受益者がその信託の信託財産に属する資産及び負債の全部を有するものとみなされ，かつ，当該信託財産に帰せられる収益及び費用の全部が帰せられるものとみなされることになります（所基通13-1）。

第1部 所得税

受益者等課税信託(収益及び費用の帰属の時期)

信託行為に信託の計算期間は4月から翌年3月までと定められていますが,受益者である個人の方はいつ所得を計上し,申告納付をする必要がありますか。

###

信託行為に定められた計算期間にかかわらず,当該信託の受益者のその年分の所得の各種所得の金額の計算上総収入金額又は必要経費に算入することになります。

解 説

受益者等課税信託については,その信託の受益者が信託財産に属する資産及び負債を有するものとみなし,かつ,信託財産に帰せられる収益及び費用は受益者の収益及び費用とみなして所得税法を適用することとされています(所法13)。

当該受益者等課税信託の受益者における当該信託財産に帰せられる収益及び費用の帰属の時期について信託契約等に定められた信託の計算期間を基にするのではなく,所得税法における所得の計算の原則である暦年によることになります(所基通13-2)。

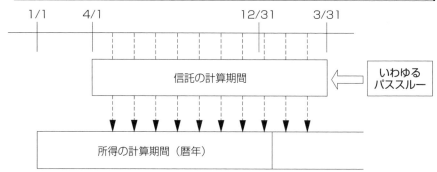

受益者等課税信託の信託財産に帰せられる収益及び費用の帰属の時期

第 1 章 概　　要

 受益者等課税信託（信託契約に基づく財産の移転）

　受益者等課税信託について信託行為に基づき，委託者から受託者へ資産を移転した場合，所得税の課税関係は発生しますか（委託者と受益者は同一であるものとする）。

Ｐoint

　受益者等課税信託について信託行為に基づき，委託者から受託者へ資産を移転した場合の当該移転は所得税法上の「資産の譲渡」又は「資産の取得」には該当しません。

解　説

　信託法上，信託とは，契約，遺言，一定の意思表示等により，特定の者（受託者）が一定の目的に従い財産の管理又は処分及びその他のその目的の達成のために必要な行為をすべきものとすることとされており（信託法2），法形式上は，信託を行うことによって，信託財産に属する資産の所有権は受託者へ移転するものと解されています。

　したがって，自益信託（委託者と受益者が同一の信託をいう）で受益者が単一の場合の受益者等課税信託において，信託行為に基づき信託した資産の移転がなされた場合，信託法上は，それぞれの移転に際して当該資産の所有権が移転したものとみることになります。

　一方，所得税法上は，受益者等課税信託においては信託の受益者はその信託の信託財産に属する資産及び負債を有するものとみなされることから，自益信託であっても，当該資産は受益者（委託者）が引き続き有していることとなります。したがって，当該資産の移転は資産の譲渡又は資産の取得に該当しないこととなります（所基通13-5）。

信託設定時の課税関係

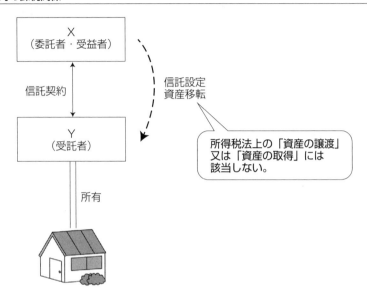

第1章 概　要

8　受益者等課税信託（信託終了に伴う財産の移転）

　受益者等課税信託について信託の終了に伴い，受託者から受益者への残余財産の給付として資産を移転した場合，所得税の課税関係は発生しますか（委託者と受益者は同一であるものとする）。

POiNT

　受益者等課税信託について信託の終了に伴い，受託者から受益者への財産給付として資産を移転した場合の当該移転は所得税法上の「資産の譲渡」又は「資産の取得」には該当しません。

解　説

　信託法上，信託とは，契約，遺言，一定の意思表示等により，特定の者（受託者）が一定の目的に従い財産の管理又は処分及びその他のその目的の達成のために必要な行為をすべきものとすることとされており（信託法2），法形式上は，信託を行うことによって，信託財産に属する資産の所有権は受託者へ移転するものと解されています。

　したがって，自益信託（委託者と受益者が同一の信託をいう）で受益者が単一の場合の受益者等課税信託において，信託の終了に伴う残余財産の給付としての資産の移転がなされた場合，信託法上は，それぞれの移転に際して当該資産の所有権が移転したものとみることになります。

　一方，所得税法上は，受益者等課税信託においては信託の受益者はその信託の信託財産に属する資産及び負債を有するものとみなされることから，自益信託であっても，当該資産は受益者（委託者）が引き続き有していることとなります。したがって，当該資産の移転は資産の譲渡又は資産の取得に該当しないこととなります（所基通13-5）。

信託終了時の課税関係

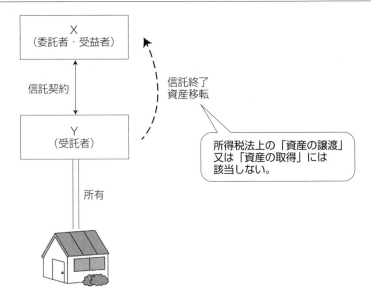

第1章 概　要

受益者等課税信託の信託受益権の譲渡

受益者等課税信託の受益者等が信託受益権を譲渡した場合の課税関係について教えてください。

受益者等課税信託の受益者等がその有する権利の譲渡又は取得が行われた場合には，その権利の目的となっている信託財産に属する資産及び負債が譲渡又は取得されたこととなります。

解　説

受益者等課税信託については，その信託の受益者が信託財産に属する資産及び負債を有するものとみなされます（所法13）。

したがって，受益者等課税信託の受益者等がその有する権利の譲渡又は取得が行われた場合には，その権利の目的となっている信託財産に属する資産及び負債が譲渡又は取得されたこととなります（所基通13-6）。

信託受益権譲渡時の課税関係

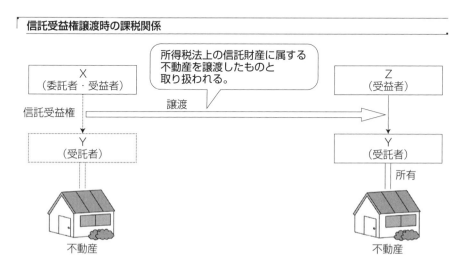

19

第1部 所得税

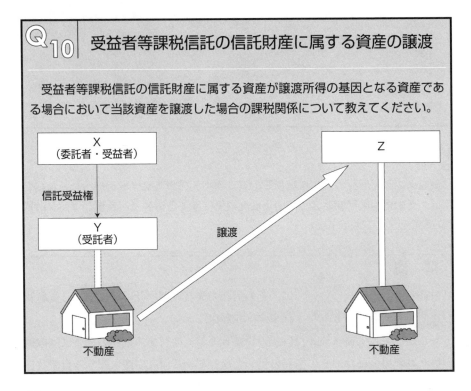

Q10 受益者等課税信託の信託財産に属する資産の譲渡

受益者等課税信託の信託財産に属する資産が譲渡所得の基因となる資産である場合において当該資産を譲渡した場合の課税関係について教えてください。

Point

受益者等課税信託の信託財産に属する資産が譲渡所得の基因となる資産である場合における当該権利の譲渡による所得は，原則として当該受益者等課税信託の受益者等の譲渡所得となります。

解 説

受益者等課税信託の信託財産に属する資産が譲渡所得の基因となる資産である場合における当該資産の譲渡又は受益者等課税信託の受益者等としての権利（いわゆる信託受益権）の目的となっている信託財産に属する資産が譲渡所得の基因となる資産である場合における当該権利の譲渡による所得は，原則として当該受益者等課税信託の受益者等の譲渡所得となります。

また，譲渡所得の金額の計算に次の事項に留意する必要があります（所基通33－1の7）。

1　譲渡費用

　受益者等課税信託の信託財産に属する資産の譲渡があった場合において，当該資産の譲渡に係る信託報酬として当該受益者等課税信託の受益者等が当該受益者等課税信託の受託者に支払った金額は「資産の譲渡に要した費用」として，当該受益者等の譲渡所得の金額の計算上控除します。

2　取得の日

　委託者と受益者等がそれぞれ一であり，かつ，同一の者である場合における受益者等課税信託の信託財産に属する資産を譲渡した場合の当該資産又は受益者等課税信託の受益者等としての権利を譲渡した場合の当該権利の目的となっている資産については，当該受益者等課税信託の受益者等（この場合においては委託者）が有していたものとみなされることから，これらの資産の取得の日は，当該受益者等課税信託の受益者等（＝委託者）がこれらの資産を取得した日となります。

　なお，受益者等課税信託の信託期間中に新たに信託財産に属することとなった資産の取得の日については，当該資産が当該受益者等課税信託の信託財産に属することとなった日となります。

3　受益者等課税信託の受益者等としての権利の目的となっている信託財産に債務がある場合の収入すべき金額

　受益者等課税信託の受益者等としての権利の目的となっている信託財産に債務が帰属している場合において，当該権利を譲渡した時の当該譲渡の対価の額が当該債務の額を控除した金額で支払われている場合には，当該権利の譲渡による収入すべき金額は，その支払を受けた対価の額に当該債務の額を加えた金額となります。

なお、受益者等としての権利の目的となっている信託財産に属する資産（金銭及び金銭債権を除く）が複数ある場合には、当該権利の目的となっている信託財産に属する資産の価額の比により按分して、個々の資産の譲渡収入金額を算定します。

4 受益者等課税信託の信託財産に属する資産の取得費

　受益者等課税信託の委託者が当該受益者等課税信託の受益者等となる信託の設定により信託財産に属することとなった資産については、当該資産は受益者等課税信託の受益者等（この場合においては委託者）が有するものとみなされることから、当該受益者等（＝委託者）がその資産を引き続き有しているものとして、譲渡所得の金額の計算を行います。

　なお、受益者等課税信託の信託期間中に、当該受益者等課税信託の信託財産に属することとなった資産の取得費については、当該受益者等課税信託の受託者が当該資産の取得のために要した金額をもって当該受益者等課税信託の受益者等が当該資産を取得し、引き続き所有しているものとして、譲渡所得の金額の計算を行います。

5 譲渡所得に関する課税の特例等の適用を受けようとする際に確定申告書に添付することとされている書類

　譲渡所得に関する課税の特例等の規定の適用を受けようとする場合には、通常、申告書に一定の書類を添付して提出することがその要件とされています。この場合において、受益者等が確定申告書に添付すべき書類については、昭和55年12月26日付直所3－20ほか1課共同「租税特別措置法に係る所得税の取扱いについて」（法令解釈通達）の28の4－53《信託の受益者における書類の添付》に準ずるものとされています。

（注）　信託財産に属する資産は、私法上は受託者に所有権が帰属していることから、例えば、当該資産の譲渡が収用交換等による譲渡である場合には、公共事業施行者か

ら当該受益者等課税信託の受託者に収用証明書等が交付されることとなります。このため、当該資産の譲渡について譲渡所得に関する課税の特例等の適用を受けようとする者（当該受益者等課税信託の受益者等）とその確定申告書に添付される証明書上の譲渡者（当該受益者等課税信託の受託者）が一致しないこととなり、その結果、譲渡所得に関する課税の特例等を受けることができないのではないかとも考えられます。

　そこで、このような場合において譲渡所得に関する課税の特例等の適用を受けるためには、当該添付をすることとされている書類に、当該資産の譲渡が当該受益者等課税信託の受益者等が有する当該受益者等課税信託の信託財産に属する資産の譲渡である旨の受託者の証明を受ける必要があることを示しているものです。

> **参考** 昭和55年12月26日付直所3－20ほか1課共同「租税特別措置法に係る所得税の取扱いについて」（法令解釈通達）（抜粋）
>
> （信託の受益者における書類の添付）
> 28の4－53　受益者等課税信託（法第13条第1項((信託財産に属する資産及び負債並びに信託財産に帰せられる収益及び費用の帰属))に規定する受益者（同条第2項の規定により同条第1項に規定する受益者とみなされる者を含む。）がその信託財産に属する資産及び負債を有するものとみなされる信託をいう。）の受益者（同条第2項の規定により、同条第1項に規定する受益者とみなされる者を含む。）が、当該信託の信託財産に属する土地等の譲渡又は賃借権の設定等に係る雑所得について措置法第28条の4第3項の規定の適用を受けようとする場合には、同項の規定により、措置法規則第11条第1項各号に掲げる書類をその確定申告書に添付する必要があるのであるが、その添付に当たっては、これらの書類が受益者の有する信託財産に属する土地等の譲渡等に係るものである旨の受託者の証明を受けたものであることに留意する。

第 1 部　所得税

受益者等課税信託の信託財産に属する株式等と同一銘柄の株式等を有している場合の取得価額の計算

株式等について受益者等課税信託の受益者が当該受益者等課税信託の信託財産に属する株式等と同一銘柄の株式等を有している場合に株式等の取得価額の計算はどのように行うのでしょうか。

　株式等について受益者等課税信託の信託財産に属する資産のうちに当該受益者等が有する株式等と同一銘柄の株式等がある場合には、当該信託財産に属する株式等と当該受益者等が有する株式等とを区分しないで総平均法又は又は総平均法に準ずる方法によって取得費等を計算することになります。

解　説

　受益者等課税信託の受益者等は、当該受益者等課税信託の信託財産に属する資産及び負債を有するものとみなし、かつ、その信託財産に帰せられる収益及び費用は当該受益者等の収益及び費用とみなして、所得税法の規定を適用することとされています（所法13）。

　受益者等が有するものとみなされる受益者等課税信託の信託財産に属する株式等と当該受益者等が有する株式等（受益者等課税信託の信託財産に属さない当該受益者等の固有の財産）とが同一銘柄の株式等である場合において、当該信託財産に属する株式等又は当該受益者等が有する株式等の譲渡に係る譲渡所得等の金額の計算にあたっては、これらの株式等を区分しないで総平均法又は総平均法に準ずる方法によって取得費等を計算することになります（措通37の10 － 9の2）。

第1章 概　要

 受益者等課税信託の設定時のみなし譲渡

受益者等課税信託を設定する場合に委託者が資産を譲渡したものとして所得税が課税される場合があると聞きましたが，どのような場合に課税されるのでしょうか。

受益者等課税信託を設定する場合に受益者となる法人が適正な対価を負担せず，受益者等となる場合，委託者である個人が資産を時価により譲渡したものとみなされて，所得税が課税される場合があります。

解　説

受益者等課税信託の委託者である居住者がその有する資産を信託し，その信託の受益者等となる者である法人が適正な対価を負担せずに受益者等となる者である場合には，次の区分に応じそれぞれの事由により，信託に関する権利に係る資産の移転が行われたものとして，その居住者の各年分の各種所得の金額を計算するものとされています（所法67の3③）。

① その法人が対価を負担していないとき……
→その資産を信託した時において，その委託者である居住者からその法人に対する贈与

② その法人が適正な対価より低い価額を負担しているとき……
→その資産を信託した時において，その委託者である居住者からその法人に対するその対価の額による譲渡

上記の場合において，法人に対する贈与又は時価の2分の1未満の価額による譲渡によりその信託に関する権利に係る資産の移転が行われたものとされる場合，委託者はその贈与又は譲渡の時における価額に相当する金額により，

信託に関する権利に係る資産の譲渡をしたものとみなされます（所法59）。

なお，その受益者等となる者である法人が，適正な対価を負担しているときは，その資産の信託をした時において，その委託者である居住者からその法人に対してその対価の額による譲渡により信託に関する権利に係る資産の移転が行われたものとして取り扱われます。

(1) その法人が対価を負担していないとき

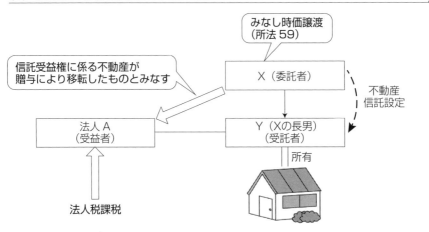

(2) その法人が適正な対価より低い価額を負担しているとき

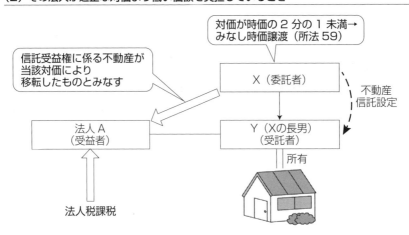

Q13 新たな受益者等が存するに至った場合

信託の効力が発生した後に新たな受益者等が存するに至った場合に受益者であった者が資産を譲渡したものとして所得税が課税される場合があると聞きましたが，どのような場合に課税されるのでしょうか。

Point

受益者等課税信託に法人である新たな信託の受益者等が存するに至った場合において，その信託の新たな受益者等となる者である法人が適正な対価を負担せずに受益者等となる者であり，かつ，その受益者等課税信託の受益者等であった者が居住者であるときは，時価により資産を譲渡したものとして，所得税が課税される場合があります。

解 説

受益者等課税信託に新たに信託の受益者等が存するに至った場合において，その信託の新たな受益者等となる者である法人が適正な対価を負担せずに受益者等となる者であり，かつ，その受益者等課税信託の受益者等であった者が居住者であるときは，次の区分に応じそれぞれの事由により，信託に関する権利に係る資産の移転が行われたものとして，その居住者の各年分の各種所得の金額を計算するものとされています（所法67の3④）。

① その法人が対価を負担していないとき……
→その新たに信託の受益者等である法人が存するに至った時において，その受益者等であった者である居住者からその法人に対する贈与

② その法人が対価を負担しているとき……
→その新たに信託の受益者等である法人が存するに至った時において，その受益者等であった者である居住者からその法人に対するその対価の額による譲渡

「信託の受益者等が存するに至った場合」とは,例えば,次の図表(1)から(3)に掲げる場合が考えられます（相基通9の2-3参照）。

(1) 信託の受益者等として受益者A（個人）のみが存するものについて受益者B（法人）が存することとなった場合（受益者Aが並存する場合を含む）

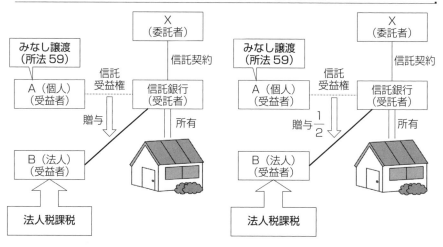

(2) 信託の受益者等として特定委託者C（個人）のみが存するものについて受益者A（法人）が存することとなった場合（特定委託者Cが並存する場合を含む）

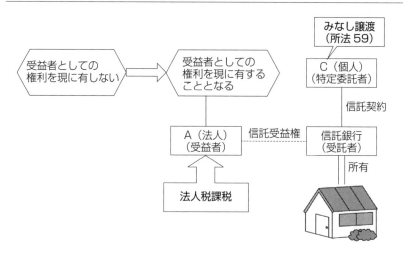

第1章 概　要

(3) 信託の受益者等として信託に関する権利を各々半分ずつ有する受益者A及びBが存する信託についてその有する権利の割合が変更された場合

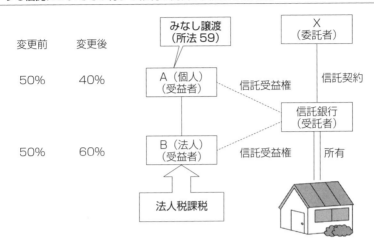

Q14 受益者等課税信託の一部の受益者等が存しなくなった場合

信託の効力が発生した後に一部の受益者等が存しなくなった場合に一部の受益者等であった者が資産を譲渡したものとして所得税が課税される場合があると聞きましたが，どのような場合に課税されるのでしょうか。

POiNT

受益者等課税信託の一部の受益者等が存しなくなった場合において，既にその信託の受益者等である者である法人が適正な対価を負担せずにその信託に関する権利について新たに利益を受ける者となる者であり，かつ，その信託の一部の受益者等であった者が居住者であるときは，時価により資産を譲渡したものとして，所得税が課税される場合があります。

解　説

受益者等課税信託の一部の受益者等が存しなくなった場合において，既にその信託の受益者等である者である法人が適正な対価を負担せずにその信託に関する権利について新たに利益を受ける者となる者であり，かつ，その信託の一部の受益者等であった者が居住者であるときは，次の区分に応じそれぞれの事由により，信託に関する権利に係る資産の移転が行われたものとして，その居住者の各年分の各種所得の金額を計算するものとされています(所法67の3⑤)。

①　その法人が対価を負担していないとき……
→その信託の一部の受益者等である居住者が存しなくなった時において，その居住者からその法人に対する贈与

②　その法人が対価を負担しているとき……
→その信託の一部の受益者等である居住者が存しなくなった時において，その居住者からその法人に対するその対価の額による譲渡

第1章 概　要

| 一部の受益者が存しなくなった場合の課税関係

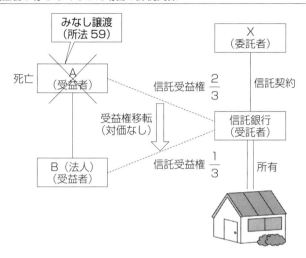

受益者等課税信託が終了した場合

　受益者等課税信託が終了した場合に信託の終了の直前に受益者等であった者が資産を譲渡したものとして所得税が課税される場合があると聞きましたが，どのような場合に課税されるのでしょうか。

PoiNT

　受益者等課税信託が終了した場合において，その信託の残余財産の給付を受けるべき，又は帰属すべき者となる者である法人が適正な対価を負担せずにその給付を受けるべき，又は帰属すべき者となる者であり，かつ，その信託の終了の直前において受益者等であった者が居住者であるときは，時価により資産を譲渡したものとして，所得税が課税される場合があります。

 解 説

　受益者等課税信託が終了した場合において，その信託の残余財産の給付を受けるべき，又は帰属すべき者となる者である法人が適正な対価を負担せずにその給付を受けるべき，又は帰属すべき者となる者であり，かつ，その信託の終了の直前において受益者等であった者が居住者であるときは，次の区分に応じそれぞれの事由により，信託の残余財産の移転が行われたものとして，その居住者の各年分の各種所得の金額を計算するものとされました（所法67の3⑥）。

① その法人が対価を負担していないとき……

→その給付を受けるべき，又は帰属すべき者となった時において，その受益者等であった者である居住者からその法人に対する贈与

② その法人が対価を負担しているとき……

→その給付を受けるべき，又は帰属すべき者となった時において，その受益者等であった者である居住者からその法人に対するその対価の額による譲渡

第1章 概　要

受益者等課税信託が終了した場合の課税関係

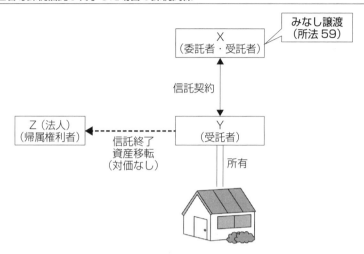

33

第1部 所得税

受益者等課税信託の不動産所得の損益通算の特例

受益者等課税信託については不動産所得の損失は損益通算できるのでしょうか。

Ｐoint

受益者等課税信託から生じた不動産所得の損失はなかったものとみなされます。

解　説

1　特例の沿革

　この特例は組合を利用して，例えば，組合員からの出資と借入金を原資として購入した高額な減価償却資産（航空機，船舶等）を他の者に貸し付ける事業を営み，減価償却費や借入金利子を計上することによって創出した組合損失を組合員に帰属させ，組合員の他の所得を圧縮して税負担の軽減を実現させているケースに対処するために平成17年度の税制改正において設けられたものであり，平成19年度の税制改正により受益者等課税信託についても適用されることになったものです。

「任意組合等を利用した不動産所得の損失に係る損益通算等の制限措置のイメージ図」

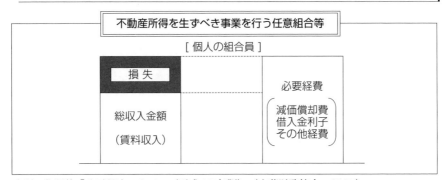

出所：住澤整『改正税法のすべて（平成17年版）』（大蔵財務協会・2005）

2 特例の概要

　特定受益者に該当する個人が，その受益者等課税信託から生ずる不動産所得を有する場合において，その年分の不動産所得の金額の計算上その受益者等課税信託による不動産所得の損失の額があるときは，その損失の金額に相当する金額は，その年中の不動産所得に係る総収入金額から必要経費を控除した金額を不動産所得の金額とする規定，損益通算の規定その他所得税に関する法定の規定の適用については生じなかったものとみなされます（措法41の4の2）。

3 特定受益者

　受益者等課税信託の受益者は全て特定受益者に該当します。

(注) 組合の場合から生じた不動産所得の損失についても同様に生じなかったものとされます。信託の場合には組合の場合の特定組合員と異なり，重要業務の全ての執行の決定に関与し，かつ，その重要業務のうち，契約を締結するための交渉その他の重要な部分全てを自ら執行する者が除外されず，その信託の受益者の全てが特定受益者に該当することになります。これは，信託の場合には，そのような重要な業務に携わるのは受託者となるからであると説明されています。

4 受益者等課税信託による不動産所得の損失の金額

　受益者等課税信託による不動産所得の損失の金額とは，特定受益者のその年分の受益者等課税信託から生ずる不動産所得に係る総収入金額に算入すべき金額の合計額がその受益者等課税信託から生ずる不動産所得に係る必要経費に算入すべき金額の合計額に満たない場合におけるその満たない部分の金額に相当する金額となります（措令26の6の2④）。

　したがって，受益者等課税信託から不動産所得の損失の金額が発生し，それ以外の一般の不動産所得の黒字があったとしても通算することはできません。

　なお，複数の受益者等課税信託から生ずる不動産所得を有する場合には，それぞれの受益者等課税信託ごとに不動産所得の金額の計算を行います。

5　受益者等課税信託から生ずる不動産所得の金額の計算に関する明細書の添付

　その年において受益者等課税信託から生ずる不動産所得を有する個人が確定申告書を提出する場合には，所得税法第120条第4項の規定により確定申告書に添付すべきその年中の総収入金額及び必要経費の内容を記載した書類のほか，当該信託に係る次に掲げる項目別の金額その他参考となるべき事項を記載した信託から生ずる不動産所得の金額の計算に関する明細書を信託ごとに作成し，当該申告書に添付しなければならないものとされています（措令26の6の2⑥，措規18の24①②）。

① 　総収入金額については当該信託から生ずる不動産所得に係る賃貸料その他の収入の別

② 　必要経費ついては当該信託から生ずる不動産所得に係る減価償却費，貸倒金，借入金利子及びその他の経費の別

第 1 章 概　要

 信託計算書

受益者等課税信託の受託者は信託計算書を所轄税務署長に提出する義務があると聞きましたがその概要について教えてください。

　受益者等課税信託の受託者は，一定の事項を記載した信託の計算書を，信託会社（信託業務を営む金融機関を含む）については毎事業年度終了後1カ月以内に，信託会社以外の受託者については毎年1月31日までに，税務署長に提出しなければならないものとされています。

解　説

　受益者等課税信託の受託者は，一定の事項を記載した信託の計算書を，信託会社（信託業務を営む金融機関を含む）については毎事業年度終了後1カ月以内に，信託会社以外の受託者については毎年1月31日までに，税務署長に提出しなければならないものとされています（所法227）。

　信託の計算書の記載事項は以下のとおりです（所規96①）
① 　委託者及び受益者等の氏名又は名称及び住所若しくは居所又は本店若しくは主たる事務所の所在地
② 　その信託の期間及び目的
③ 　信託会社が受託者である信託（特定寄附信託を除く）にあっては当該信託会社の各事業年度末，信託会社以外の者が受託者である信託又は特定寄附信託にあっては前年12月31日におけるその信託に係る資産及び負債の内訳並びに資産及び負債の額
④ 　信託会社が受託者である信託（特定寄附信託を除く）にあっては各事業年度中，信託会社以外の者が受託者である信託又は特定寄附信託にあっては

37

前年中におけるその信託に係る資産の異動並びに信託財産に帰せられる収益及び費用の額
⑤ 受益者等に交付した信託の利益の内容，受益者等の異動及び受託者の受けるべき報酬等に関する事項
⑥ 委託者又は受益者等が国税通則法第117条第2項の規定により届け出た納税管理人が明らかな場合には，その氏名及び住所又は居所
⑦ その信託が特定寄附信託である場合には，その旨及び次に掲げる事項
　(1) 当該特定寄附信託に係る特定寄附信託契約（租税特別措置法第4条の5第2項に規定する特定寄附信託契約をいう）締結時の信託の元本の額
　(2) 前年中に当該特定寄附信託の信託財産から支出した寄附金の額及び当該信託財産に帰せられる租税特別措置法第4条の5第1項の規定の適用を受けた同項に規定する利子等の金額のうち前年中に寄附金として支出した金額並びにこれらの寄附金を支出した年月日
　(3) (2)の寄附金を受領した法人又は所得税法第78条第3項(寄附金控除)に規定する特定公益信託の受託者の名称及び所在地並びに当該特定公益信託の名称
⑧ その他参考となるべき事項

ただし，各人別の上記④に掲げる信託財産に帰せられる収益の額の合計額が3万円(当該合計額の計算の基礎となった期間が1年未満である場合には，1万5,000円)以下であるときは，その信託に係る同項の計算書は，原則として提出することを要しません（所規96②）。

第1章 概　要

信 託 の 計 算 書
（自　　年　月　日　至　　年　月　日）

信託財産に帰せられる収益及び費用の受益者等	住所(居所)又は所在地	
	氏名又は名称	
元本たる信託財産の受益者等	住所(居所)又は所在地	
	氏名又は名称	
委託者	住所(居所)又は所在地	
	氏名又は名称	
受託者	住所(居所)又は所在地	
	氏名又は名称	（電話）
	計算書の作成年月日	年　　月　　日

信託の期間	自　　年　月　日　至　　年　月　日	受益者等の異動	原因	
信託の目的			時期	

受益者等に交付した利益の内容	種類		受託者の受けるべき報酬の額等	報酬の額又はその計算方法	
	数量			支払義務者	
	時期			支払時期	
	損益分配割合			補てん又は補足の割合	

収益及び費用の明細

収益の内訳	収益の額（千円）	費用の内訳	費用の額（千円）
収益		費用	
合計		合計	

資産及び負債の明細

資産及び負債の内訳	資産の額及び負債の額（千円）	所在地	数量	備考
資産				
合計		(摘要)		
負債				
合計				
資産の合計−負債の合計				

整理欄	①	②

第1部　所得税

信託の計算書合計表

自 平成　　年　　月　　日
至 平成　　年　　月　　日

信託財産の種類	件数	収益の額	費用の額	資産の額	負債の額
	件	円	円	円	円
金銭					
有価証券					
不動産					
その他					
計					

(摘要)

提出媒体欄には、コードを記載してください。(MT=11、CMT=12、電子=14、FD=15、MO=16、CD=17、DVD=18、書面=30、その他=99)

(用紙　日本工業規格　A4)

― 40

第 2 章
受益者等課税信託
（クロスボーダー）

Q18 租税条約の適用関係

米国の居住者であるXはXを受益者とし、Xの子Aを受託者として日本法人である甲社（非上場会社でいわゆる不動産保有法人には該当しないものとする）の株式25％を信託しました。甲社株式からの配当や譲渡益についての課税関係はどのようになるのでしょうか。

Xは日本に恒久的施設を有しないものとします。

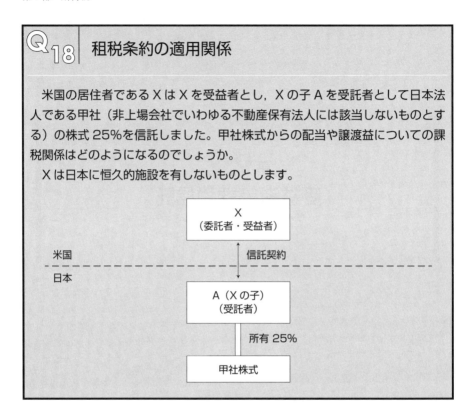

POiNT

受益者等課税信託に該当し、受益者であるXが配当や譲渡益を得たものとして課税関係が決定されます。Xが米国の居住者である場合、日米租税条約の適用により日本の課税が減免される可能性があります。

解説

本件のような信託は通常集団投資信託、法人課税信託、退職年金等信託のいずれにも該当しないため、受益者等課税信託に該当するものと考えられます（所法13）。

受益者等課税信託に該当した場合、所得税法上、受益者は当該信託の信託財

産に属する資産及び負債を有するものとみなし，かつ，当該信託財産に帰せられる収益及び費用は当該受益者の収益及び費用とみなされることになります（所法13①）。

したがって，本件においてはXが甲社株式を保有しているものとして取り扱われ，甲社株式に係る配当，譲渡益についてXに対して所得税が課税されることになります。

甲社株式の名義人はAとなりますが，所得税法上の甲社株式の所有者はXであり，Xは米国の居住者である場合，甲社株式に係る配当・譲渡益の課税関係は以下のとおりとなります。

1 配当

非上場会社から非居住者への配当であるため，国内法により20.42％の所得税及び復興特別所得税が源泉徴収されますが，当該所得税等は日米租税条約により10％に軽減されます（日米租税条約10②(b)）。

2 譲渡益に係る課税関係

Xは甲社株式の25％を保有しているため，いわゆる事業譲渡類似株式に該当し，原則として日本の所得税及び復興特別所得税15.315％が課税されます。ただし，当該所得税等は日米租税条約の適用により免税となります（日米租税条約13⑦）。

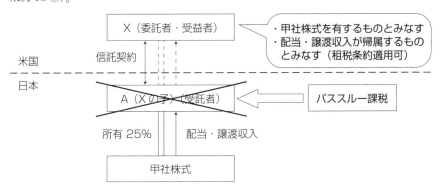

Q19 恒久的施設との関係

シンガポールの居住者であるXはXを受益者とし，Xの子Aを受託者として日本法人である甲社の株式10%を信託設定しました。この場合，受託者であるAがXの恒久的施設として取り扱われ，Xについて日本の所得税の申告義務が発生することはありますか。

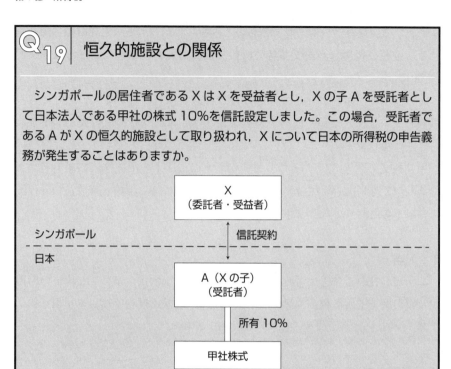

P_{OiNT}

受託者Aに付与されている権限次第で受益者であるXが日本に恒久的施設を有するものとみなされ課税される可能性があります。

解 説

本件のような信託は通常集団投資信託，法人課税信託，退職年金等信託のいずれにも該当しないため，受益者等課税信託に該当します。

受益者等課税信託に該当した場合，所得税法上，受益者は当該信託の信託財産に属する資産及び負債を有するものとみなし，かつ，当該信託財産に帰せられる収益及び費用は当該受益者の収益及び費用とみなされることになります（所法13①）。

したがって，本件においてはXが甲社株式を保有しているものとして，所得税の課税関係が決定されることになります。

Xは日本の非居住者であるため，日本法人の株式の25％未満を保有する場合，当該株式に係る配当や譲渡益についてはXが日本において恒久的施設を有しない場合には，株式に係る配当については源泉徴収で課税関係が終了し，株式に係る譲渡益については日本における課税関係は発生しません。

所得税法上，恒久的施設（「PE」：Permanent Establishment）は，次の三つの種類に区分されています。

① 支店，出張所，事業所，事務所，工場，倉庫業者の倉庫，鉱山・採石場等天然資源を採取する場所。ただし，資産を購入したり，保管したりする用途のみに使われる場所は含みません。

② 建設，据付け，組立て等の建設作業等のための役務の提供で，1年を超えて行うもの。

③ 非居住者のためにその事業に関し契約を結ぶ権限のある者で，常にその権限を行使する者や在庫商品を保有しその出入庫管理を代理で行う者，あるいは注文を受けるための代理人等（いわゆる独立代理人を除く）。

本件において例えばAが甲社株式の売買契約の締結権限を付与されているような場合には上記③のいわゆる代理人PEに該当する可能性があります。

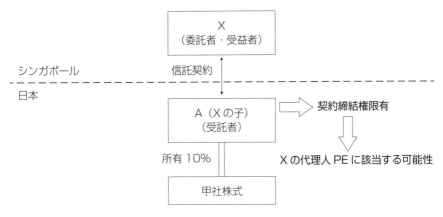

第1部　所得税

Q20　外国税額控除との関係

日本の居住者であるXはケイマンの信託会社Zを受託者として米国にある不動産を信託設定しました。信託設定後の不動産収入の日本の課税関係について教えてください。また，米国税法上，ケイマンの信託を法人課税選択をし，ケイマンの信託が米国の税金を支払った場合にはどうなりますか。

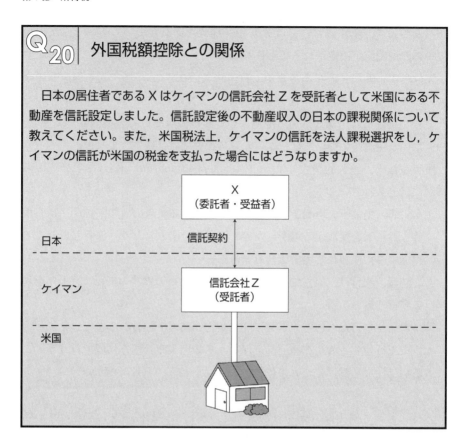

Point

受益者等課税信託に該当し，信託設定後も受益者であるXの収入として所得税が課税されます。米国で課税される所得税等は信託が米国税法上，法人として課税されているか否かにかかわらず，Xの日本の所得税額から控除することが可能と考えられます。

解説

本件のような信託は通常集団投資信託，法人課税信託，退職年金等信託のいずれにも該当せず，受益者等課税信託に該当します。

受益者等課税信託に該当した場合，所得税法上，受益者は当該信託の信託財産に属する資産及び負債を有するものとみなし，かつ，当該信託財産に帰せられる収益及び費用は当該受益者の収益及び費用とみなされることになります（所法13①）。

　したがって，受益者Xは米国不動産を有するものとみなして，課税関係が決定されることから米国不動産の賃貸収入がある場合には当該賃貸収入について日本の所得税等が課税されることになります。

　その際，不動産の賃貸収入について米国で所得税に相当する税金が課税されている場合には当該米国所得税は日本の所得税額から控除限度額の範囲で控除することが可能と考えられます（所法95）。

　米国税法上，チェック・ザ・ボックス規則(注)によりZが納税義務者となることを選択し，Zの名前で米国で申告納税したとしても日本の税務上はXが米国不動産を保有しているものとみなされますので，XはZが申告納付した米国所得税を外国税額控除できるものと考えられます。

(注)　チェック・ザ・ボックス規則（Check-the-box Classification Regulations）とは，1996年に制定され，1997年1月1日から施行された米国財務省の規則で，連邦税に関して，コーポレーション以外の企業体に対して，企業体そのものを課税主体とする事業体課税か，それとも構成員課税を採るかの選択権を与えるものの一般的呼称です。

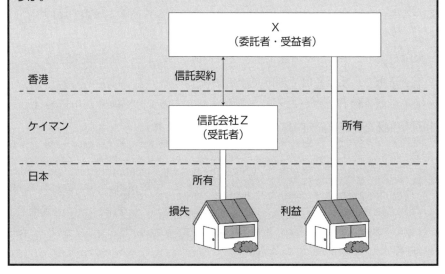

Q21 受益者等課税信託（非居住者の損失利用制限）

香港の居住者であるＸはＸを受益者，ケイマンの信託会社Ｚを受託者として日本にある不動産を信託設定しました。Ｘは当該信託不動産とは別に自己の名前で直接賃貸用不動産を日本に保有しています。当該信託不動産からは損失が発生し，直接保有している不動産からは利益がでます。この場合，信託不動産から発生する損失を直接保有不動産に係る利益と相殺することは可能でしょうか。

Point

信託不動産から生じた損失を直接保有の不動産所得と相殺することはできないものと考えられます。

解説

本件のような信託は，通常，集団投資信託，法人課税信託，退職年金等信託のいずれにも該当しないため，受益者等課税信託に該当します。

受益者等課税信託に該当した場合，所得税法上，受益者は当該信託の信託財産に属する資産及び負債を有するものとみなし，かつ，当該信託財産に帰せられる収益及び費用は当該受益者の収益及び費用とみなされることになります(所法13①)。

　したがって，受益者Xは日本不動産を有するものとみなして，課税関係が決定されます。日本の不動産の賃貸収入については日本に恒久的施設を有しない非居住者であっても日本の所得税が課税されることになります(所法161三)。

　特定受益者に該当する個人が，その受益者等課税信託から生ずる不動産所得を有する場合において，その年分の不動産所得の金額の計算上その受益者等課税信託による不動産所得の損失の額があるときは，その損失の金額に相当する金額は，その年中の不動産所得に係る総収入金額から必要経費を控除した金額を不動産所得の金額とする規定，損益通算の規定その他所得税に関する法定の規定の適用については生じなかったものとみなされます（措法41の4の2)。受益者等課税信託の受益者は全て特定受益者に該当します。

　当該規定は受益者が非居住者である場合，受益者等課税信託が外国の信託であっても同様に適用されるべきものと考えられるため，本件においては信託不動産から生じた損失はなかったものとみなされ，直接保有する不動産所得と相殺することはできないものと考えられます。

Q22 事業譲渡類似株式の判定

シンガポールの居住者であるXとその友人であるYは，XとYを受益者（持分はそれぞれ2分の1），シンガポールの信託会社を受託者として日本法人である甲社の株式30%を信託設定しました。この度甲社株式を全て売却する予定ですが，日本での課税は発生するでしょうか。甲社はいわゆる不動産保有法人には該当しません。当該信託は日本の所得税法上，受益者等課税信託に該当するものとします。

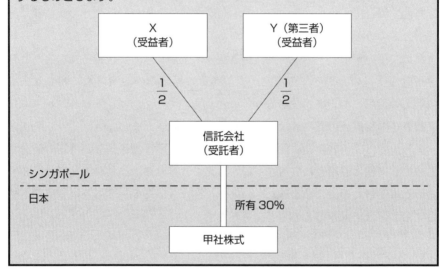

POiNT

所得税法上，XとYはそれぞれ甲社株式を15%保有しているものと取り扱われ，日本の所得税は課税されません。

解説

非居住者が日本法人の株式を譲渡した場合において，当該譲渡が事業譲渡類似株式の譲渡に該当する場合には，日本において恒久的施設を有しない場合で

あっても確定申告をする必要があり，当該譲渡益に 15.315％の所得税及び復興税が課税されます。

　事業譲渡類似株式の譲渡とは，非居住者及びこれらの者と特殊関係にある者が，譲渡事業年度終了の日以前の3年以内のいずれかの時において，日本法人の発行済株式総数の 25％以上に相当する数の株式等を有しており，かつ，譲渡事業年度において，非居住者及びこれらの者と特殊関係にある者がその日本法人の発行済総数の 5％以上に相当する数又は金額の株式又は出資の譲渡をした場合の当該譲渡をいいます（所令291①三ロ，⑥，⑦）。

　当該譲渡益に対する課税は非居住者が日本と租税条約を締結している国の居住者である場合，租税条約により減免される可能性があります。

　本件においてX及びYはシンガポールの居住者であり，日本はシンガポール租税条約を締結しておりますが，事業譲渡類似株式の譲渡については日本に課税権があります（日星租税条約13④(b)）。

　なお，上記の判定対象となる特殊関係者とは次に掲げる者をいいます（所令291④，法令4）。

① 非居住者の親族
② 非居住者と婚姻の届出をしていないが事実上婚姻関係と同様の事情にある者
③ 非居住者の使用人
④ 非居住者から受ける金銭その他の資産によつて生計を維持しているもの
⑤ ②から④と生計を一にするこれらの者の親族
⑥ 非居住者及び非居住者と①から⑤の関係にある者との間に直接又は間接の支配関係がある会社
　　この場合の支配関係とは以下のような場合をいいます。
(1) 他の会社の発行済株式又は出資の総数又は総額の 50％を超える数又は金額の株式又は出資を有する場合
(2) 他の会社の次に掲げる議決権のいずれかにつき，その総数の 50％を超える数を有する場合

a) 事業の全部若しくは重要な部分の譲渡，解散，継続，合併，分割，株式交換，株式移転又は現物出資に関する決議に係る議決権
  b) 役員の選任及び解任に関する決議に係る議決権
  c) 役員の報酬，賞与その他の職務執行の対価として会社が供与する財産上の利益に関する事項についての決議に係る議決権
  d) 剰余金の配当又は利益の配当に関する決議に係る議決権
 (3) 他の会社の株主等（合名会社，合資会社又は合同会社の社員（当該他の会社が業務を執行する社員を定めた場合にあっては，業務を執行する社員）に限る）の総数の半数を超える数を占める場合
⑦ 非居住者が締結している組合契約による組合（外国のパートナーシップを含む）が締結している組合契約

 上記のとおり非居住者がパートナーシップを通じて日本法人株式を保有している場合には，事業譲渡類似株式の判定上，他の組合員の持分を合計して判定しますが，信託を通じて日本法人の株式を保有する場合，他の受益者の持分を合算して判定する旨の規定はありません。
 したがって，本件においてはＸとＹはそれぞれ甲社株式を15％保有しているものと取り扱われ，事業譲渡類似株式の譲渡には該当せず，日本の所得税は課税されないものと考えられます。

第2章　受益者等課税信託（クロスボーダー）

 米国チャリタブル・リメインダー・ユニトラスト

米国のチャリタブル・リメインダー・ユニトラスト（Charitable Reminader Unitrust）とは，どのような信託でしょうか。日本の居住者がその有する資産を拠出してチャリタブル・リメインダー・ユニトラスト（Charitable Reminader Unitrust）を設定した場合，どのような日本の課税関係になりますでしょうか。

米国のチャリタブル・リメインダー・トラストは受益者等課税信託に該当し，委託者である日本の居住者が引き続き信託財産を保有しているものとして取り扱われるものと考えられます。

解　説

残余公益信託(チャリタブル・リメインダー・トラスト)は，信託期間の終了まで(又は委託者などの生存中)は，収益などの分配金を委託者（又は委託者の配偶者などの受益者）が受け取り，信託期間が終了した後は，信託財産の元本などの残余権を公益事業のために用いるように定めたトラストをいいます。

(注) これに対し「公益先行信託（チャリタブル・リード・トラスト）」は，設定の後，信託期間の終了までは収益を慈善，教育などの公益事業に用いますが，期間の終了後（又は委託者の死後）は，残余の元本を委託者の定める相続人などが受け取るように定めたトラストをいいます。

例えば，日本の居住者がその保有する資産を拠出し，チャリタブル・リメインダー・トラストを設定し，委託者が設定後も収益の分配金を受領するとした場合，委託者は受益者としての権利を現に有するものとして所得税法の受益者

に該当する一方,その他の部分について信託期間終了の日まで受益者としての権利を有しない又は権利を有する者が特定されていない場合には,当該日本の居住者がその信託の信託財産に属する資産及び負債の全部を有するものとみなされ,かつ,当該信託財産に帰せられる収益及び費用の全部が帰せられるものとみなされることになり(所基通13-1),信託設定時において課税関係は発生しないものと考えられます。

第 3 章
集団投資信託

第1部　所得税

集団投資信託の定義

集団投資信託とはどのような信託をいいますか。また集団投資信託の課税の概要について教えてください。

集団投資信託とは合同運用信託，一定の投資信託及び特定受益証券発行信託及び外国投資信託をいいます。

解　説

1　集団投資信託の定義

所得税法上，集団投資信託とは合同運用信託，一定の投資信託及び特定受益証券発行信託及び外国投資信託をいいます（所法13③）。

集団投資信託の種類

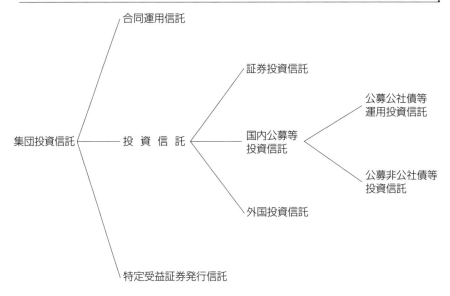

2 集団投資信託の課税の概要

　信託が集団投資信託に該当した場合，いわゆるパススルー課税にはなりませんが，受託者である法人の法人税の計算上，集団投資信託の信託財産に属する資産及び負債並びに当該信託財産に帰せられる収益及び費用の額は当該法人の資産及び負債並びに収益及び費用の額でないものとされます。つまり，信託レベルでの課税は発生しません（法法12③）。

　集団投資信託から受益者に収益が分配された時に当該収益分配金に対して利子所得又は配当所得としての課税が発生します。

| 集団投資信託の課税関係 |

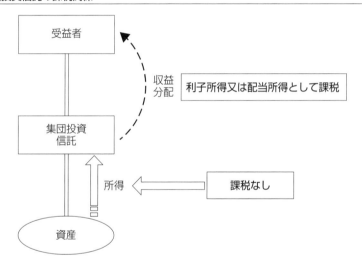

第1部 所得税

 合同運用信託の定義

合同運用信託とはどのような信託をいいますか。また、日本の信託会社に信託された合同運用信託に係る日本の居住者の課税関係について教えてください。

合同運用信託とは信託会社が引き受けた金銭信託で、共同しない多数の委託者の信託財産を合同して運用するものをいいます。合同運用信託の収益の分配は利子所得として課税されます。

解 説

1 合同運用信託とは

信託会社が引き受けた金銭信託で、共同しない多数の委託者の信託財産を合同して運用するものをいいます（所法2十一）。

ただし、委託者非指図型投資信託（Q27参照）及びこれに類する外国投資信託並びに委託者が実質的に多数でないものとされる信託（Q26参照）は除かれます。

合同運用信託は集団投資信託の一つで信託レベルでの課税は発生しません（Q24参照）。

2 居住者の課税関係

合同運用信託の収益の分配は利子所得として取扱われ（所法23①）、20.315%（国税及び復興特別所得税15.315%、地方税5%）が源泉徴収され、課税関係が終了します（措法3）。

第3章　集団投資信託

 合同運用信託の定義
（委託者が実質的に多数でない場合）

委託者が実質的に多数でない場合には合同運用信託とは取り扱われないとのことですが，具体的に委託者が実質的に多数でない場合とはどのような場合をいいますか。

委託者の全部が特殊の関係にある場合をいいます。

解　説

「平成19年度税制改正のすべて」における財務省の担当者の解説によると合同運用信託に対しては，「共同しない多数の委託者の信託財産を合同して運用する金銭信託」という信託の性格を踏まえて，パススルー課税とせず，分配時にのみ課税することになっていることから，委託者が実質的に多数でない信託については，合同運用信託の対象から除くこととされています。

具体的に，合同運用信託の対象から除外されるのは，信託の効力が生じた時において，その信託の委託者（その信託の委託者となると見込まれる者を含む）の全部が委託者の1人（以下「判定対象委託者」という）と次に掲げる者である場合（信託の委託者の全部が信託財産に属する資産のみをその信託に信託する場合を除く）における信託とされています（所法2①十一，所令2の2）。

① 次の(1)から(5)までに掲げる個人
  (1) 判定対象委託者の親族
  (2) 判定対象委託者と婚姻の届出をしていないが事実上婚姻関係と同様の事情にある者
  (3) 判定対象委託者の使用人
  (4) (1)から(3)までに掲げる者以外の者で判定対象委託者から受ける金銭その他の資産によって生計を維持しているもの

59

(5) (2)から(4)までに掲げる者と生計を一にするこれらの者の親族
② 判定対象委託者と他の者との間にいずれか一方の者（その者が個人である場合には，その者と特殊の関係のある個人を含む）が他方の者（法人に限る）を直接又は間接に支配する関係がある場合の当該他の者（判定対象委託者との間で，いわゆる親子関係にある者）
③ 判定対象委託者と他の者（法人に限る）との間に同一の者（その者が個人である場合には，その者と特殊の関係のある個人を含む）が判定対象委託者及び当該他の者を直接又は間接に支配する関係がある場合における当該他の者（判定対象委託者との間で，いわゆる兄弟関係にある者）

合同運用信託の範囲

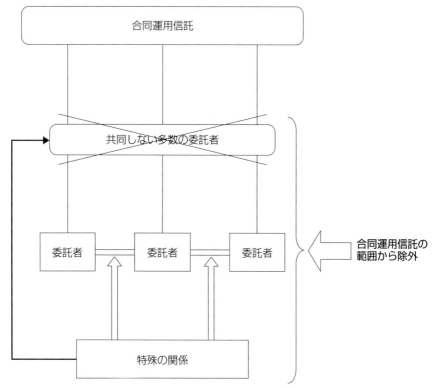

出所：青木孝徳『改正税法のすべて（平成19年版）』大蔵財務協会・2007)

第3章　集団投資信託

 投資信託の定義

所得税法上，投資信託とはどのような信託をいいますか。

P_OiNT

所得税法上，投資信託とは投資信託及び投資法人に関する法律第2条第3項に規定する投資信託をいうものとされています。

所得税法上，投資信託とは投資信託及び投資法人に関する法律（以下，「投信法」）第2条第3項に規定する投資信託をいうものとされています（所法2二の二）。

投信法において「投資信託」とは，委託者指図型投資信託及び委託者非指図型投資信託をいうものとされ，それぞれ下記のとおり定義されています。

【委託者指図型投資信託】

信託財産を委託者の指図に基づいて主として有価証券，不動産等に対する投資として運用することを目的とする信託であって，投信法に基づき設定され，かつ，その受益権を分割して複数の者に取得させることを目的とするもの（投信法2①）。

【委託者非指図型投資信託】

一個の信託約款に基づいて，受託者が複数の委託者との間に締結する信託契約により受け入れた金銭を，合同して，委託者の指図に基づかず主として有価証券，不動産等に対する投資として運用することを目的とする信託であって，投信法に基づき設定されるもの（投信法2②）。

第1部　所得税

投資信託（委託者指図型）の仕組み

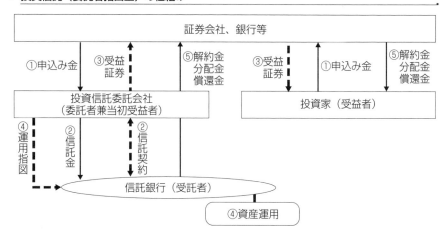

1. 証券会社・銀行等は，投資信託委託会社から委託を受けて募集活動を行い，投資家から受け取った申込み金を投資信託委託会社に交付します。
2. 投資信託委託会社は，信託銀行と信託契約を締結し，1の申込み金を信託します。
3. 投資信託委託会社は，受益証券を発行し，証券会社・銀行等を通じて投資家に交付します。
4. 信託銀行は，投資信託委託会社の指図に基づき信託財産を株式，債券，不動産などに運用します。
5. 信託銀行は，解約金・分配金・償還金を投資信託委託会社及び証券会社や銀行等を通して，投資家に支払います。

出所：信託協会ホームページ

投資信託（委託者非指図型）の仕組み

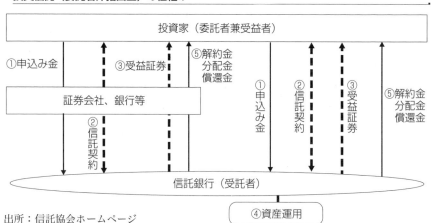

出所：信託協会ホームページ

1. 信託銀行は，直接又は証券会社・銀行等を通じて募集活動を行い，投資家から申込み金を受け取ります。
2. 投資家は，直接又は証券会社・銀行等を通じて信託銀行と信託契約を締結します。
3. 信託銀行は，受益証券を発行し，直接又は証券会社・銀行等を通して投資家に交付します。
4. 信託銀行は，信託財産を株式，債券，不動産などに運用します。
5. 信託銀行は，解約金・分配金・償還金を直接又は証券会社や銀行等を通して，投資家に支払います。

　集団投資信託に該当する投資信託は以下のとおりで，集団投資信託以外の投資信託は法人課税信託に該当します。
　① 投資信託及び投資法人に関する法律第2条第4項に規定する証券投資信託
　② その受託者（投資信託及び投資法人に関する法律第2条第1項に規定する委託者指図型投資信託にあっては，委託者）による受益権の募集が，同条第8項に規定する公募により行われ，かつ，主として国内において行われるものとして政令で定めるもの
　③ 外国投資信託

投資信託の課税上の区分

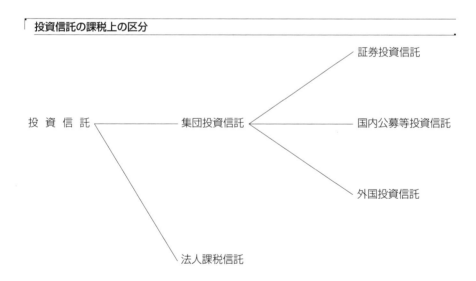

第1部 所得税

 証券投資信託の定義

所得税法上の証券投資信託の定義について教えてください。

P_{OiNT}

　所得税法上，証券投資信託とは投資信託及び投資法人に関する法律第2条第4項に規定する証券投資信託及びこれに類する外国証券投資信託をいうものとされています。

　所得税法上，証券投資信託とは投資信託及び投資法人に関する法律（以下，投信法）第2条第4項に規定する証券投資信託及びこれに類する外国証券投資信託をいうものとされています（所法2二十三）。投信法において「証券投資信託」とは，委託者指図型投資信託^(注1)のうち投資信託財産の総額の2分の1を超える額を有価証券^(注2)に対する投資として運用すること（一定の有価証券関連デリバティブ取引を行うことを含む）を目的とするものをいい（投信法2④，投信令5，6），集団投資信託に分類されます。

(注1)　委託者指図型投資信託とは信託財産を委託者の指図に基づいて主として有価証券，不動産等に対する投資として運用することを目的とする信託であって，投信法に基づき設定され，かつ，その受益権を分割して複数の者に取得させることを目的とするものをいうものとされています。
(注2)　「有価証券」とは，金融商品取引法第2条第1項に規定する有価証券をいいます。

　証券投資信託は課税上，公社債投資信託と株式等証券投資信託に分類されます。

証券投資の信託の分類

集団投資信託	合同運用信託		
	一定の投資信託	証券投資信託	公社債投資信託
			株式等証券投資信託
	国内公募投資信託		
	特定受益証券信託		

公社債投資信託

公社債投資信託とはどのような信託をいうのでしょうか。また，日本の居住者である個人が公社債投資信託に投資をした場合の課税関係を教えてください。

公社債投資信託とはその信託財産を公社債に対する投資として運用することを目的とするもので，株式又は出資に対する投資として運用しないものをいいます。公社債投資信託の収益の分配は利子所得として課税されます。

解　説

1　公社債投資信託とは

証券投資信託のうち，その信託財産を公社債に対する投資として運用することを目的とするもので，株式（投信法2条14項に規定する投資口を含む）又は出資に対する投資として運用しないものをいいます（所法2①十五）。

2　居住者である個人の課税関係

①　公社債投資信託の収益の分配に係る課税関係

公社債投資信託の収益分配金は利子所得として取り扱われ（所法23①），20.315％（所得税及び復興特別所得税15.315％，地方税5％）が源泉徴収され，課税関係が終了します（措法3）。

平成28年1月1日より，公社債投資信託の収益の分配に係る課税関係は以下のとおりとなります（措法3，8の4，9の3）。

①　上場の公社債投資信託の収益分配金，非上場の公募公社債投資信託の収益分配金

公社債投資信託の収益分配金は利子所得として取り扱われ（所法23①），20.315％（所得税及び復興特別所得税15.315％，地方税5％）が源泉

徴収されます（措法3）。申告不要と申告分離課税を選択することができます（新措法8の4①，8の5①）。

② 非上場の私募公社債投資信託の収益分配金

非上場の私募公社債投資信託の収益分配金は利子所得として取り扱われ（所法23①），20.315％（所得税及び復興特別所得税15.315％，地方税5％）が源泉徴収され，課税関係が終了します（措法3）。

② **公社債投資信託の譲渡に係る課税関係**

公社債投資信託の受益権の譲渡による所得は非課税とされています（措法37の15①二）。また，譲渡損が生じた場合には，その譲渡損は生じなかったものとみなされます（措法37の15②二）。

平成28年1月1日より，居住者である個人が公社債投資信託の受益権を譲渡した場合の課税関係は以下のとおりとなります（新措法37の10①，37の11①）。

① 上場の公社債投資信託又は公募公社債投資信託を譲渡した場合

上場株式等に係る譲渡所得等として課税されます。

② 非上場の私募公社債投資信託の譲渡をした場合

一般株式等に係る譲渡所得等として課税されます。

③ **公社債投資信託の償還・解約に係る課税関係**

公社債投資信託の償還又は解約により受益者に支払われた償還価額又は解約価額のうち，その公社債投資信託の元本を超える部分は収益分配金となり，利子所得として取り扱われ（所法23①），20.315％（所得税及び復興特別所得税15.315％，地方税5％）が源泉徴収され，課税関係が終了します（措法3）。

公社債投資信託の元本の金額と当該公社債投資信託の取得価額との差額がある場合，差益については非課税，差損は生じなかったものとみなされます（措法37の15①二，②二）。

平成28年1月1日より，公社債投資信託の償還・解約があった場合の課税関係は以下のとおりとなります（新措法37の10④二，37の11④一）。

① 上場の公社債投資信託又は公募公社債投資信託の償還，解約があった場合

償還価額及び解約価額の全額が上場株式等に係る譲渡所得等の収入金額とみなされます。
②　非上場の私募公社債投資信託の償還，解約があった場合
　　　償還価額及び解約価額のうち元本を超える部分は収益分配金とみなされ，残額は一般株式等に係る譲渡所得等の収入金額とみなされます。

Q30 株式等証券投資信託

株式等証券投資信託とはどのような投資信託をいいますか。

POINT

株式等証券投資信託とは公社債投資信託以外の証券投資信託をいい，特定株式投資信託，公募株式投資信託及び私募株式投資信託に分類されます。

解説

株式等証券投資信託とは公社債投資信託以外の証券投資信託をいい（措法37の10②五），運用資産として株式を組み入れるこのできるものをいいます。

株式等証券投資信託は次のとおりに分類されます。

株式等証券投資信託の分類

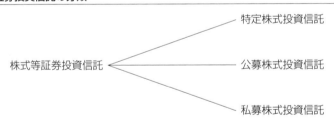

特定株式投資信託とは，信託財産を株式にのみに対する投資として運用することを目的とする証券投資信託のうち，金融商品取引所に上場されていること，委託者指図型投資信託約款に一定の事項が定められていること等一定の要件を満たすものをいいます（措法3の2，措令2，措規2の3①）。

公募株式投資信託とは，その設定に係る受益権の募集が公募により行われるもの（特定株式投資信託を除く）をいいます（措法8の4①二，措令4の2）。

私募株式投資信託とは特定株式投資信託及び公募株式投資信託以外の株式等証券投資信託をいいます。

Q31 株式等証券投資信託の居住者による投資の課税関係

株式等証券投資信託に日本の居住者が投資をした場合の課税関係について教えてください。

Point

特定株式投資信託，公募株式投資信託，私募株式投資信託のそれぞれで課税関係が異なります。

解説

株式等証券投資信託は次のとおりに分類されます。

株式等証券投資信託の分類

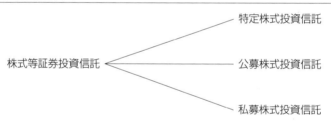

1 特定株式投資信託

特定株式投資信託とは，信託財産を株式にのみに対する投資として運用することを目的とする証券投資信託のうち，金融商品取引所に上場されていること，委託者指図型投資信託約款に一定の事項が定められていること等一定の要件を満たすものをいいます（措法3の2，措令2，措規2の3①）。

① 収益分配金

特定株式投資信託の収益分配金は，配当所得に該当し，20.315%（所得税及び復興特別所得税15.315%，地方税5%）が源泉徴収されます。

総合課税又は申告分離課税のいずれかを選択することができ（措法8の4），

総合課税を選択した場合には，配当控除が適用されます（ただし，外国株価指数連動型の場合には配当控除は適用されない）。

また，申告不要を選択して，源泉徴収のみで課税関係を終了させることもできます（措法8の5①）。

② 譲渡

特定株式投資信託の受益権を譲渡した場合には，譲渡益に対して20.315％（所得税及び復興特別所得税15.315％，地方税5％）が申告分離課税により課税されます（措法37の10①，37の11の4①）。

2 公募株式投資信託

公募株式投資信託とは，その設定に係る受益権の募集が公募により行われるもの（特定株式投資信託を除く）をいいます（措法8の4①二，措令4の2）。

① 収益分配金

公募株式投資信託の収益分配金は，配当所得に該当し，20.315％（所得税及び復興特別所得税15.315％，地方税5％）が源泉徴収されます（措法8の4）。

総合課税又は申告分離課税のいずれかを選択することができ（措法8の4），総合課税を選択した場合には，配当控除が適用されます（特定外貨建等証券投資信託等の場合には配当控除は適用されない）。

申告不要を選択して，源泉徴収のみで課税関係を終了させることもできます（措法8の5①三）。

オープン型の株式投資信託について支払われる「特別分配金」については，元本の払戻しに該当することから非課税となります（所法9①十一）。

② 解約・償還

公募株式投資信託の解約又は償還により支払を受ける解約価額又は償還価額については全額が譲渡収入とみなされて，取得価格との差額について20.315％（所得税及び復興特別所得税15.315％，地方税5％）が申告分離課税により課税されます（措法37の10④一）。

3 私募株式投資信託

私募株式投資信託とは，その設定に係る受益権の募集が私募により行われるものをいいます。

① 収益分配金

私募株式投資信託の収益分配金は，配当所得に該当し，非上場私募株式投資信託の場合には20.42％（所得税及び復興特別所得税20.42％），上場私募株式投資信託の収益分配金は20.315％（所得税及び復興特別所得税15.315％，地方税5％）が源泉徴収されます（措法8の4）。

私募株式投資信託の収益分配金は，原則として総合課税の対象となりますが，上場私募株式投資信託の収益分配金については申告分離課税を選択することができます（措法8の4）。

また，上場私募株式投資信託の収益分配金については申告不要を選択して，源泉徴収のみで課税関係を終了させることもできます（措法8の5①）。

② 譲渡

私募株式投資信託の受益権を譲渡した場合には，譲渡益に対して20.315％（所得税及び復興特別所得税15.315％，地方税5％）が申告分離課税により課税されます（措法37の10①，37の11の4①）。

③ 解約・償還

私募株式投資信託の償還又は解約により受益者に支払われた償還価額又は解約価額のうち，その私募株式投資信託の元本を超える部分は収益分配金となり，上記①の課税関係となります。

私募株式投資信託の元本の金額と当該私募株式投資信託の取得価額との差額がある場合，差益については譲渡所得として上記②の課税関係となります。

平成28年1月1日以降に上場私募株式投資信託を償還又は解約した場合には，償還価額又は解約価額の全額が上場株式等に係る譲渡所得等の収入金額とみなされることになります（新措法37の11④一）。

第3章 集団投資信託

 集団投資信託となる証券投資信託以外の投資信託

証券投資信託以外の投資信託で集団投資信託となるのはどのような投資信託でしょうか。

証券投資信託以外の投資信託で集団投資信託となるものはその受託者による受益権の募集が，公募により行われ，かつ，主として国内において行われるものとされています。

解　説

　証券投資信託以外の投資信託で集団投資信託となるものはその受託者（委託者指図型投資信託の場合には，委託者）による受益権の募集が，公募により行われ，かつ，主として国内において行われるもの（以下，「国内公募投資信託」）とされています（法法2二十九ロ（2））。

　具体的には投資信託のうち委託者指図型投資信託約款又は委託者非指図型投資信託約款において受託者（委託者指図型投資信託にあっては，委託者）による受益権の募集が公募により行われる旨の記載があり，かつ，受益権の発行価額の総額のうちに国内において募集される受益権の発行価額の占める割合が100分の50を超える旨の記載があるものとされています（法令14の3）。

　この場合，「公募」とは，新たに発行される受益証券の取得の申込みの勧誘のうち，多数の者（50人以上の者）を相手方として行う場合をいいます（金商法2⑧，金商令7）。

集団投資信託となるもの

| 証券投資信託以外の投資信託で集団投資信託となるもの | → | 受益権の募集が「公募」，かつ，「主として国内」で行われるもの |

73

国内公募投資信託は国内公募公社債等運用投資信託及び国内公募非公社債投資信託に分類されます。

国内公募投資信託の分類

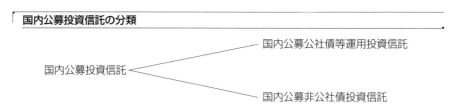

第3章 集団投資信託

 国内公募公社債等運用投資信託

国内公募公社債等運用投資信託とはどのような信託のことをいうのでしょうか。また，日本の居住者である個人が国内公募公社債等運用投資信託に投資をした場合の課税関係を教えてください。

証券投資信託以外の投資信託で信託財産として受け入れた金銭を公社債，手形，指名金銭債権，合同運用信託に対してのみ運用するものである旨の定めが投資信託約款等にあるもののうち，その募集が公募でかつ主として国内で行われるものをいいます。国内公募公社債等運用投資信託の収益分配金は利子所得として課税されます。

解説

1 国内公募公社債等運用投資信託とは

公社債等運用投資信託とは証券投資信託以外の投資信託で信託財産として受け入れた金銭を公社債，手形，指名金銭債権，合同運用信託に対してのみ運用するものである旨の定めが投資信託約款等にあるものをいいます（所法2①十五の二，所令2の3）。

また，国内公募公社債等運用投資信託とはその設定に係る受益権の募集が公募により行われ，かつ，主として国内において行われる公社債等運用投資信託をいいます（所法2①十五の三，法法2二十九ロ(2)）。

国内公募でない公社債等運用投資信託は法人課税信託に分類されます。

公社積等運用投資信託		
公社債等運用投資信託	国内公募公社債等運用投資信託	集団投資信託
	上記以外	法人課税信託

2 課税関係

① 国内公募公社債等運用投資信託の収益の分配に係る課税関係

国内公募公社債等投資信託の収益分配金は利子所得として取り扱われ（所法23①），20.315％（所得税及び復興税15.315％，地方税5％）の源泉徴収が行われ，課税関係が終了します（措法3）。

平成28年1月1日以降，国内公募公社債等投資信託の収益分配金は申告不要か申告分離課税を選択することができます（新措法8の4①二，新措法8の5①三）。

② 国内公募公社債等運用投資信託の譲渡に係る課税関係

国内公募公社債等投資運用信託の受益権の譲渡による所得は非課税とされています（措法37の15①二）。

平成28年1月1日以降，国内公募公社債等投資運用信託の受益権の譲渡による所得は20.315％（所得税及び復興税15.315％，地方税5％）の申告分離課税の対象となります（新措法37の11①）。

③ 国内公募公社債等運用投資信託の償還・解約に係る課税関係

国内公募公社債等運用投資信託の償還又は解約された場合において，これら償還価額又は解約価額のうち，その国内公募公社債等運用投資信託の元本を超える部分（償還差益又は解約差益）については「収益分配金」（利子所得）となり，上記①の課税関係となります。

国内公募公社債等運用投資信託の元本の額と取得価額との差額(差損・差益)は，非課税とされ，又はなかったものとされます（措法37の15①二，②二）。

平成28年1月1日以後は国内公募公社債等運用投資信託に係る償還価額又は解約価額の全てが上場株式等に係る譲渡所得等の譲渡収入金額とみなされ申告分離課税の対象となります（新措法37の11④一）。

国内公募非公社債等投資信託

　集団投資信託に該当する国内公募非公社債等投資信託とはどのような信託をいうのでしょうか。また，日本の居住者である個人が国内公募非公社債等投資信託に投資をした場合の課税関係を教えてください。

　証券投資信託以外の投資信託で公社債等運用投資信託に該当しないもののうち，その募集が公募でかつ主として国内で行われるものをいいます。

解　説

1　非公社債等投資信託とは

　非公社債等投資信託とは証券投資信託以外の投資信託で公社債等運用投資信託（Q33参照）に該当しないものをいいます。

投資信託の分類

投資信託	証券投資信託	
	証券投資信託以外	公社債等運用投資信託
		公社債等投資信託

　国内公募非公社債等投資信託とは，非公社債投資信託のうち，その募集が公募でかつ主として国内で行われるものをいいます。

2　課税関係

①　国内公募非公社債等投資信託の収益の分配に係る課税関係

　　国内公募非公社債等投資信託の収益分配金は配当所得として取り扱われ（所法24①），20.315％（所得税及び復興特別所得税15.315％，地方税5％）の源泉徴収が行われます（措法8の4）。

国内公募非公社債等投資信託の収益分配金は原則として総合課税の対象となります。

平成28年1月1日以降は国内公募非公社債等投資信託については申告分離課税を選択することができます（新措法8の4①二）。

また，国内公募非公社債等投資信託については申告不要を選択することも可能です（新措法8の5①三）。

② 国内公募非公社債等投資信託の譲渡に係る課税関係

国内公募非公社債等投資信託の受益権の譲渡による所得は20.315%（所得税及び復興特別所得税15.315%，地方税5%）の申告分離課税の対象となります（措法37の10）。

③ 国内公募非公社債等投資信託の償還・解約に係る課税関係

国内公募非公社債等投資信託の償還又は解約された場合において，これら償還価額又は解約価額のうち，その国内公募非公社債等投資信託の元本を超える部分（償還差益又は解約差益）については「収益分配金」となり，上記①の課税関係となります。

国内公募非公社債等投資信託の元本の金額と当該国内公募非公社債等投資信託の取得価額との差額がある場合，差益については譲渡所得として上記②の課税関係となります。

平成28年1月1日以後は国内公募非公社債等投資信託に係る償還価額又は解約価額の全てが上場株式等に係る譲渡所得等の譲渡収入金額とみなされ申告分離課税の対象となります（新措法37の11④一）。

第3章 集団投資信託

 特定受益証券発行信託

特定受益証券発行信託とはどのような信託をいいますか。また，日本の居住者が特定受益証券発行信託に投資をした場合の課税関係について教えてください。

　特定受益証券発行信託とは信託法第185条第3項に規定する受益証券発行信託のうち，一定の要件を満たすものをいいます。

解　説

1　特定受益証券発行信託とは

　特定受益証券発行信託とは信託法第185条第3項に規定する受益証券発行信託のうち，次に掲げる要件の全てに該当するものをいいます（所法2十五の五，法法2二十九ハ，法令14の4）。

① 税務署長の承認を受けた信託会社等が引き受けたものであること
② 各計算期間終了の時における未分配利益の額のその時における元本の総額に対する割合（以下，「利益留保割合」という）が1,000分の25を超えない旨の信託行為における定めがあること
③ 各計算期間開始の時において，その時までに到来した利益留保割合の算定の時期として政令で定めるもの(注)のいずれにおいてもその算定された利益留保割合が1,000分の25を超えていないこと

（注）貸借対照表等一定の書類が納税地の税務署長に提出された日

④ その計算期間が1年を超えないこと
⑤ 受益者が存しない信託に該当したことがないこと

2 受益権保有者の課税関係

① 収益分配金

特定受益証券発行信託の収益分配金は配当所得として取り扱われ、20.42%（所得税及び復興特別所得税）の源泉徴収の対象となり、原則として他の所得と合算され課税されます（所法24）。

上場されている特定受益証券発行信託の収益分配金については20.315%（所得税及び復興特別所得税15.315%、住民税5%）の源泉徴収の対象となり、総合課税と申告分離課税を選択適用することが可能です（措法8の4）。

また上場の特定受益証券発行信託に係る収益分配金ついては申告不要を選択できます（措法8の5）。

② 譲渡益

特定受益証券発行信託の受益権を譲渡した場合、譲渡益に対して20.315%の所得税、復興税及び住民税が課税されます（措法37の10）。

③ 特定受益証券発行信託の償還・解約

特定受益証券発行信託の償還又は解約により受益者に支払われた償還価額又は解約価額のうち、その特定受益証券発行信託の元本を超える部分は収益分配金（所令59）となり、上記①の課税関係となります。

特定受益証券発行信託の元本の金額と当該特定受益証券発行信託の取得価額との差額がある場合、差益については譲渡所得として上記②の課税関係となります。

上場の特定受益証券発行信託を償還又は解約した場合には、償還価額又は解約価額の全額が上場株式等に係る譲渡所得等の収入金額とみなされます（措法37の10④一）。

第3章　集団投資信託

特定受益証券発行信託

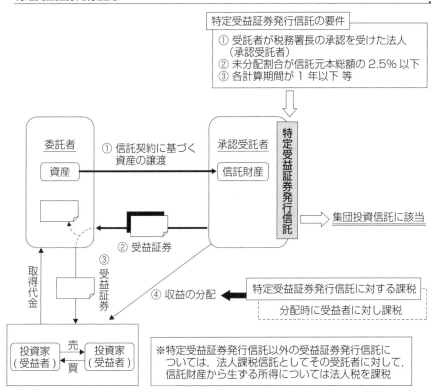

出所：青木孝徳『改正税法のすべて（平成19年版）』大蔵財務協会・2007）

第1部 所得税

特定受益証券発行信託の受託者としての承認申請書

			整理番号	

	提出法人	（フリガナ）	
平成　年　月　日	□□□ 単体法人 連結子法人 連結親法人	法人の名称	
		納税地	〒　　　　　　電話（　）　―
		本店又は主たる事務所の所在地	〒
		（フリガナ）	
税務署長　殿		代表者の氏名	㊞
		設立年月日	年　月　日
		資本金の額又は出資金の額	円

　法人税法第2条第29号ハ(1)に規定する、特定受益証券発行信託の受託者としての承認を受けたいので、法人税法施行令第14条の4第3項の規定に基づき下記のとおり申請します。

記

① 法人が現に行っている事業の概要		
② 法令14条の4第1項第2号に規定する作成及び保存を確実に行う旨	(イ) その引受けを行う信託に係る信託法第37条第1項に規定する書類又は電磁的記録及び同条第2項に規定する書類又は電磁的記録の作成及び保存を確実に行う。	□
	(ロ) （限定責任信託の場合）その引受けを行う信託に係る信託法第222条2項に規定する会計帳簿及び同条第4項に規定する書類又は電磁的記録の作成及び保存を確実に行う。	□
③ 法令14条の4第1項第4号の規定による開示をしない場合には、同号の規定により閲覧させることを確実に行う旨	(イ) その業務及び経理の状況につき金融商品取引法第24条第1項に規定する有価証券報告書に記載する方法その他の財務省令で定める方法により開示する。	□
	(ロ) 会社法第435条第2項に規定する計算書類及び事業報告並びにこれらの附属明細書その他これらに類する書類について閲覧の請求があった場合には、正当な理由がある場合を除き、これらを閲覧させる。	□
④ その他参考となるべき事項	添付書類	
	法令14条の4第1項第1号のイからハまでに掲げるいずれかの法人に該当する旨を証する書類	

（規格A4）

税理士署名押印		㊞
※税務署処理欄	部門	入力	整理簿	備考

26.06改正

第３章　集団投資信託

特定受益証券発行信託に関する書類の提出書

税務署受付印		※整理番号	
	（フリガナ）法　人　名		
平成　年　月　日	本店又は主たる事務所の所在地	〒　　　電話（　）－	
	納　税　地	〒　　　電話（　）－	
	（フリガナ）代表者氏名		
税務署長殿	代表者住所	〒　　　電話（　）－	

法人税法施行令第14条の４第９項の規定に基づき、下記のとおり特定受益証券発行信託に関する書類を提出します。

記

提出対象事業年度	（自）平成　年　月　日（至）平成　年　月　日	法人税法施行令第14条の４第６項の承認年月日	平成　年　月　日

	信託の名称	計算期間	提出書類	※入力
提出対象事業年度中に計算期間の終了した特定受益証券発行信託		（自）平成　年　月　日（至）平成　年　月　日	１　貸借対照表、損益計算書　２　その他（　　　）	
		（自）平成　年　月　日（至）平成　年　月　日	１　貸借対照表、損益計算書　２　その他（　　　）	
		（自）平成　年　月　日（至）平成　年　月　日	１　貸借対照表、損益計算書　２　その他（　　　）	
		（自）平成　年　月　日（至）平成　年　月　日	１　貸借対照表、損益計算書　２　その他（　　　）	
		（自）平成　年　月　日（至）平成　年　月　日	１　貸借対照表、損益計算書　２　その他（　　　）	
		（自）平成　年　月　日（至）平成　年　月　日	１　貸借対照表、損益計算書　２　その他（　　　）	
		（自）平成　年　月　日（至）平成　年　月　日	１　貸借対照表、損益計算書　２　その他（　　　）	
		（自）平成　年　月　日（至）平成　年　月　日	１　貸借対照表、損益計算書　２　その他（　　　）	

（規格Ａ４）

※税務署整理欄	部門	決算期	通信日付印	平成　年　月　日	確認印

20.06

証券投資信託の信託財産に係る利子等の課税の特例

証券投資信託の信託財産に属する公社債等の利子や配当等にかかる課税関係について教えてください。

POiNT

証券投資信託の信託財産に属する公社債の利子や株式の配当については一定の要件の下に源泉所得税を課さないこととされています。

 解　説

　内国法人である信託会社（信託業務を兼営する金融機関（信託銀行）を含む。以下「内国信託会社」という）がその引受けをした証券投資信託に属する公社債等につき支払を受ける利子等又は配当等について，一定の要件の下で所得税を課税しないこととされています（所法176）。

　対象となる証券投資信託は，内国信託会社の国内にある営業所に信託されたものに限られます。

　また，対象となる公社債等とは，公社債，合同運用信託，投資信託若しくは特定受益証券発行信託の受益権，社債的受益権，株式又は出資をいいます。

　本非課税制度の適用を受けるための要件とは，国内において利子等又は配当等の支払をする者の備え付ける帳簿に，信託財産の属する公社債等がその信託財産に属する旨及び下記の①から③までに掲げる事項の登載を受けている場合をいいます（所法176①，所規72の2）。

① 　内国信託会社の名称及び本店所在地
② 　証券投資信託の信託された営業所の名称及び所在地並びにその証券投資信託に信託契約の委託者の氏名又は名称
③ 　登載をした年月日

証券投資信託の課税の特例

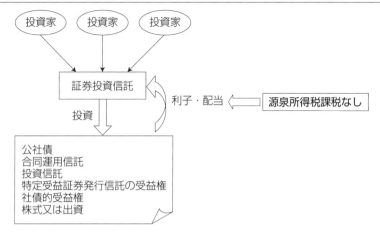

集団投資信託の信託財産に係る利子等の課税の特例

集団投資信託の信託財産の利子等について源泉所得税が課税された場合の留意点について教えてください。

集団投資信託で国内の営業所に信託されたものに係る信託財産について源泉所得税が課税された場合には，信託の収益の分配をする段階において，その収益分配金に対する源泉徴収税額から控除することとされています。

解 説

Q36で説明したとおり，証券投資信託の信託財産に属する公社債等につき支払を受ける利子等又は配当等については，一定の要件の下で所得税を課さないこととされていますが，支払者の備付帳簿登載漏れがある場合や特例の対象となっていない証券投資信託以外の集団投資信託の信託財産に属する公社債等につき支払を受ける利子等又は配当等については源泉所得税の課税対象となります。

この源泉所得税は，これらの信託の収益の分配をする段階において，その収益分配金に対する源泉徴収税額から控除することとされています(所法176③)。

本特例の対象となる信託は集団投資信託で国内の営業所に信託されたものに限られます。

なお，本特例により所得税額の控除を行う場合において，その控除をすべき集団投資信託の信託財産について納付した所得税の額は，その集団投資信託の収益の分配の額の計算上，その収益の分配の額に加算することとされています(所法176④)。

具体的には，集団投資信託の信託財産に属する公社債等について支払を受ける利子等(100)について所得税(例えば，税率が15％の場合には15)が源泉

徴収されている場合には，一般的に集団投資信託において税引き後の金額（85 = 100-15）を収入金額として計上し，これを基礎として収益の分配が計算されます。

このようにして計算されたその集団投資信託の全体の収益の分配の額（300）であれば，その収益の分配の額に前記公社債等に係る利子等の納付所得税を加算した金額（315 = 300 + 15）が前記の控除を受ける場合の収益の分配額となり，その収益の分配に係る源泉徴収税額は，その金額に源泉徴収税率（15％）を乗じて計算された額（47.25 = 315×15％）となります。

この源泉徴収税額の納付にあたっては，前記により当初の所得税額を控除した額（32.25 = 47.25-15）を納付することになります。

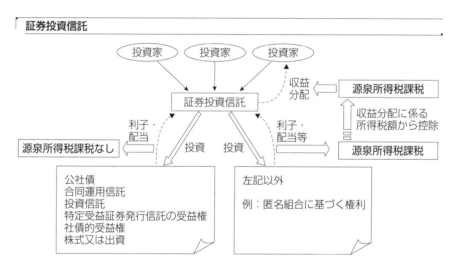

証券投資信託以外の集団投資信託

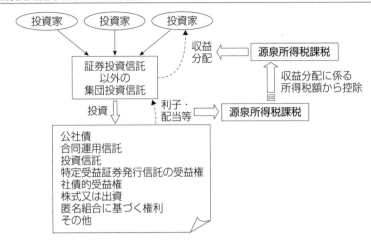

第4章 集団投資信託
（クロスボーダー）

第1部　所得税

 外国信託の定義

外国信託は集団投資信託として取り扱われますでしょうか。また，集団投資信託として取り扱われる場合，どのような信託が集団投資信託として取り扱われますでしょうか。

外国信託は合同運用信託又は外国投資信託に該当する場合，集団投資信託として取り扱われます。

解　説

外国の信託は合同運用信託又は外国投資信託に該当する場合，集団投資信託として取り扱われます。

合同運用信託とは信託会社が引き受けた金銭信託で，共同しない多数の委託者の信託財産を合同して運用するものをいいます。

ただし，委託者非指図型投資信託（Q27参照）及びこれに類する外国投資信託並びに委託者が実質的に多数でないものとされる信託（Q26参照）は除かれます。

外国投資信託の分類

集団投資信託	合同運用信託			
	外国投資信託	証券投資信託	公社債投資信託	
			株式等投資信託	
		上記以外	公社債等運用投資信託	
			非公社債投資信託	

第 4 章 集団投資信託（クロスボーダー）

 外国投資信託の定義

所得税法上，外国投資信託とはどのような信託をいいますか。また，外国投資信託の具体例を教えてください。

P_{oiNT}

所得税法上，外国投資信託とは投資信託及び投資法人に関する法律第2条第24項に規定する外国投資信託をいうものとされています。

 解　説

所得税法上，外国投資信託とは投資信託及び投資法人に関する法律（以下，「投信法」）第2条第24項に規定する外国投資信託をいうものとされています。

投信法第2条第24項に規定する「外国投資信託」とは，外国において外国の法令に基づいて設定された信託で，投資信託に類するものをいうものとされています。

また，参考として振替債の利子の非課税の規定に関し，外国投資信託に該当するもの例として財務省のホームページに下記のように記載されています。

非法人形式		
	契約型外国投資信託の形態	根拠法令等
米	・ビジネス・トラスト形式オープン・エンド型投資会社（ミューチュアル・ファンド）(Business Trust-type open-end investment companies (mutual fund)) ・ビジネス・トラスト形式クローズド・エンド型投資会社 (Business Trust-type closed-end investment companies) ・ユニット・インベストメント・トラスト (Unit Investment Trust)	1940年投資会社法の適用を受ける。1940年投資会社法の適用がない場合（所有者100人未満の場合や適格機関投資家向けの場合等）は私募とみなされ非課税対象外。

91

非法人形式		
	契約型外国投資信託の形態	根拠法令等
英	ユニット・トラスト (Unit Trust)	金融サービス市場法に基づく認可が必要。
仏	FCP（共同投資ファンド） (Fonds Communs de Placement)	1988年投資信託法に基づく証券取引委員会（COB）の承認が必要。
独	パブリック・ファンド (Publikumsfonds)	1957年投資会社法の適用を受ける。銀行監督庁の約款承認が必要。スペシャル・ファンドと呼ばれる私募投信（10人以内の機関投資家が販売対象）は非課税対象外。
ルクセンブルク	FCP (Fonds Communs de Placement)	1988年投資信託法の適用を受ける（Part 1 ファンド，Part 2 の MMF）。金融監督委員会の監督に服し，金融監督委員会に登録が必要。Institutional Fund（Part 2 ファンドに属する）は私募とみなされ，非課税対象外。
伊	契約型投資ファンド (Fondi Communi di Investimento)	金融仲介法の適用を受ける。リザーブ・ファンド，投機ファンドは私募とみなされ，非課税対象外。
スペイン	投資信託 (Fond de Inversion)	集合的投資に関する法律の適用を受ける。
アイルランド	ユニット・トラスト (Unit Trust)	ユニット・トラスト法の適用を受ける。
カナダ	ビジネス・トラスト形式契約型投信 （州レベルの規制が主） (Business Trust (contractual type of investment fund))	各州法の適用を受ける。

第4章 集団投資信託（クロスボーダー）

 外国株式投資信託の投資に係る課税関係

日本の個人投資家が外国株式投資信託に投資をした場合の課税関係について教えてください。

外国公募株式投資信託と外国私募株式投資信託とで課税関係が異なります。

解　説

外国株式投資信託の課税関係は外国公募株式投資信託か外国私募株式投資信託かによって以下のとおりの課税関係が異なります。

1　外国公募株式投資信託

① 収益分配金

外国公募株式投資信託の収益分配金は配当所得として取り扱われ，国外で支払われるのもについて国内における支払の取扱者を通じてその交付を受けるものに対しては，その交付の際に20.315％（所得税及び復興特別所得税15.315％・住民税5％）の源泉徴収が行われます（措法8の3③，④）。

外国公募株式投資信託の収益分配金は，原則として総合課税の対象となりますが，国内における支払の取扱者を通じてその交付を受けるものについては納税者の選択により申告不要とすることができます（措法8の3⑥）。

② 譲渡による所得

外国公募株式投資信託の譲渡による所得は20.315％（所得税及び復興特別所得税15.315％・住民税5％）の申告分離課税の対象になります（措法37の10）。

③ 償還

外国公募株式投資信託の償還価額は全額，受益権の譲渡収入として取り扱

われ，20.315％（所得税及び復興特別所得税15.315％・住民税5％）の申告分離課税の対象になります（措法37の10④一）。

2 外国私募株式投資信託

① 収益分配金

外国私募株式投資信託の収益分配金は配当所得として取り扱われ，国外で支払われるのもについて国内における支払の取扱者を通じてその交付を受けるものに対しては，その交付の際に下記の税率により源泉徴収が行われます（措法8の3②二，③，9の3一，二）。

(1) 上場外国私募株式投資信託　20.315％（所得税及び復興特別所得税15.315％・住民税5％）

(2) 非上場外国私募株式投資信託　20.42％（所得税及び復興特別所得税20.42％）

外国私募株式投資信託の収益分配金は総合課税の対象となりますが，国内の支払の取扱者を通じて交付を受ける上場外国私募株式投資信託の収益分配金については金額の多少にかかわらず納税者の選択により申告不要とすることができます（措法8の3⑥）。

② 譲渡による所得

外国私募株式投資信託の譲渡による所得は20.315％（所得税及び復興特別所得税15.315％・住民税5％）の申告分離課税の対象になります（措法37の10）。

③ 償還

外国私募株式投資信託の償還金は当該償還価額が外国私募株式投資信託の元本を超える金額（つまり，償還差益）は，上記①の収益分配金と同様に配当所得（所令59①）として課税され，償還金のうち元本の金額に達するまでの金額は受益権の譲渡収入として取り扱われ，20.315％（所得税及び復興特別所得税15.315％・住民税5％）の申告分離課税の対象になります（措法37の10

④一)。

　平成28年1月1日以降は上場外国私募株式投資信託の償還金は全額が受益権の譲渡収入として取り扱われることになっています(新措法37の11④一)。

外国公社債投資信託の投資に係る課税関係

日本の個人投資家が外国公社債投資信託に投資をした場合の課税関係について教えてください。

外国公社債投資信託の収益分配金は利子所得として課税され、外国公社債投資信託の譲渡による所得は現行法上、非課税となります。

解 説

1 外国公社債投資信託の収益の分配に係る課税関係

外国公社債投資信託の収益分配金は利子所得として取扱われ（所法23①）、国内の支払取扱者を通じて交付を受ける場合、20.315％（所得税及び復興特別所得税15.315％、地方税5％）が源泉徴収され、課税関係が終了します（措法3の3）。

平成28年1月1日より、外国公社債投資信託の収益の分配に係る課税関係は以下のとおりとなります（新措法3の3、8の4、8の5）。

① 上場の外国公社債投資信託の収益分配金、非上場の公募外国公社債投資信託の収益分配金

公社債投資信託の収益分配金は利子所得として取り扱われ（所法23①）、20.315％（所得税及び復興特別所得税15.315％、地方税5％）が源泉徴収されます。申告不要と申告分離課税を選択することができます。

② 非上場の私募外国公社債投資信託の収益分配金

非上場の私募外国公社債投資信託の収益分配金は利子所得として取り扱われ（所法23①）、20.315％（所得税及び復興特別所得税15.315％、地方税5％）が源泉徴収され、課税関係が終了します。

2 外国公社債投資信託の譲渡に係る課税関係

外国公社債投資信託の受益権の譲渡による所得は非課税とされています（措法37の15①二）。また，譲渡損が生じた場合には，その譲渡損は生じなかったものとみなされます（措法37の15②二）。

平成28年1月1日より，居住者である個人が公社債投資信託の受益権を譲渡した場合の課税関係は以下のとおりとなります（新措法37の10①，37の11①）。

① 上場の公社債投資信託又は公募公社債投資信託を譲渡した場合

上場株式等に係る譲渡所得等として課税されます。

② 非上場の私募公社債投資信託の譲渡をした場合

一般株式等に係る譲渡所得として課税されます。

3 外国公社債投資信託の償還・解約（措法37の15①二）

外国公社債投資信託の償還又は解約により受益者に支払われた償還価額又は解約価額のうち，その外国公社債投資信託の元本を超える部分は収益分配金となり，利子所得として取り扱われ（所法23①），20.315％（所得税及び復興特別所得税15.315％，地方税5％）が源泉徴収され，課税関係が終了します（措法3）。

外国公社債投資信託の元本の金額と当該外国公社債投資信託の取得価額との差額がある場合，差益については非課税，差損は生じなかったものとみなされます（措法37の15①二，②二）。

平成28年1月1日より，外国公社債投資信託の償還・解約があった場合の課税関係は以下のとおりとなります（新措法37の10④二，37の11④一）。

① 上場の公社債投資信託又は公募公社債投資信託を譲渡した場合

償還価額及び解約価額の全額が上場株式等に係る譲渡所得等の収入金額とみなされます。

② 非上場の私募公社債投資信託の譲渡をした場合

償還価額及び解約価額のうち元本を超える部分は収益分配金とみなされ，残額は一般株式等に係る譲渡所得等の収入金額とみなされます。

Q42 外国投資信託と租税条約

外国投資信託が日本法人の株式に投資をして配当を受領した場合，租税条約の適用関係はどうなるのでしょうか。

Point

外国投資法人の受託者が相手国において居住者として取り扱われ，かつ，所得の受益者として取り扱われる場合，配当に関し租税条約の適用を受けられる可能性があります。

解説

外国投資信託は集団投資信託に該当するため，パススルーにはならず（所法2①十二の二，13①，③），外国投資信託の各投資家は信託財産を有しているものとはみなされないため，原則として各投資家が租税条約の適用を受けることはできません。

法人税法上，法人が受託者となる集団投資信託の信託財産に属する資産及び負債並びに当該信託財産に帰せられる収益及び費用は，当該法人の資産及び負債並びに収益及び費用でないものとする旨の規定（法法12③）がありますが，所得税法にはそのような規定は存在しません。

したがって，所得税法上は受託者が配当の受領者として課税関係を決定していくことになるものと考えられます。

これは租税条約の適用に関しても同様で原則として受託者が配当の受領者として租税条約の適用があるかを検討することになるものと考えられます。

租税条約の適用にあたっては，通常，所得の受領者が租税条約の相手国の居住者であり，かつ，当該所得の受益者である場合に租税条約が適用されることとなり，外国投資信託の場合，特に当該所得の受益者となるかが問題となりえます。

この点に関し，例えば，日英租税条約の「条約に関する書簡の交換の告示」3において「一方の締約国において設立された投資基金の受託者又は運用者は，これらの規定により認められる特典に係る請求を行うことができることが了解される。」ものとする規定があります。

外国投資信託と恒久的施設との関係

外国投資信託が日本の資産に投資をする場合において、日本に代理人等を有する場合、当該代理人が恒久的施設として取り扱われ、外国投資信託に日本の法人税が課税されることがありますでしょうか。

外国投資信託が法人税の課税対象となることはないものと考えられます。

解説

外国法人がその所得について日本の法人税の課税対象となるか否かは原則として当該外国法人が日本に恒久的施設を有するか否かにより決まります（一定の国内源泉所得については日本に恒久的施設を有しない場合であっても日本の法人税が課税される）。

法人税法上、恒久的施設（「PE」：Permanent Establishment）は、次の三つの種類に区分されています。

① 支店、出張所、事業所、事務所、工場、倉庫業者の倉庫、鉱山・採石場等天然資源を採取する場所。ただし、資産を購入したり、保管したりする用途のみに使われる場所は含みません。

② 建設、据付け、組立て等の建設作業等のための役務の提供で、1年を超えて行うもの。

③ 非居住者のためにその事業に関し契約を結ぶ権限のある者で、常にその権限を行使する者や在庫商品を保有しその出入庫管理を代理で行う者、あるいは注文を受けるための代理人等（いわゆる独立代理人を除く）。

法人税法上、法人が受託者となる集団投資信託の信託財産に属する資産及び負債並びに当該信託財産に帰せられる収益及び費用は、当該法人の資産及び負

債並びに収益及び費用でないものとするものとされており（法法12③），集団投資信託については法人税の納税義務は発生しません。

　したがって，外国信託が外国投資信託（集団投資信託）に該当する場合には，PE の有無にかかわらず法人税の納税義務が発生することはないものと考えられます。

外国投資信託とタックスヘイブン対策税制との関係

　日本の居住者が外国投資信託に投資をしている場合，タックスヘイブン対策税制の適用関係について教えてください。

　外国投資信託のうち租税特別措置法第68条の3の3第1項に規定する特定投資信託に類するものについてはタックスヘイブン対策税制が適用される可能性があります。

解　説

1　タックスヘイブン対策税制とは

　タックスヘイブン対策税制は，所得に対して課される税の負担が日本において法人の所得に対して課される税の負担に比べて著しく低い国（所得に対して課される税が存在しない国又は所得に対して課される税の負担が20％未満の国）に外国子会社が所在し，かつ，内国法人又は日本の居住者が当該外国子会社の発行済株式総数の50％超を保有する場合に，当該外国子会社の株主のうち当該外国子会社の株式を10％以上保有している内国法人又は居住者について，当該外国子会社が留保している所得のうち，当該内国法人又は居住者が保有する株式の持分割合に対応する部分の金額を（当該内国法人又は居住者が当該外国子会社から配当を受領していないにもかかわらず）当該内国法人又は居住者の収益の額とみなして所得の金額の計算上，益金の額に算入するという制度です（措法40の4，66の6）。

2　タックスヘイブン対策税制の外国信託への適用

　タッスクヘイブン対策税制は，一定の外国信託にも適用されることとされています。

具体的には、投信法第2条第24項に規定する外国投資信託のうち租税特別措置法第68条の3の3第1項に規定する特定投資信託に類するものでその所得に対して課される税の負担が著しく低い国（所得に対して課される税の負担が20％未満の国）に所在し、かつ、当該特定投資信託の受益権の50％超が内国法人又は日本の居住者に保有されている場合には、当該特定投資信託の受益者のうち10％以上の受益権を保有する内国法人に対してタックスヘイブン対策税制が適用されることとされています（措法66の6⑩）。租税特別措置法第68条の3の3第1項に規定する特定投資信託とは、投信法第2条第3項に規定する投資信託のうち、法人課税信託に該当するものをいうものとされております。

法人課税信託の定義は、法人税法第2条第29の2号に規定されており、その定義から集団投資信託に該当するものは除外されております。また、投信法第2条第3項に規定する投資信託のうち次に掲げるものについては集団投資信託に該当するものと規定されております（法法2二十九）。

① 投信法第2条第4項に規定する証券投資信託
② その受託者（投信法第2条第1項に規定する委託者指図型投資信託にあっては、委託者）による受益権の募集が公募により行われ、かつ、主として国内において行われるものとして一定のもの

したがって、外国投資信託のうち、外国証券投資信託や公募外国投資信託についてはタックスヘイブン対策税制の対象とならず、それ以外の外国投資信託についてはタックスヘイブン対策税制の適用対象になるものと考えられます。

| タックスヘブン対策税制の適用の有無 |

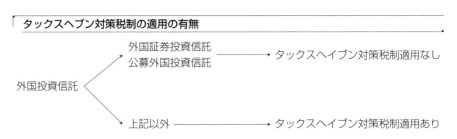

第1部　所得税

 外国投資信託が受領する振替債の利子

外国投資信託が日本の振替国債・振替地方債・振替社債に投資をして利子を受領した場合の課税関係はどうなるのでしょうか。

一定の要件の下，一定の外国投資信託が受領する利子は非課税となります。

解　説

　非居住者又は外国法人が受領する振替国債・振替地方債及び振替社債等に係る利子及び償還差益は非課税適用申告書を特定振替機関等の本店又は主たる事務所の所轄税務署長に提出している等一定の要件の下に非課税となります（措法5の2，5の3）。

　ただし，下記に掲げる振替社債等に係る利子等については非課税とはなりません。

【利益連動債】
　振替社債等のうち利益連動債（その利子の額が振替社債等の発行者等の利益の額等に連動するもの）の利子等

【特殊関係者】
　振替社債等の発行者の特殊関係者（発行者との間に発行済株式等の50％超の保有関係がある者等）が支払を受ける利子等

　非課税とされる償還差益は，償還価額と取得価額との差額です。
　なお，次のいずれかに該当する外国投資信託（証券投資信託又は公社債等運用投資信託に該当するものに限る）も，非課税対象者とされています（措法5の2②，5の3②）。
　①　その設定に係る受益権の国外における募集が公募により行われている外

104

国投資信託で，次の要件を満たすもの
(1) 当該受益権の国内における募集が公募のみにより行われること
(2) 上記①(1)の受益権に係る収益の分配が国内における支払の取扱者を通じてのみ交付されること
② その設定に係る受益権が，他の適格外国証券投資信託（上記①に該当するものを含む）の信託財産としてのみ取得される外国投資信託

海外投資家に係る債券税制の概要

国内		国外	
公社債市場			海外投資家（非居住者・外国法人等）
振替国債	利子 →	非課税手続	非課税 →
振替国債	利子 →		非課税 →
振替国債	利子 →		非課税 →

出所：金融庁ホームページ

第5章 法人課税信託

法人課税信託とは

法人課税信託とはどのような信託をいいますか。

法人課税信託とは信託の受託者に対し，信託財産から生ずる所得について，その受託者の固有財産から生ずる所得とは区別して法人税が課税される一定の信託をいいます。

解　説

法人課税信託とは信託の受託者に対し，信託財産から生ずる所得について，その受託者の固有財産から生ずる所得とは区別して法人税が課税される信託をいいます（法法4の6，4の7等）。

下記に掲げる信託が法人課税信託に該当します（法法2二十九の二）。

① 受益権を表示する証券を発行する旨の定めのある信託（特定受益証券発行信託を除く）
② 受益者等の存しない信託
③ 法人を委託者とする信託で次の類型のもの
　(1) 事業の重要部分の信託で委託者の株主等を受益者とするもの[注1]
　(2) 自己信託等で存続期間が20年を超えるもの[注2]
　(3) 自己信託等で損益分配割合が変更可能であるもの[注3]
④ 集団投資信託に該当する投資信託以外の投資信託
⑤ 特定目的信託

第5章 法人課税信託

事業の重要部分の信託で委託者の株主等を受益者とするもの（注1）

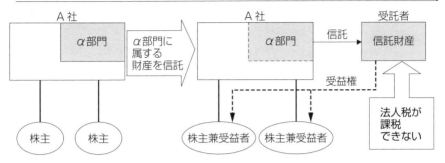

自己信託等で存続期間が20年を超えるもの（注2）

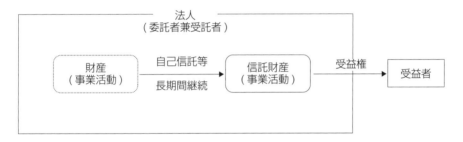

自己信託等で損益分配割合が変更可能であるもの（注3）

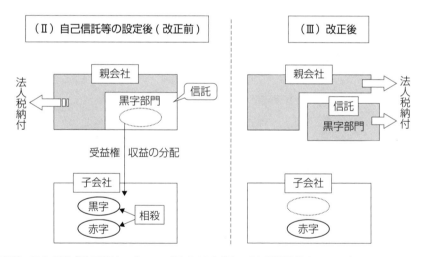

出所：青木孝徳『改正税法のすべて（平成19年版）』（大蔵財務協会・2007）

法人課税信託の法人税の納税義務

法人課税信託の法人税の納税義務について教えてください。

内国法人，外国法人及び個人は，法人課税信託の引受けを行うときは，法人税を納める義務があります。法人税法上，個人が受託者となる場合には当該個人は会社とみなされます。

解　説

1　法人税の納税義務

内国法人，外国法人及び個人は，法人課税信託の引き受けを行うときは，法人税を納める義務があります（法法4）。法人税法上，個人が受託者となる場合には当該個人は会社とみなされます。

法人課税信託の信託財産に帰せられる所得に対しては，受託者の固有財産に帰せられる所得とは区分して法人税が課税されます。

具体的には，法人課税信託の受託者は，各法人課税信託の信託資産等及び固有資産等ごとに，それぞれ別の者とみなして，法人税法の規定が適用されます（法法4の6①）。

各法人課税信託の信託資産等及び固有資産等は，そのみなされた各別の者にそれぞれ帰属するものとされます（法法4の6②）。

2　調整規定

受託法人又は法人課税信託の受益者について所得税法の規定を適用する場合の調整規定として，主に次の規定が設けられています（所法6の3）。

① 法人課税信託の信託された営業所が国内にある場合には，その法人課税信託に係る受託法人は内国法人とする。

第1部 所得税

法人課税信託を受託する個人に対する課税（所得税・法人税）

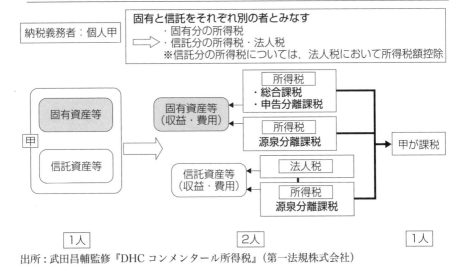

出所：武田昌輔監修『DHC コンメンタール所得税』（第一法規株式会社）

② 法人課税信託の信託された営業所が国内にない場合には，その法人課税信託に係る受託法人は外国法人とする。

③ 受託法人（会社でないものに限る）は，会社とみなす。

④ 法人課税信託の受益権は株式又は出資とみなし，法人課税信託の受益者は株主等に含まれるものとする。

⑤ 法人課税信託について信託の終了があった場合又は法人課税信託（受益者等の存しない信託に限る）に受益者等が存することとなった場合（他の類型の法人課税信託に該当する場合を除く）には，受託法人の解散があったものとする。

⑥ 法人課税信託（受益者等の存しない信託を除く）の委託者がその有する資産の信託をした場合又は受益者等課税信託が法人課税信託に該当することとなった場合には，受託法人に対する出資があったものとみなす。

⑦ 法人課税信託の収益の分配は資本剰余金の減少に伴わない剰余金の配当と，法人課税信託の元本の払戻しは資本剰余金の減少に伴う剰余金の配当とみなす。

第5章 法人課税信託

 法人課税信託の信託設定

法人課税信託（受益者等の存しない信託でないものとする）の委託者がその有する資産を信託した場合の課税関係について教えてください。

POiNT

　法人課税信託の委託者がその有する資産の信託をした場合又は受益者等課税信託が法人課税信託に該当することとなった場合には，受託法人に対する出資があったものとみなされます。

解　説

　法人課税信託（受益者等の存しない信託を除く）の委託者がその有する資産の信託をした場合には，受託法人に対する出資があったものとみなされます（所法6の3六）。
　したがって，委託者である個人は資産を時価により譲渡したものとして取り扱われ，移転した資産に含み益があれば，所得税が課税されます（所法59）。
　法人課税信託の受益権（私募公社債等運用投資信託の受益権及び特定目的信託の社債的受益権を除く）は株式又は出資とみなし，法人課税信託の受益者は株主等に含まれるものとされます。この場合において，その法人課税信託の受託者である法人の株式又は出資は当該法人課税信託に係る受託法人の株式又は出資でないものとみなし，当該受託者である法人の株主等は当該受託法人の株主等でないものとされます（所法6の3四）。

法人課税信託設定時の課税関係

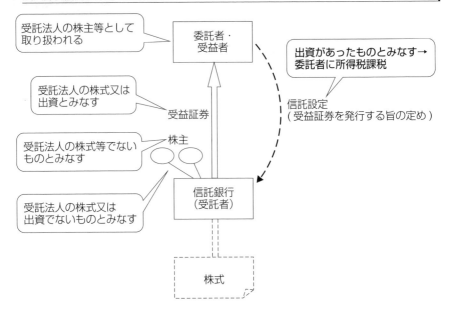

第5章 法人課税信託

 受益者等課税信託が法人課税信託に該当することとなった場合

受益者等課税信託が法人課税信託に該当することとなった場合の課税関係について教えてください。

POiNT

受益者等課税信託が法人課税信託に該当することとなった場合には，受益者から受託法人に対する出資があったものとみなされます。

 解 説

受益者等課税信託が法人課税信託に該当することとなった場合には，受託法人に対する出資があったものとみなされます（所法6の3六）。

したがって，受益者である個人は資産を譲渡したものとして取り扱われ，移転した資産に含み益があれば，所得税が課税されます（所法59）。

法人課税信託の受益権（私募公社債等運用投資信託の受益権及び特定目的信託の社債的受益権を除く）は株式又は出資とみなし，法人課税信託の受益者は株主等に含まれるものとされます。この場合において，その法人課税信託の受託者である法人の株式又は出資は当該法人課税信託に係る受託法人の株式又は出資でないものとみなし，当該受託者である法人の株主等は当該受託法人の株主等でないものとされます（所法6の3四）。

受益者等課税信託が法人課税信託に該当した場合の課税関係

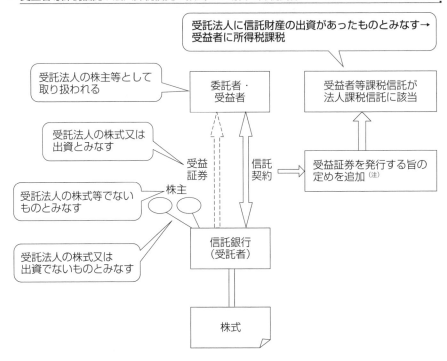

(注) 日本の信託法では事後的に受益証券の発行に関する定めを追加することはできないものとされています(信託法185④)。

第5章 法人課税信託

 法人課税信託からの収益の分配

法人課税信託から収益の分配を受けた場合の課税関係について教えてください。

P_OiNT
法人課税信託の収益の分配は配当所得として課税されます。

　法人課税信託の収益の分配は資本剰余金の減少を伴わない剰余金の配当とみなされ（所法6の3八），全額が配当所得として取り扱われることになります。
　私募公社債等運用投資信託の受益権及び特定目的信託の社債的受益権は株式又は出資として取り扱われません（所法6の3四）が収益の分配については配当所得として取り扱われます（所法24）。
　ただし，私募公社債等運用投資信託の受益権及び特定目的信託の社債的受益権に係る収益の分配については，他の法人課税信託の収益の分配と異なり，20.315％（所得税及び復興特別所得税15.315％，地方税5％）の源泉分離課税とされています（措法8の2）。
　平成28年1月1日より上場の私募公社債等運用投資信託，上場の社債的受益権及び非上場の公募社債的受益権に係る収益分配金については申告分離課税と申告不要を選択することができます（新措法8の4，8の5）。

第1部　所得税

 法人課税信託からの元本の払戻し

法人課税信託から元本の払戻しを受けた場合の課税関係について教えてください。

法人課税信託の元本の払戻しは，資本剰余金の減少を伴う剰余金の配当とみなされ課税関係が発生します。

解　説

法人課税信託の元本の払戻しは，資本剰余金の減少を伴う剰余金の配当とみなされ（所法6の3八）下記により計算した金額はみなし配当として課税されます（所法25①三，所令61②三）。

払戻金額 － 払戻し直前の信託元本の額 × $\dfrac{\text{払戻した元本の額}}{\text{払戻しの日の属する事業年度の前事業年度終了時の純資産価額}}$ ……(A)

また，下記の算式により計算された金額は株式等に係る譲渡所得等として課税されることになります（措法37の10③三，措通37の10-26）。

(払戻金額 － みなし配当) － 法人課税信託受益権の取得価額 × (A)

なお，私募公社債等運用投資信託の受益権及び特定目的信託の社債的受益権に係る元本の払戻しについても，同様にみなし配当課税の対象となります（所法24，25）が，他の法人課税信託に係るみなし配当と異なり，20.315%（所得税及び復興特別所得税15.315%，地方税5%）の源泉分離課税とされています（措法8の2）。

平成28年1月1日以後は上場の私募公社債等運用投資信託及び社債的受益権に係る償還価額又は解約価額の全てが株式等に係る譲渡所得等の譲渡収入金額とみなされ申告分離課税の対象となります（新措法37の10④，37の11④一，三）。

法人課税信託の受益権の売却

法人課税信託の受益権を売却した場合の課税関係について教えてください。

POiNT

　法人課税信託の受益権は株式又は出資とみなされることから，株式等譲渡益課税の対象となります。ただし，私募公社債等投資信託の受益権及び特定目的信託の社債的受益権については株式又は出資とみなされず，その譲渡については現行法上非課税となります。

　特定受益証券発行信託以外の受益証券発行信託の受益権は法人課税信託の受益権に該当しますが，この法人課税信託の受益権は株式又は出資とみなされることから（所法6の3四，措法2の2②），株式等譲渡益課税の対象となります。

　なお，特定受益証券発行信託に該当しない受益証券発行信託の受益権，社債的受益権以外の特定目的信託の受益証券についても，法人課税信託の受益権として株式又は出資とみなされることから，株式等の範囲に含まれ，株式等譲渡益課税の対象となります。

　ただし，私募公社債等投資信託の受益権及び特定目的信託の社債的受益権については株式又は出資とみなされず，その譲渡については現行法上非課税となります。

　平成28年1月1日より，居住者である個人が私募公社債等投資運用信託の受益権又は社債的受益権を譲渡した場合は譲渡所得として，20.315%（所得税及び復興特別所得税15.315%，住民税5%）の申告分離課税の対象となります（新措法37の10，37の11）。

第1部 所得税

 法人課税信託の信託の終了

法人課税信託の信託が終了した場合の課税関係について教えてください。

法人課税信託の信託が終了した場合は、その法人課税信託に係る受託法人の解散があったものとして課税関係が発生します。

解 説

法人課税信託の信託が終了した場合は、その法人課税信託に係る受託法人の解散があったものとして課税関係が発生します（所法6の3五）。

法人課税信託の信託が終了した場合、会社が解散した場合と同様に清算手続に入ることになることから（信託法175）、法人課税信託の受託法人の課税上もその受託法人の解散があったものとして取り扱い、普通法人と同様の課税の取扱いとされます。

したがって、法人課税信託の信託の終了による金銭の交付については、法人の解散による残余財産の分配として取り扱われ、下記の金額はみなし配当として課税対象となります（所法25①三、所令61②三）。

$$残余財産分配額 - 分配直前の信託元本の額 \times \frac{残余財産分配額}{分配日の属する事業年度の前事業年度終了時の純資産価額} \quad (A)$$

また、下記の算式により計算された金額は株式等に係る譲渡所得等として課税されることになります（措法37の10③三、措通37の10-26）。

（残余財産分配額 － みなし配当）－ 法人課税信託受益権の取得価額

受益者等の存しない信託

受益者等の存しない信託とはどのような信託をいうのでしょうか。

　受益者等の存しない信託とは受益者としての権利を現に有する者及びいわゆるみなし受益者が存しない信託をいいます。

解　説

　受益者等の存しない信託とは受益者としての権利を現に有する者及びいわゆるみなし受益者が存しない信託をいいます（所法6の3七，法法2二十九の二ロ）。

1　受益者としての権利を現に有する者

　所得税法上，受益者とは受益者としての権利を現に有するものに限るものとされます（所法13①）。

　したがって，受益者には信託法第182条第1項第1号に規定される残余財産受益者は含まれますが，次に掲げる者は含まれないものとされています（所基通13-8）。

① 　信託法第182条第1項第2号に規定する帰属権利者（以下，「帰属権利者」という）（その信託の終了前の期間に限る）
② 　委託者の死亡の時に受益権を取得する信託法第90条第1項第1号に掲げる受益者となるべき者として指定された者（委託者の死亡前の期間に限る）
③ 　委託者の死亡の時以後に信託財産に係る給付を受ける信託法第90条第1項第2号に掲げる受益者（委託者の死亡前の期間に限る）

> **参考** 帰属権利者と残余財産受益者の違い
>
> 　信託行為で，信託終了時に残余財産の給付を受ける権利を持つと定められた者を残余財産受益者といいます（信託法2⑥，2⑦，182①一）。残余財産受益者は受益権が保障されていることから，受益者としての権利を現に有する者として取り扱われます。
> 　一方，信託行為で信託終了時に残余財産が帰属すると定められた者を帰属権利者といいます（信託法182①二）。帰属権利者は残余財産受益者と異なり，信託が終了するまでは信託法上の権利を有しないため，所得税法上の受益者には含まれないことになります。

　例えば信託法第90条第1項第2号の受益者のように委託者が死亡するまで受益者としての権利を有さないこととされている者は，委託者が死亡するまでは現に権利を有する者とはいえないことから，委託者が死亡するまでは「受益者等」には含まれないこととなります。

2　みなし受益者

　信託の変更をする権限（軽微な変更をする権限を除く）を現に有し，かつ，信託の信託財産の給付を受けることとされている者は受益者とみなされます（所法13②）。

　軽微な変更をする権限とは信託の目的に反しないことが明らかである場合に限り，信託の変更をすることができる権限とされています（所令52①）。また，信託の変更をする権限には他の者との合意により信託の変更をすることができる権限が含まれます（所令52②）。

　停止条件が付された信託財産の給付を受ける権利を有する者は，信託財産の給付を受けることとされている者に該当します（所令52③）。

　みなし受益者には，信託の変更をする権限を現に有している委託者が次に掲げる場合であるものが含まれます。

　① 当該委託者が信託行為の定めにより帰属権利者として指定されている場合

② 信託法第182条第2項に掲げる信託行為に残余財産受益者若しくは帰属権利者（以下この項において「残余財産受益者等」という）の指定に関する定めがない場合又は信託行為の定めにより残余財産受益者等として指定を受けた者の全てがその権利を放棄した場合

所得税法上の受益者

所得税法上の受益者 →
- 原則　受益者としての権利を現に有するもの
- **みなし受益者**
  - 信託の変更をする権限を現に有する，かつ，
  - 信託の信託財産の給付を受けることとされている

受益者等の存在しない信託の設定

受益者等の存しない信託の委託者がその有する資産の信託をした場合の課税関係について教えてください。

受益者等の存しない信託の委託者がその有する資産の信託をした場合には，法人課税信託の受託法人に対する贈与により当該資産の移転があったものとみなされます。

解　説

受益者等の存しない信託の委託者がその有する資産の信託をした場合には，法人課税信託の受託法人に対する贈与により当該資産の移転があったものとみなされます（所法6の3七）。

したがって，委託者である個人は資産を時価により譲渡したものとして取り扱われ，移転した資産に含み益があれば，所得税が課税されます（所法59）。

なお，受託法人は受贈益に対して法人税が課税されます（法法22）。

受益者等の存在しない信託設定時の課税関係

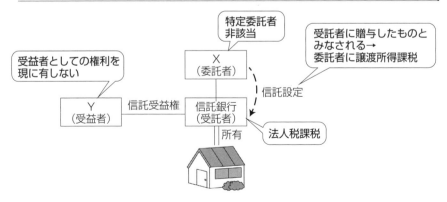

第5章 法人課税信託

Q56 受益者等課税信託が受益者等の存在しない信託に該当することとなった場合

受益者等課税信託が受益者等の存在しない信託に該当することとなった場合の課税関係について教えてください。

受益者等課税信託が受益者等の存在しない信託に該当することとなった場合には、法人課税信託の受託法人に対する贈与により当該資産の移転があったものとみなされます。

解 説

受益者等課税信託が受益者等の存在しない信託に該当することとなった場合には、法人課税信託の受託法人に対する贈与により当該資産の移転があったものとみなされます（所法6の3七）。

したがって、受益者である個人は資産を時価により譲渡したものとして取り扱われ、移転した資産に含み益があれば、所得税が課税されます（所法59）。

なお、受託法人は受贈益に対して法人税が課税されます（法法22）。

受益者等の存在しない信託に該当した場合の課税関係

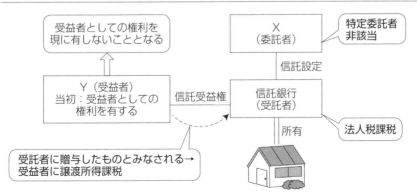

125

受益者等の存在しない信託について受益者等が存することとなった場合

受益者等の存在しない信託について個人である受益者が存することとなった場合の課税関係について教えてください。

受益者等の存在しない信託について受益者等が存することとなった場合，受益者等及び受託法人に対して課税関係は発生しません。

解　説

　個人が受益者等の存しない信託の受益者等となったことにより，当該信託が受益者等の存しない信託に該当しないこととなった（つまり，受益者等課税信託に該当することとなった）場合には，その個人はその法人課税信託の受託法人からその信託財産に属する資産及び負債をその該当しないこととなった時の直前の帳簿価額に相当する金額により引継ぎを受けたものとして所得の金額を計算し，かつ，その引継ぎを受けたことにより生じた収益の額については，所得の金額の計算上，総収入金額に算入されません（所法67の3）。

　法人税法において受益者等の存しない信託（法人課税信託）に受益者等が存することとなった場合には，その法人課税信託に係る受託法人はその受益者等に対し，その信託財産に属する資産及び負債のその該当しないこととなった直前の帳簿価額による引継ぎをしたものとして，その受託法人の各事業年度の所得の金額を計算するものとされています（法法64の3②）。

第5章 法人課税信託

受益者等の存在しない信託に該当した場合の課税関係

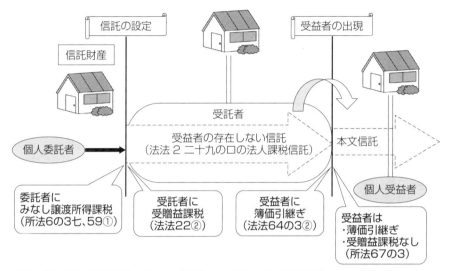

出所：青木孝徳『改正税法のすべて（平成19年版）』（大蔵財務協会・2007）

127

法人課税信託に該当する投資信託

法人課税信託に該当する投資信託はどのような信託でしょうか。

法人課税信託に該当する投資信託は証券投資信託，国内公募等投資信託及び外国投資信託以外の投資信託です。

解　説

投資信託は集団投資信託か法人課税信託のいずれかに該当します。集団投資信託に該当する投資信託は証券投資信託，国内公募等投資信託及び外国投資信託ですので，法人課税信託に該当する投資信託はこれら以外の投資信託となります。

投資信託の分類

投資信託	集団投資信託	証券投資信託
		国内公募等投資信託
		外国投資信託
	法人課税信託	

法人課税信託に該当する投資信託は下記のとおり分類されます。

法人課税信託に該当する投資信託の分類

法人課税信託に該当する投資信託	私募公社債等運用投資信託／国外公募公社債等運用投資信託
	私募非公社債等投資信託／国外公募非公社債等投資信託

私募公社債等運用投資信託

私募公社債等運用投資信託とはどのような信託をいうのでしょうか。また，日本の居住者である個人が私募公社債等運用投資信託に投資をした場合の課税関係を教えてください。

POINT

証券投資信託以外の投資信託で信託財産として受け入れた金銭を公社債，手形，指名金銭債権，合同運用信託に対してのみ運用するものである旨の定めが投資信託約款等にあるもののうち，その募集が公募でないものをいいます。

 解　説

1　公社債等運用投資信託とは

公社債等運用投資信託とは証券投資信託以外の投資信託で信託財産として受け入れた金銭を公社債，手形，指名金銭債権，合同運用信託に対してのみ運用するものである旨の定めが投資信託約款等にあるものをいいます（所法2①十五の二，所令2の3）。

また，私募公社債等運用投資信託とはその設定に係る受益権の募集が公募でない公社債等運用投資信託をいいます。

国内で公募が行われる公社債等運用信託は集団投資信託に該当します。

公社債等運用投資信託の分類

公社債等運用投資信託	国内公募公社債等運用投資信託	集団投資信託
	国外公募公社債等運用投資信託	法人課税信託
	私募公社債等運用投資信託	

2 課税関係

① 私募公社債等運用投資信託の収益の分配に係る課税関係

私募公社債等投資信託の収益分配金は配当所得として取り扱われ（所法24①），20.315％（所得税及び復興特別所得税15.315％，地方税5％）の源泉徴収が行われ，課税関係が終了します（措法8の2①一）。

平成28年1月1日以降は，上場の私募公社債等運用信託については申告不要と申告分離課税を選択適用することができます（新措法8の5）。

② 私募公社債等運用投資信託の譲渡に係る課税関係

私募公社債等投資運用信託の受益権の譲渡による所得は非課税とされています（措法37の15①一）。

平成28年1月1日以降，私募公社債等投資運用信託の受益権の譲渡による所得は20.315％（所得税及び復興特別所得税15.315％，地方税5％）の申告分離課税の対象となります（新措法37の10，37の11）。

③ 私募公社債等運用投資信託の償還・解約に係る課税関係

私募公社債等運用投資信託の償還又は解約された場合において，これら償還価額又は解約価額のうち，その私募公社債等運用投資信託の元本を超える部分（償還差益又は解約差益）については「収益分配金」（配当所得）となり，上記①の課税関係となります。

私募公社債等運用投資信託の元本の額と取得価額との差額(差損・差益)は，非課税とされ，又はなかったものとされます（措法37の15①二，②二）。

平成28年1月1日以後は上場の私募公社債等運用投資信託に係る償還価額又は解約価額の全てが上場株式等に係る譲渡所得等の譲渡収入金額とみなされ申告分離課税の対象となります（新措法37の11④一）。

一方，非上場の私募公社債等運用投資信託に係る償還価額又は解約価額のうち元本を超える部分は収益分配金（配当所得）とみなされ，残りは一般株式等に係る譲渡所得等の譲渡収入金額とみなされ申告分離課税の対象となります（新措法37の10④二）。

第5章 法人課税信託

私募非公社債等投資信託

私募非公社債等投資信託とはどのような信託のことをいうのでしょうか。また，日本の居住者である個人が私募非公社債等投資信託に投資をした場合の課税関係を教えてください。

証券投資信託以外の投資信託で公社債等運用投資信託に該当しないもののうち，その募集が公募でないものをいいます。

解 説

1 非公社債等投資信託とは

非公社債等投資信託とは証券投資信託以外の投資信託で公社債等運用投資信託に該当しないものをいいます。

非公社債等投資信託のうち，国内公募のものは集団投資信託に該当し，それ以外のものは法人課税信託に該当します。

非公社債等投資信託の分類

	国内公募非公社債等投資信託	集団投資信託
非公社債等投資信託	国外公募非公社債等投資信託	法人課税信託
	私募非公社債等投資信託	

2 課税関係

① 私募非公社債等投資信託の収益の分配に係る課税関係

私募非公社債等投資信託の収益分配金は配当所得として取扱われ（所法24①），20.42％（所得税及び復興特別所得税20.42％）の源泉徴収が行われます（措法9の3）。

131

私募非公社債等投資信託の収益分配金は原則として総合課税の対象となります。
　平成28年1月1日以降は上場の私募非公社債等投資信託については申告分離課税を選択することができます（新措法8の4①二）。
　また，上場の私募非公社債等投資信託については申告不要を選択することも可能です（新措法8の5①三）。

② 私募非公社債等投資信託の譲渡に係る課税関係

　私募非公社債等投資信託の受益権の譲渡による所得は20.315％（所得税及び復興特別所得税15.315％，地方税5％）の申告分離課税の対象となります（措法37の10）。

③ 私募非公社債等投資信託の償還・解約に係る課税関係

　私募非公社債等投資信託の償還又は解約された場合において，これら償還価額又は解約価額のうち，その私募公社債等投資信託の元本を超える部分（償還差益又は解約差益）については「収益分配金」となり，上記①の課税関係となります。

　私募公社債等投資信託の元本の額と取得価額との差額は，譲渡所得として上記②の課税関係となります（措法37の10）。

　平成28年1月1日以後は上場の私募非公社債等投資信託に係る償還価額又は解約価額の全てが上場株式等に係る譲渡所得等の譲渡収入金額とみなされ申告分離課税の対象となります（新措法37の11④一）。

第5章 法人課税信託

 特定目的信託

特定目的信託とはどのような信託をいうのでしょうか。

Point

　特定目的信託とは，資産の流動化に関する法律第2条第13項に規定する「特定目的信託」をいい，資産の流動化に関する法律の定めるところにより設定された信託をいいます。特定目的信託は法人課税信託に該当しますが，一定の要件を満たした場合，利益の分配金を損金の額に算入することができます。

　特定目的信託とは，資産の流動化に関する法律第2条第13項に規定する「特定目的信託」をいい（所法2①十五の四），資産の流動化に関する法律の定めるところにより設定された信託であって，資産の流動化を行うことを目的とし，かつ，信託契約の締結時において委託者が有する信託の受益権を分割することにより複数の者に取得させることを目的とするものをいいます（資産流動化法2⑬）。

　特定目的信託は法人課税信託として取り扱われその所得に対して法人税が課税されますが，一定の要件を満たす場合，当該特定目的信託が支払う利益の分配金が法人税の課税所得の計算上，損金の額に算入されます（措法68の3の2）。

　特定目的信託の受益権は社債的受益権とそれ以外の受益権に分類されます。

　社債的受益権とは，信託契約に資産流動化法第230条第1項第2号に掲げる条件が付されている受益権であらかじめ定められた金額の分配を受ける種類の受益権をいい，その元本があらかじめ定められた時期に償還されるものであること等の要件を満たす受益権のことをいいます（措法8①）。

　社債的受益権は金銭の貸借を禁じるイスラムにおいて発達したイスラム債（スクーク）に対応したもので，イスラム金融の手法として利用が見込まれているものです。

第1部 所得税

特定目的信託とは

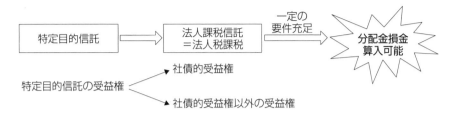

第 5 章 法人課税信託

特定目的信託の社債的受益権投資の課税関係

日本の居住者が特定目的信託の社債的受益権に投資をした場合の課税関係について教えてください。

社債的受益権に係る収益分配金は配当所得として課税され，譲渡益については現行法非課税となります。

解　説

特定目的信託の社債的受益権とは，信託契約に資産流動化法第230条第1項第2号に掲げる条件が付されている受益権であらかじめ定められた金額の分配を受ける種類の受益権をいい，その元本があらかじめ定められた時期に償還されるものであること等の要件を満たす受益権のことをいいます（措法8①）。

1　社債的受益権の収益の分配に係る課税関係

社債的受益権の収益分配金は配当所得として取り扱われ（所法24①），20.315％（所得税及び復興特別所得税15.315％，住民税5％）の源泉徴収により課税関係が終了します（措法8の2①）。

平成28年1月1日より，社債的受益権の収益の分配に係る課税関係は以下のとおりとなります（新措法8の2①，8の4①，②）。

①　上場の社債的受益権の収益分配金，非上場の公募社債的受益権の収益分配金

上場の社債的受益権の収益分配金及び非上場の公募社債的受益権の収益分配金は配当所得として取り扱われ，20.315％（所得税及び復興特別所得税15.315％，住民税5％）の源泉徴収が行われます。申告分離課税と申告不要を選択することができます（新措法8の4，8の5）。

② 非上場の私募社債的受益権の収益分配金

非上場の私募社債的受益権の収益分配金は配当所得として取り扱われ（所法24①），20.315%（所得税及び復興特別所得税15.315%，住民税5%）の源泉徴収により課税関係が終了します（新措法8の2①）。

2 社債的受益権の譲渡に係る課税関係

社債的受益権の譲渡による所得は非課税とされています（措法37の15①）。また，譲渡損が生じた場合には，その譲渡損は生じなかったものとみなされます（措法37の15①二）。

平成28年1月1日より，居住者である個人が社債的受益権を譲渡した場合は譲渡所得として，20.315%（所得税及び復興特別所得税15.315%，住民税5%）の申告分離課税の対象となります（新措法37の10①，37の11①）。

3 社債的受益権の償還・解約（措法37の15①二）

社債的受益権が償還又は解約された場合において，これら償還価額又は解約価額のうち，その社債的受益権の元本を超える部分（償還差益又は解約差益）については「収益分配金」（配当所得）となり，20.315%（所得税及び復興特別所得税15.315%，住民税5%）の源泉徴収により課税関係が終了します（措法8の2①）。

社債的受益権の元本の額と取得価額との差額（差損・差益）は，非課税とされ，又はなかったものとされます（措法37の15①二，②二）。

平成28年1月1日以後は社債的受益権に係る償還価額又は解約価額の全てが上場株式等又は一般株式等に係る譲渡所得等の譲渡収入金額とみなされ申告分離課税の対象となります（新措法37の10④，37の11④三）。

第5章　法人課税信託

社債的受益権以外の特定目的信託の受益権投資の課税関係

日本の居住者が社債的受益権以外の特定目的信託の受益権に投資をした場合の課税関係について教えてください。

社債的受益権以外の特定目的信託の受益権に係る収益分配金は配当所得として課税され，譲渡益については譲渡所得として課税されます。

解　説

日本の居住者である個人が社債的受益権以外の特定目的信託の受益権に投資をした場合の課税関係は以下のとおりです。

1　社債的受益権以外の特定目的信託の受益権の収益の分配に係る課税関係

社債的受益権以外の特定目的信託の受益権の収益分配金は配当所得として取り扱われ（所法24①），20.42%（所得税及び復興特別所得税20.42%，上場している特定目的信託の受益権に係る収益分配金については20.315%（所得税及び復興特別所得税15.315%，住民税5%））の源泉徴収が行われます。

社債的受益権以外の特定目的信託の受益権の収益分配金は原則として総合課税の対象となりますが，上場している特定目的信託の受益権に係る収益分配金については申告分離課税を選択することができます（措法8の4）。

また，上場している特定目的信託の受益権に係る収益分配金については申告不要を選択することもできます（措法8の5）。

2　社債的受益権以外の特定目的信託の受益権の譲渡に係る課税関係

居住者である個人が社債的受益権以外の特定目的信託の受益権を譲渡した場

合は譲渡所得として，20.315%（所得税及び復興特別所得税15.315%，住民税5%）の申告分離課税の対象となります（措法37の10①，37の11の4①）。

3　社債的受益権以外の特定目的信託の受益権の償還・解約

社債的受益権以外の特定目的信託が償還又は解約された場合には，その信託の受託法人の解散があったものとされるため，償還金又は解約金は残余財産の分配として取り扱われ，みなし配当及び譲渡損益を計算することになります（所法6の3八，25①三，措法37の10③三）。

第 **6** 章
法人課税信託
（クロスボーダー）

法人課税信託とタックスヘイブン対策税制（受益証券発行信託）

海外で設定された受益証券を発行する旨の定めのある信託に係る日本のタックスヘイブン対策税制の適用関係について教えてください。

外国受益証券発行信託は外国法人とみなされるため，その所得に対して課される税率が20％未満である等の場合には，タックスヘイブン対策税制が適用される可能性があります。

解　説

1　タックスヘイブン対策税制とは

　タックスヘイブン対策税制は，所得に対して課される税の負担が日本において法人の所得に対して課される税の負担に比べて著しく低い国（所得に対して課される税が存在しない国又は所得に対して課される税の負担が20％未満の国）に外国子会社が所在し，かつ，内国法人又は日本の居住者が当該外国子会社の発行済株式総数の50％超を保有する場合に，当該外国子会社の株主のうち当該外国子会社の株式を10％以上保有している内国法人又は居住者について，当該外国子会社が留保している所得のうち，当該内国法人又は居住者が保有する株式の持分割合に対応する部分の金額を（当該内国法人又は居住者が当該外国子会社から配当を受領していないにもかかわらず）当該内国法人又は居住者の収益の額とみなして所得の金額の計算上，益金の額に算入するという制度です（措法40の4，66の6）。

2　外国受益証券発行信託へのタックスヘイブン対策税制の適用関係

　受益証券を発行する旨の定めのある信託は法人課税信託に該当します（所法2①八の三）。

第6章 法人課税信託（クロスボーダー）

　信託が法人課税信託に該当する場合には以下の規定が適用されます（所法6の3）。

① 　法人課税信託の信託された営業所，事務所等が国内にある場合には当該法人課税信託の受託法人は内国法人とされ，営業所，事務所等が国外にある場合には外国法人とされます。
② 　受託法人は会社（会社でないものに限る）とみなされます。
③ 　法人課税信託の受益権は株式又は出資とみなされ，受益者は株主等とみなされます。

　したがって，当該外国法人課税信託の所得に対して課される税率が20％未満である場合には，日本のタックスヘイブン対策税制が適用されるものと考えられます。

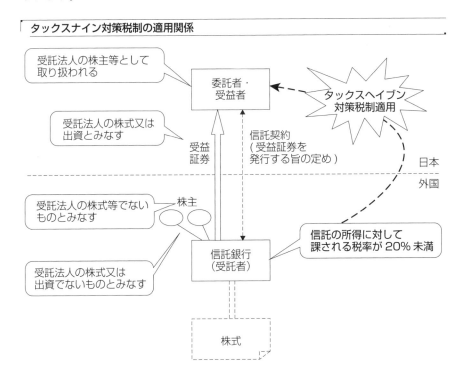

タックスナイン対策税制の適用関係

141

第1部　所得税

法人課税信託とタックスヘイブン対策税制（受益者等の存しない信託）

受益者等の存しない信託の営業所が外国にある場合のタックスヘイブン対策税制の適用関係について教えてください。

受益者等の存しない信託の受益者についても株主等として取り扱われるタックスヘイブン対策税制が適用される可能性があります。

解　説

1　タックスヘイブン対策税制とは

　タックスヘイブン対策税制は，所得に対して課される税の負担が日本において法人の所得に対して課される税の負担に比べて著しく低い国（所得に対して課される税が存在しない国又は所得に対して課される税の負担が20％未満の国）に外国子会社が所在し，かつ，内国法人又は日本の居住者が当該外国子会社の発行済株式総数の50％超を保有する場合に，当該外国子会社の株主のうち当該外国子会社の株式を10％以上保有している内国法人又は居住者について，当該外国子会社が留保している所得のうち，当該内国法人又は居住者が保有する株式の持分割合に対応する部分の金額を（当該内国法人又は居住者が当該外国子会社から配当を受領していないにもかかわらず）当該内国法人又は居住者の収益の額とみなして所得の金額の計算上，益金の額に算入するという制度です（措法40の4，66の6）。

2　受益者等の存しない信託へのタックスヘイブン対策税制の適用

　受益者等の存しない信託の委託者がその有する資産の信託をした場合には，法人課税信託の受託法人に対する贈与により当該資産の移転があったものとみなされます（所法6の3七）。

所得税法第6条の3第4号は法人課税信託の受益者は株主等とみなすと規定していますが，この場合の「受益者」は「受益者としての権利を現に有する者」に限定していないため，受益者等の存しない信託の受益者についても，株主等に含まれ，タックスヘイブン対策税制の対象となる可能性があるものと考えられます。

Q66 外国法人課税信託と租税条約

Xは米国信託会社であるYを受託者として信託設定し、日本法人である甲社株式が信託財産として保有されています。この場合、甲社から信託会社Yが受領する配当について日米租税条約の適用関係はどのようになりますでしょうか。本件信託は受益証券発行信託（法人課税信託）に該当し、集団投資信託には該当しないものとします。

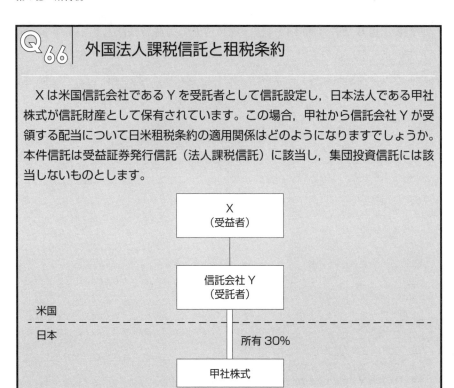

POiNT

原則として信託会社Yは甲社からの配当に関する受益者として取り扱われないため、租税条約の適用は受けられないものと考えられます。ただし、米国税法上、受託者（又は信託）は信託の所得に関する納税主体として取り扱われず、その受益者Xが納税義務者として取り扱われる場合は受益者Xが租税条約の適用を受けることが可能と考えられます。

解 説

信託が法人課税信託に該当する場合には以下の規定が適用されます（所法6の3）。

① 法人課税信託の信託された営業所，事務所等が国内にある場合には当該法人課税信託の受託法人は内国法人とされ，営業所，事務所等が国外にある場合には外国法人とされます。
② 受託法人は会社（会社でないものに限る）とみなされます。

したがって，例えば外国の法人課税信託に対して支払われる配当は受託者（会社でない場合には会社とみなされる）にして支払われたものとみなされます。

したがって，原則として受託者が租税条約上の「居住者」であるか否か及びその所得の「受益者」であるか否かによって租税条約の適用の可否を判定することになります。

この点受託者は米国の居住者には該当するものと考えられますが，原則として信託の所得に関する「受益者」として取り扱われないものと考えられます。

ただし，米国の税務上，受託者（又は信託）は信託に関する所得の納税主体とはならず，受益者が納税主体となる場合には，受益者Xが日米租税条約の適用を受けることが可能と考えられます。

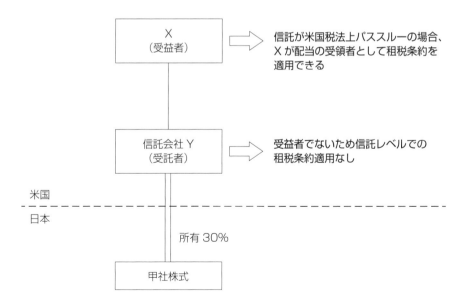

法人課税信託と恒久的施設

外国の信託会社が受託者となる法人課税信託と恒久的施設の関係について教えてください。

外国の信託会社が受託者となる法人課税信託について日本に恒久的施設があると認定された場合には，外国法人の日本支店ではなく，内国法人としての課税関係が適用されるものと考えられます。

解 説

法人税法上，恒久的施設（「PE」：Permanent Establishment）は，次の三つの種類に区分されています（法法141）。
① 支店，出張所，事業所，事務所，工場，倉庫業者の倉庫，鉱山・採石場等天然資源を採取する場所。ただし，資産を購入したり，保管したりする用途のみに使われる場所は含みません。
② 建設，据付け，組立て等の建設作業等のための役務の提供で，1年を超えて行うもの。
③ 非居住者のためにその事業に関し契約を結ぶ権限のある者で，常にその権限を行使する者や在庫商品を保有しその出入庫管理を代理で行う者，あるいは注文を受けるための代理人等（いわゆる独立代理人を除く）。

信託が法人課税信託に該当する場合には以下の規定が適用されます（法法4の7）。
① 法人課税信託の信託された営業所，事務所その他これに準ずるものが国内にある場合には当該法人課税信託の受託法人は内国法人とする。
② 法人課税信託の信託された営業所，事務所その他これに準ずるものが国

内にない場合には営業所等が国外にある場合には外国法人とする。
③　受託法人は会社（会社でないものに限る）とみなされます。

　したがって，外国の信託会社が受託者となる法人課税信託について日本に恒久的施設があると認定された場合には，原則として外国法人の日本支店ではなく，内国法人としての課税関係が適用されるものと考えられます。

第 **7** 章
その他

第1部 所得税

 国外転出時課税の概要

平成27年度の税制改正で導入された国外転出時課税の概要について教えてください。

一定の居住者が1億円以上の有価証券、匿名組合契約の出資の持分、未決済の信用取引、未決済のデリバティブ取引を所有等している場合において、国外転出等をした時に当該資産の譲渡又は決済があったものとみなし、当該資産の含み益に対して所得税が課税される制度です。

解 説

1 制度の概要

国外転出時課税制度は、次の①から③までに掲げる場合において、一定の居住者（以下、当該居住者を「対象者」という）が1億円以上の有価証券、匿名組合契約の出資の持ち分、未決済の信用取引、未決済のデリバティブ取引（以下、「対象資産」という）を所有等している場合において、次の①から③までに掲げる時に対象資産の譲渡又は決済があったものとみなし、対象資産の含み益に対して所得税が課税される制度です。

① 対象者が国外転出をする時
② 対象者が国外に居住する親族等へ対象資産の一部又は全部を贈与する時
③ 対象者が死亡し、相続又は遺贈により国外に居住する相続人又は受遺者が対象資産の一部又は全部を取得する時

第7章 その他

国外転出時課税のパターン

① 国内 A（居住者） → 国外転出 → 国外 A（非居住者）

② 国内 B（居住者） → 贈　与 → 国外 C（非居住者）

③ 国内 D（居住者） → 相続・遺贈 → 国外 E（非居住者）

(注) ①ではAが，②ではBが，③ではDの相続人（包括受遺者を含む）が所得税の確定申告（③は，Dの準確定申告）をする必要があります。

出所：国税庁ホームページ

2　減額措置

国外転出時課税制度では，一定の要件を満たした場合，減額措置等を受けることができます。

①　国外転出時課税

(1)　国外転出の日から5年以内に帰国等した場合

　　帰国時まで引き続き所有等している対象資産について，国外転出時課税により課された税額を取り消すことができます。

(2)　納税猶予の特例の適用を受ける場合

　　納税猶予期間（5年又は10年）の満了まで納税を猶予することができます。

― 151 ―

- ▶ 納税猶予期間中に譲渡等した際の対象資産の譲渡価額が国外転出の時の価額よりも下落している場合
  → 譲渡等した対象資産について，国外転出時課税により課された税額を減額できます。
- ▶ 納税猶予期間の満了日の対象資産の価額が国外転出の時の価額よりも下落している場合
  → 国外転出時から納税猶予期間の満了日まで引き続き所有等している対象資産について，国外転出時課税により課された税額を減額できます。
- ▶ 納税猶予期間中に対象資産を譲渡等した際に外国所得税との二重課税が生じる場合
  → 国外転出先の国で納付した外国所得税について，外国税額控除の適用を受けることができます。

(注) 納税猶予の特例の適用を受けるためには，国外転出の日までに所轄税務署へ納税管理人の届出書の提出をする必要があります。

② **国外転出（贈与）時課税**
  (1) 贈与の日から5年以内に受贈者が帰国等した場合
    帰国時まで引き続き受贈者が所有等している対象資産について，国外転出（贈与）時課税により課された税額を取り消すことができます。
  (2) 納税猶予の特例の適用を受ける場合
    納税猶予期間（5年又は10年）の満了まで納税を猶予することができます。
    - ▶ 納税猶予期間中に譲渡等した際の対象資産の譲渡価額が贈与の時の価額よりも下落している場合
      → 譲渡等した対象資産について，国外転出（贈与）時課税により課された税額を減額できます。

▶ 納税猶予期間の満了日の対象資産の価額が贈与の時の価額よりも下落している場合
　→贈与の時から納税猶予期間の満了日まで受贈者が引き続き所有等している対象資産について、国外転出（贈与）時課税により課された税額を減額できます。

③　国外転出（相続）時課税
（1）　相続開始の日から5年以内に対象資産を取得した相続人又は受遺者の全員が帰国等した場合
　帰国時まで相続人又は受遺者が引き続き所有等している対象資産について、国外転出（相続）時課税により課された税額を取り消すことができます。
（2）　納税猶予の特例の適用を受ける場合
　納税猶予期間（5年又は10年）の満了まで納税を猶予することができます。
▶ 納税猶予期間中に譲渡等した際の対象資産の譲渡価額が相続開始の時の価額よりも下落している場合
　→譲渡等した対象資産について、国外転出（相続）時課税により課された税額を減額できます。
▶ 納税猶予期間の満了日の対象資産の価額が相続開始の時の価額よりも下落している場合
　→相続開始の時から納税猶予期間の満了日まで相続人又は受遺者が引き続き所有等している対象資産について、国外転出（相続）時課税により課された税額を減額できます。

（注）　納税猶予の特例の適用を受けるためには、相続又は遺贈により対象資産を取得した国外に居住する相続人又は受遺者の全員が、被相続人の準確定申告書の提出期限までに納税管理人の届出書の提出をすることが必要となります。

国外転出時課税とは

国外転出時課税とはどのような制度でしょうか。

　一定の居住者が1億円以上の有価証券，匿名組合契約の出資の持分，未決済の信用取引，未決済のデリバティブ取引を所有等している場合において，国外転出をした時に当該資産の譲渡又は決済があったものとみなし，当該資産の含み益に対して所得税が課税される制度です。

解　説

　国外転出時課税は，国外転出時に1億円以上の有価証券，匿名組合契約の出資持分，未決済の信用取引，未決済のデリバティブ取引（以下，「対象資産」という）を所有等している一定の居住者に対して，国外転出の時に，次の①又は②の金額によって対象資産の譲渡等があったものとみなして，その対象資産の含み益に対して所得税が課税される制度で，平成27年7月1日以後に国外転出をする場合に適用されます（所法60の2①，②，③）。

　①　国外転出の前に確定申告書の提出をする場合

　　国外転出予定日から起算して3カ月前の日の①有価証券及び匿名組合契約の出資持分の価額に相当する金額及び②未決済信用取引等又は未決済デリバティブ取引を決済したものとみなして算出した利益の額又は損失の額に相当する金額の合計額（所法60の2①二，②二，③二）

　　なお，国外転出予定日から起算して3カ月前の日から国外転出までに新たに有価証券若しくは匿名組合契約の出資持分を取得又は未決済信用取引等若しくは未決済デリバティブ取引を契約した場合は，取得時又は契約締結時の価額で対象資産の価額を算定します。

② 国外転出後に確定申告書の提出をする場合
　国外転出の時の①有価証券及び匿名組合契約の出資持分の価額に相当する金額及び②未決済信用取引等又は未決済デリバティブ取引を決済したものとみなして算出した利益の額又は損失の額に相当する金額の合計額（所法60の2①一，②一，③一）

第1部 所得税

国外転出等の時に譲渡又は決済があったものとみなされる対象資産の明細書（兼納税猶予の特例の適用を受ける場合の対象資産の明細書）《確定申告書付表》

【平成＿＿年分】

【平成二十七年七月一日以後国外転出・贈与・相続開始用】

番 号	

住　所		フリガナ 氏　名	
電話番号（連絡先）		職業　　関与税理士名（電話）	（　　　）

1　国外転出等の日及び国外転出等の日前10年以内における国内在住期間

区　分	納税猶予の適用の有無	国外転出等の日（又は国外転出の予定日）		国外転出等の日前10年以内における国内在住期間
□ 国外転出の場合（所法60条の2）	□ 有 □ 無	□ 国外転出の日 □ 国外転出の予定日 （国外転出の予定日から起算して3月前の日）	平成＿＿年＿＿月＿＿日 平成＿＿年＿＿月＿＿日 （平成＿＿年＿＿月＿＿日）	・平成＿＿年＿＿月＿＿日 ～平成＿＿年＿＿月＿＿日 ・平成＿＿年＿＿月＿＿日 ～平成＿＿年＿＿月＿＿日
□ 贈与、相続又は遺贈の場合（所法60条の3）	□ 有 □ 無	□ 贈与の日 □ 相続開始の日	平成＿＿年＿＿月＿＿日 平成＿＿年＿＿月＿＿日	

2　譲渡又は決済があったものとみなされる対象資産の移転を受けた受贈者又は相続人等の氏名及び住所（又は居所）

区　分	氏　名	住所（又は居所）
□ 受贈者 □ 相続人・受遺者		
□ 受贈者 □ 相続人・受遺者		

3　譲渡又は決済があったものとみなされる対象資産の収入金額等

所得区分			① 収入金額 (差金等決済に係る利益又は損失の額)	② 取得費	差引金額（①－②）
総合課税	事業所得（営業等）		円	円	円
	雑所得（その他）				
	総合譲渡	短期			
		長期			
分離課税	株式等の譲渡（未公開分）				
	先物取引				

(注)　所得税法第60条の2第1項から第3項まで又は第60条の3第1項から第3項までの規定により譲渡又は決済があったものとみなされる「3」及び「4」の金額をそれ以外の所得と合算して所得税及び復興特別所得税の計算を行います。
　　　なお、所得税法第137条の2第1項又は第137条の3第1項若しくは第2項に規定する納税猶予の特例の適用を受ける場合は、「3」の金額が納税猶予の特例の対象となります。

4　確定申告期限までに移転等した対象資産の収入金額等

所得区分			① 収入金額 (差金等決済に係る利益又は損失の額)	② 取得費	差引金額（①－②）
総合課税	事業所得（営業等）		円	円	円
	雑所得（その他）				
	総合譲渡	短期			
		長期			
分離課税	株式等の譲渡（未公開分）				
	先物取引				

(注)　所得税法第137条の2第1項又は第137条の3第1項若しくは第2項に規定する納税猶予の特例の適用を受ける場合は、「4」の金額は納税猶予の特例の対象となりません。

(資6-100-A4統一) H27.05

第7章 その他

【国外転出時課税（所法60条の2）用】

5 国外転出の時に有している又は契約を締結している対象資産の明細（「6」及び「7」以外のもの）

氏名　　　　　

種類	銘柄等	数量	所在	価額等 (収入金額)	取得費	取得等年月日	所得区分
				円	円	・・	総合（事・雑・譲（長・短）） 分離（株式・先物）
						・・	総合（事・雑・譲（長・短）） 分離（株式・先物）
						・・	総合（事・雑・譲（長・短）） 分離（株式・先物）
						・・	総合（事・雑・譲（長・短）） 分離（株式・先物）
						・・	総合（事・雑・譲（長・短）） 分離（株式・先物）
						・・	総合（事・雑・譲（長・短）） 分離（株式・先物）
						・・	総合（事・雑・譲（長・短）） 分離（株式・先物）
						・・	総合（事・雑・譲（長・短）） 分離（株式・先物）
						・・	総合（事・雑・譲（長・短）） 分離（株式・先物）
						・・	総合（事・雑・譲（長・短）） 分離（株式・先物）
						・・	総合（事・雑・譲（長・短）） 分離（株式・先物）
						・・	総合（事・雑・譲（長・短）） 分離（株式・先物）
						・・	総合（事・雑・譲（長・短）） 分離（株式・先物）
						・・	総合（事・雑・譲（長・短）） 分離（株式・先物）
						・・	総合（事・雑・譲（長・短）） 分離（株式・先物）
計				Ⓐ			

（注）　課税方法（総合・分離）及び所得区分に応じた「価額等（収入金額）」欄の金額の合計額及び「取得費」欄の金額の合計額を「3」に記載します。なお、上記の対象資産が、所得税法第137条の2第1項の規定の適用を受ける場合の適用資産となります。

《1億円の判定》

国外転出の時に有している又は契約を 締結している対象資産の価額等の合計額 （「5のⒶ」＋「6のⒷ」＋「7のⒸ」）	Ⓓ	※　Ⓓ≧1億円で、かつ、国外転出の日前10年以内における国内在住期間が5年超の場合、「国外転出をする場合の譲渡所得等の特例（所法60条の2）」の適用があります。

第1部　所得税

【国外転出時課税（所法60条の2）用】

6　国外転出の時に有している又は契約を締結している対象資産の明細（確定申告期限までに移転等したもの（「7」を除く。））

氏名　　　　　　　　

種類	銘柄等	数量	所在	価額等 (収入金額)	取得費	取得等年月日	所得区分	移転等の日及び 減額又は取消の有無
				円	円	・・	総合 (事・雑・譲(長・短)) 分離(株式・先物)	移転等の日 (　・　・　) 減額・取消
						・・	総合 (事・雑・譲(長・短)) 分離(株式・先物)	移転等の日 (　・　・　) 減額・取消
						・・	総合 (事・雑・譲(長・短)) 分離(株式・先物)	移転等の日 (　・　・　) 減額・取消
						・・	総合 (事・雑・譲(長・短)) 分離(株式・先物)	移転等の日 (　・　・　) 減額・取消
						・・	総合 (事・雑・譲(長・短)) 分離(株式・先物)	移転等の日 (　・　・　) 減額・取消
						・・	総合 (事・雑・譲(長・短)) 分離(株式・先物)	移転等の日 (　・　・　) 減額・取消
						・・	総合 (事・雑・譲(長・短)) 分離(株式・先物)	移転等の日 (　・　・　) 減額・取消
						・・	総合 (事・雑・譲(長・短)) 分離(株式・先物)	移転等の日 (　・　・　) 減額・取消
						・・	総合 (事・雑・譲(長・短)) 分離(株式・先物)	移転等の日 (　・　・　) 減額・取消
						・・	総合 (事・雑・譲(長・短)) 分離(株式・先物)	移転等の日 (　・　・　) 減額・取消
						・・	総合 (事・雑・譲(長・短)) 分離(株式・先物)	移転等の日 (　・　・　) 減額・取消
						・・	総合 (事・雑・譲(長・短)) 分離(株式・先物)	移転等の日 (　・　・　) 減額・取消
						・・	総合 (事・雑・譲(長・短)) 分離(株式・先物)	移転等の日 (　・　・　) 減額・取消
		計		Ⓑ				

（注1）　所得税法第60条の2第9項において準用する同条第8項の規定の適用があるもの（「減額」を○で囲んだもの）がある場合のⒷの金額は、その適用前の金額により計算します。

（注2）　課税方法（総合・分離）及び所得区分に応じた「価額等（収入金額）」欄の金額（所得税法第60条の2第9項において準用する同条第8項の規定の適用があるもの（「減額」を○で囲んだもの）は、その適用後の金額）の合計額及び「取得費」欄の金額の合計額を「4」に記載します。なお、所得税法第60条の2第6項第2号の規定により譲渡又は決済の全てがなかったものとされるもの（「取消」を○で囲んだもの）は、記載しません。

第7章 その他

【国外転出時課税（所法60条の2）用】

7 国外転出の時に有している又は契約を締結している対象資産の明細（譲渡による所得が非課税のもの）

氏名

種類	銘柄等	数量	所在	価額等	取得費	取得等年月日
				円	円	・・
						・・
						・・
						・・
						・・
						・・
						・・
						・・
						・・
						・・
						・・
						・・
						・・
						・・
						・・
						・・
			計	ⓒ		

(注) 租税特別措置法第37条の15などの規定により譲渡による所得が非課税又は損失がないものとみなされるものについて記載し、当該「価額等」欄の金額及び「取得費」欄の金額は「3」及び「4」のいずれにも記載しません。

159

第 1 部　所得税

 国外転出とは

国外転出とは具体的にどうような場合をいうのでしょうか。

日本国内に住所及び居所を有しないこととなることをいいます。

解　説

　国外転出とは日本国内に住所及び居所を有しないこととなることをいいます（所法60の2）。

　「住所」とは各人の生活の本拠をいい，生活の本拠であるかどうかは客観的事実のよって判定するものとされています（所基通2-1）。

　客観的事実には，例えば，住居，職業，資産の所在，親族の居住状況，国籍などが挙げられます。

　一般的に居所とは，相当期間継続して居住しているものの，その場所との結び付きが住所ほど密接でないもの，すなわち，そこがその者の生活の本拠であるというまでには至らない場所をいうものとされています。

第 7 章 その他

 国外転出時課税の対象者

国外転出をする場合の譲渡所得等の特例の対象者について教えてください。

対象資産の価額の合計額が 1 億円以上で国外転出の日前 10 年以内に，国内に住所又は居所を有していた期間の合計が 5 年超である者が適用対象となります。

解 説

国外転出をする場合の譲渡所得等の特例は，次の①及び②に掲げる要件を満たす居住者について，適用することとされています（所法60の2⑤）。

① 国外転出の時に所有等する有価証券，匿名組合契約の出資の持分，未決済の信用取引，未決済のデリバティブ取引の価額の合計額が 1 億円以上である者

② 国外転出の日前 10 年以内に，国内に住所又は居所を有していた期間の合計が 5 年超である者

(注) 上記の「国内に住所又は居所を有していた期間」には，納税猶予を受けている期間を含み，出入国管理及び難民認定法別表第一の在留資格をもって在留していた期間を除きます（所令170②一）。また，平成 27 年 6 月 30 日までに同法別表第二の在留資格で在留している期間がある場合には，その期間は含まれないこととされています（改正所令附則 8 ②）。

出入国管理及び難民認定法別表

別表第一の一

在留資格	本邦において行うことができる活動
外交	日本国政府が接受する外国政府の外交使節団若しくは領事機関の構成員，条約若しくは国際慣行により外交使節と同様の特権及び免除を受ける者又はこれらの者と同一の世帯に属する家族の構成員としての活動

161

第1部　所得税

在留資格	本邦において行うことができる活動
公用	日本国政府の承認した外国政府若しくは国際機関の公務に従事する者又はその者と同一の世帯に属する家族の構成員としての活動（この表の外交の項の下欄に掲げる活動を除く。）
教授	本邦の大学若しくはこれに準ずる機関又は高等専門学校において研究，研究の指導又は教育をする活動
芸術	収入を伴う音楽，美術，文学その他の芸術上の活動（二の表の興行の項の下欄に掲げる活動を除く。）
宗教	外国の宗教団体により本邦に派遣された宗教家の行う布教その他の宗教上の活動
報道	外国の報道機関との契約に基づいて行う取材その他の報道上の活動

別表第一の二

二

在留資格	本邦において行うことができる活動
投資・経営	本邦において貿易その他の事業の経営を開始し若しくは本邦におけるこれらの事業に投資してその経営を行い若しくは当該事業の管理に従事し又は本邦においてこれらの事業の経営を開始した外国人（外国法人を含む。以下この項において同じ。）若しくは本邦におけるこれらの事業に投資している外国人に代わってその経営を行い若しくは当該事業の管理に従事する活動（この表の法律・会計業務の項の下欄に掲げる資格を有しなければ法律上行うことができないこととされている事業の経営若しくは管理に従事する活動を除く。）
法律・会計業務	外国法事務弁護士，外国公認会計士その他法律上資格を有する者が行うこととされている法律又は会計に係る業務に従事する活動
医療	医師，歯科医師その他法律上資格を有する者が行うこととされている医療に係る業務に従事する活動
研究	本邦の公私の機関との契約に基づいて研究を行う業務に従事する活動（一の表の教授の項の下欄に掲げる活動を除く。）
教育	本邦の小学校，中学校，高等学校，中等教育学校，特別支援学校，専修学校又は各種学校若しくは設備及び編制に関してこれに準ずる教育機関において語学教育その他の教育をする活動
技術	本邦の公私の機関との契約に基づいて行う理学，工学その他の自然科学の分野に属する技術又は知識を要する業務に従事する活動（一の表の教授の項の下欄に掲げる活動並びにこの表の投資・経営の項，医療の項から教育の項まで，企業内転勤の項及び興行の項の下欄に掲げる活動を除く。）

在留資格	本邦において行うことができる活動
人文知識・国際業務	本邦の公私の機関との契約に基づいて行う法律学，経済学，社会学その他の人文科学の分野に属する知識を必要とする業務又は外国の文化に基盤を有する思考若しくは感受性を必要とする業務に従事する活動（一の表の教授の項，芸術の項及び報道の項の下欄に掲げる活動並びにこの表の投資・経営の項から教育の項まで，企業内転勤の項及び興行の項の下欄に掲げる活動を除く。）
企業内転勤	本邦に本店，支店その他の事業所のある公私の機関の外国にある事業所の職員が本邦にある事業所に期間を定めて転勤して当該事業所において行うこの表の技術の項又は人文知識・国際業務の項の下欄に掲げる活動
興行	演劇，演芸，演奏，スポーツ等の興行に係る活動又はその他の芸能活動（この表の投資・経営の項の下欄に掲げる活動を除く。）
技能	本邦の公私の機関との契約に基づいて行う産業上の特殊な分野に属する熟練した技能を要する業務に従事する活動
技能実習	一　次のイ又はロのいずれかに該当する活動 　イ　本邦の公私の機関の外国にある事業所の職員又は本邦の公私の機関と法務省令で定める事業上の関係を有する外国の公私の機関の外国にある事業所の職員がこれらの本邦の公私の機関との雇用契約に基づいて当該機関の本邦にある事業所の業務に従事して行う技能，技術若しくは知識（以下「技能等」という。）の修得をする活動（これらの職員がこれらの本邦の公私の機関の本邦にある事業所に受け入れられて行う当該活動に必要な知識の修得をする活動を含む。） 　ロ　法務省令で定める要件に適合する営利を目的としない団体により受け入れられて行う知識の修得及び当該団体の策定した計画に基づき，当該団体の責任及び監理の下に本邦の公私の機関との雇用契約に基づいて当該機関の業務に従事して行う技能等の修得をする活動 二　次のイ又はロのいずれかに該当する活動 　イ　前号イに掲げる活動に従事して技能等を修得した者が，当該技能等に習熟するため，法務大臣が指定する本邦の公私の機関との雇用契約に基づいて当該機関において当該技能等を要する業務に従事する活動 　ロ　前号ロに掲げる活動に従事して技能等を修得した者が，当該技能等に習熟するため，法務大臣が指定する本邦の公私の機関との雇用契約に基づいて当該機関において当該技能等を要する業務に従事する活動（法務省令で定める要件に適合する営利を目的としない団体の責任及び監理の下に当該業務に従事するものに限る。）

別表第一の三
三

在留資格	本邦において行うことができる活動
文化活動	収入を伴わない学術上若しくは芸術上の活動又は我が国特有の文化若しくは技芸について専門的な研究を行い若しくは専門家の指導を受けてこれを修得する活動（四の表の留学の項から研修の項までの下欄に掲げる活動を除く。）
短期滞在	本邦に短期間滞在して行う観光，保養，スポーツ，親族の訪問，見学，講習又は会合への参加，業務連絡その他これらに類似する活動

別表第一の四
四

在留資格	本邦において行うことができる活動
留学	本邦の大学，高等専門学校，高等学校（中等教育学校の後期課程を含む。）若しくは特別支援学校の高等部，中学校（中等教育学校の前期課程を含む。）若しくは特別支援学校の中学部，小学校若しくは特別支援学校の小学部，専修学校若しくは各種学校又は設備及び編制に関してこれらに準ずる機関において教育を受ける活動
研修	本邦の公私の機関により受け入れられて行う技能等の修得をする活動（二の表の技能実習の項の下欄第一号及びこの表の留学の項の下欄に掲げる活動を除く。）
家族滞在	一の表，二の表又は三の表の上欄の在留資格（外交，公用，技能実習及び短期滞在を除く。）をもつて在留する者又はこの表の留学の在留資格をもつて在留する者の扶養を受ける配偶者又は子として行う日常的な活動

別表第一の五
五

在留資格	本邦において行うことができる活動
特定活動	法務大臣が個々の外国人について次のイからニまでのいずれかに該当するものとして特に指定する活動 イ　本邦の公私の機関（高度な専門的知識を必要とする特定の分野に関する研究の効率的推進又はこれに関連する産業の発展に資するものとして法務省令で定める要件に該当する事業活動を行う機関であって，法務大臣が指定するものに限る。）との契約に基づいて当該機関の施設において当該特定の分野に関する研究，研究の指導若しくは教育をする活動（教育については，大学若しくはこれに準ずる機関又は高等専門学校においてするものに限る。）又は当該活動と併せて当該特定の分野に関する研究，研究の指導若しくは教育と関連する事業を自ら経営する活動 ロ　本邦の公私の機関（情報処理（情報処理の促進に関する法律（昭和四十五年法律第九十号）第二条第一項に規定する情報処理をいう。以下同じ。）に関する産業の発展に資するものとして法務省令で定める要件に該当する事業活動を行う機関であって，法務大臣が指定するものに限る。）との契約に基づいて当該機関の事業所（当該機関から労働者派遣事業の適正な運営の確保及び派遣労働者の保護等に関する法律（昭和六十年法律第八十八号）第二条第二号に規定する派遣労働者として他の機関に派遣される場合にあっては，当該他の機関の事業所）において自然科学又は人文科学の分野に属する技術又は知識を要する情報処理に係る業務に従事する活動 ハ　イ又はロに掲げる活動を行う外国人の扶養を受ける配偶者又は子として行う日常的な活動 ニ　イからハまでに掲げる活動以外の活動

別表第二

在留資格	本邦において有する身分又は地位
永住者	法務大臣が永住を認める者
日本人の配偶者等	日本人の配偶者若しくは特別養子又は日本人の子として出生した者
永住者の配偶者等	永住者等の配偶者又は永住者等の子として本邦で出生しその後引き続き本邦に在留している者
定住者	法務大臣が特別な理由を考慮し一定の在留期間を指定して居住を認める者

国外転出時課税の対象となる有価証券

国外転出時課税の対象となる有価証券の範囲について教えてください。

P_{OiNT}
金融商品取引法第2条第1項に規定する有価証券その他一定のものをいいます。

解　説

　国外転出時課税の対象となる有価証券とは金融商品取引法第2条第1項に規定する有価証券その他これに準ずるものとして下記のものをいいます（所法2十七）。

① 　金融商品取引法第2条第1項第1号から第15号までに掲げる有価証券及び同項第17号に掲げる有価証券（同項第16号に掲げる有価証券の性質を有するものを除く）に表示されるべき権利（これらの有価証券が発行されていないものに限る）

② 　合名会社，合資会社又は合同会社の社員の持分，法人税法第2条第7号に規定する協同組合等の組合員又は会員の持分その他法人の出資者の持分

③ 　株主又は投資信託及び投資法人に関する法律に規定する投資主となる権利

④ 　協同組織金融機関の優先出資に関する法律に規定する優先出資者となる権利

⑤ 　資産の流動化に関する法律に規定する特定社員又は優先出資社員となる権利

⑥ 　その他法人の出資者となる権利

> **参考** 金融商品取引法第 2 条第 1 項

第 2 条　この法律において「有価証券」とは，次に掲げるものをいう。
一　国債証券
二　地方債証券
三　特別の法律により法人の発行する債券（次号及び第 11 号に掲げるものを除く。）
四　資産の流動化に関する法律（平成 10 年法律第 105 号）に規定する特定社債券
五　社債券（相互会社の社債券を含む。以下同じ。）
六　特別の法律により設立された法人の発行する出資証券（次号，第 8 号及び第 11 号に掲げるものを除く。）
七　協同組織金融機関の優先出資に関する法律（平成五年法律第 44 号。以下「優先出資法」という。）に規定する優先出資証券
八　資産の流動化に関する法律 に規定する優先出資証券又は新優先出資引受権を表示する証券
九　株券又は新株予約権証券
十　投資信託及び投資法人に関する法律（昭和 26 年法律第 198 号）に規定する投資信託又は外国投資信託の受益証券
十一　投資信託及び投資法人に関する法律 に規定する投資証券，新投資口予約権証券若しくは投資法人債券又は外国投資証券
十二　貸付信託の受益証券
十三　資産の流動化に関する法律 に規定する特定目的信託の受益証券
十四　信託法（平成 18 年法律第 108 号）に規定する受益証券発行信託の受益証券
十五　法人が事業に必要な資金を調達するために発行する約束手形のうち，内閣府令で定めるもの
十六　抵当証券法（昭和 6 年法律第 15 号）に規定する抵当証券
十七　外国又は外国の者の発行する証券又は証書で第 1 号から第 9 号まで又は第 12 号から前号までに掲げる証券又は証書の性質を有するもの（次号に掲げるものを除く。）
十八　外国の者の発行する証券又は証書で銀行業を営む者その他の金銭の貸付けを業として行う者の貸付債権を信託する信託の受益権又はこれに類する権利を表示するもののうち，内閣府令で定めるもの
十九　金融商品市場において金融商品市場を開設する者の定める基準及び方法に従い行

う第21項第3号に掲げる取引に係る権利，外国金融商品市場（第8項第3号ロに規定する外国金融商品市場をいう。以下この号において同じ。）において行う取引であつて第21項第3号に掲げる取引と類似の取引（金融商品（第24項第3号の2に掲げるものに限る。）又は金融指標（当該金融商品の価格及びこれに基づいて算出した数値に限る。）に係るものを除く。）に係る権利又は金融商品市場及び外国金融商品市場によらないで行う第22項第3号若しくは第四号に掲げる取引に係る権利（以下「オプション」という。）を表示する証券又は証書

二十　前各号に掲げる証券又は証書の預託を受けた者が当該証券又は証書の発行された国以外の国において発行する証券又は証書で，当該預託を受けた証券又は証書に係る権利を表示するもの

二十一　前各号に掲げるもののほか，流通性その他の事情を勘案し，公益又は投資者の保護を確保することが必要と認められるものとして政令で定める証券又は証書

第7章　その他

 国外転出時課税の対象財産（信託受益権）

信託受益権は国外転出時課税の対象となりますか。

　投信法に規定する投資信託又は外国投資信託の受益証券，貸付信託の受益証券，特定目的信託の受益証券，受益証券発行信託の受益証券については有価証券として取り扱われ，国外転出時課税の対象となります。
　受益者等課税信託については個々の信託財産の内容に応じて判定されるものと考えられます。

解　説

　投信法に規定する投資信託又は外国投資信託の受益証券，貸付信託の受益証券，特定目的信託の受益証券，受益証券発行信託の受益証券については有価証券として取り扱われ，国外転出時課税の対象となります。
　受益者等課税信託（パススルー信託）については個々の信託財産の内容に応じて判定されるものと考えられます。
　例えば信託財産が不動産であれば，当該信託の信託受益権は国外転出時課税の対象となりませんし，信託財産が株式であれば国外転出時課税の対象となるものと考えられます。

Q74 国外転出時課税の対象となる未決済信用取引等

国外転出時課税の対象となる未決済信用取引等の範囲について教えてください。

POiNT

金融商品取引法第 156 条の 24 第 1 項に規定する信用取引又は一定の発行日決済取引をいいます。

解 説

国外転出時課税の対象となる未決済信用取引等とは以下の取引をいいます（所法 61 の 2 ②）。

① 金融商品取引法第 156 条の 24 第 1 項に規定する信用取引

> **参考** 金融商品取引法第 156 条の 24
>
> 金融商品取引所の会員等又は認可金融商品取引業協会の協会員に対し，金融商品取引業者が顧客に信用を供与して行う有価証券の売買その他の取引（以下「信用取引」という。）その他政令で定める取引の決済に必要な金銭又は有価証券を，当該金融商品取引所が開設する取引所金融商品市場又は当該認可金融商品取引業協会が開設する店頭売買有価証券市場の決済機構を利用して貸し付ける業務を行おうとする者は，内閣総理大臣の免許を受けなければならない。

② 一定の発行日決済取引

有価証券が発行される前にその有価証券の売買を行う取引であって金融商品取引法第 161 条の 2 に規定する取引及びその保証金に関する内閣府令第 1 条第 2 項に規定する発行日取引をいいます。

第7章 その他

> **参考** 金融商品取引法第161条の2に規定する取引及びその保証金に関する内閣府令第1条第2項
>
> 金融商品取引法
> 第161条の2 信用取引その他の内閣府令で定める取引については,金融商品取引業者は,内閣府令で定めるところにより,顧客から,当該取引に係る有価証券の時価に内閣総理大臣が有価証券の売買その他の取引の公正を確保することを考慮して定める率を乗じた額を下らない額の金銭の預託を受けなければならない。
> 2　前項の金銭は,内閣府令で定めるところにより,有価証券をもって充てることができる。
>
> ----
>
> 第1条　この府令において「信用取引」とは,金融商品取引業者(金融商品取引法(昭和23年法律第25号。以下「法」という。)第2条第9項に規定する金融商品取引業者をいう。以下同じ。)が顧客(金融商品取引業者が顧客である場合における金融商品取引業者を含む。以下同じ。)に信用を供与して行う有価証券の売買その他の取引をいう。
> 2　この府令において「発行日取引」とは,金融商品取引業者が顧客のために行う未発行の有価証券の売買その他の取引であって,当該有価証券の発行日(当該有価証券を引換えに取得することができる証書が作成された場合には,当該証書の最初の作成の日。以下同じ。)から一定の日を経過した日までに当該有価証券又は当該証書をもって受渡しをするものをいう。

第 1 部　所得税

 国外転出時課税の対象となるデリバティブ取引等

国外転出時課税の対象となるデリバティブ取引等の範囲について教えてください。

P OiNT

金融商品取引法第 2 条第 20 項に規定するデリバティブ取引をいいます。

解　説

国外転出時課税の対象となるデリバティブ取引等とは金融商品取引法第 2 条第 20 項に規定するデリバティブ取引をいうものとされています（所法 60 の 2 ③）。

金融商品取引法第 2 条第 20 項に規定するデリバティブ取引とは市場デリバティブ取引，店頭デリバティブ取引又は外国市場デリバティブ取引をいい，下記がその例になります。

- ▶ 先物取引・先渡取引（金商法 2 ㉑一，㉒一）
- ▶ 指標先物取引・指標先渡取引（金商法 2 ㉑二，㉒二）
- ▶ オプション取引（金商法 2 ㉑三，㉒三）
- ▶ 指標オプション取引（金商法 2 ㉑三ロ，㉒四）
- ▶ スワップ取引（金商法 2 ㉑四，㉒五）
- ▶ クレジット・デリバティブ取引（金商法 2 ㉑五，㉒六）

 金融商品取引法第 2 条第 20 〜 23 項

20　この法律において「デリバティブ取引」とは，市場デリバティブ取引，店頭デリバティブ取引又は外国市場デリバティブ取引をいう。

21　この法律において「市場デリバティブ取引」とは，金融商品市場において，金融商品市場を開設する者の定める基準及び方法に従い行う次に掲げる取引をいう。

一　売買の当事者が将来の一定の時期において金融商品及びその対価の授受を約する売買であって，当該売買の目的となっている金融商品の転売又は買戻しをしたときは差金の授受によって決済することができる取引

二　当事者があらかじめ金融指標として約定する数値（以下「約定数値」という。）と将来の一定の時期における現実の当該金融指標の数値（以下「現実数値」という。）の差に基づいて算出される金銭の授受を約する取引

三　当事者の一方の意思表示により当事者間において次に掲げる取引を成立させることができる権利を相手方が当事者の一方に付与し，当事者の一方がこれに対して対価を支払うことを約する取引

　　イ　金融商品の売買（第１号に掲げる取引を除く。）
　　ロ　前二号及び次号から第６号までに掲げる取引（前号又は第４号の２に掲げる取引に準ずる取引で金融商品取引所の定めるものを含む。）

四　当事者が元本として定めた金額について当事者の一方が相手方と取り決めた金融商品（第24項第３号及び第３号の２に掲げるものを除く。）の利率等（利率その他これに準ずるものとして内閣府令で定めるものをいう。以下同じ。）又は金融指標（金融商品（これらの号に掲げるものを除く。）の利率等及びこれに基づいて算出した数値を除く。以下この号及び次項第５号において同じ。）の約定した期間における変化率に基づいて金銭を支払い，相手方が当事者の一方と取り決めた金融商品（第24項第３号及び第３号の２に掲げるものを除く。）の利率等又は金融指標の約定した期間における変化率に基づいて金銭を支払うことを相互に約する取引（これらの金銭の支払とあわせて当該元本として定めた金額に相当する金銭又は金融商品を授受することを約するものを含む。）

四の二　当事者が数量を定めた金融商品（第24項第３号の２に掲げるものに限る。以下この号において同じ。）について当事者の一方が相手方と取り決めた当該金融商品に係る金融指標の約定した期間における変化率に基づいて金銭を支払い，相手方が当事者の一方と取り決めた当該金融商品の金融指標の約定した期間における変化率に基づいて金銭を支払うことを相互に約する取引

五　当事者の一方が金銭を支払い，これに対して当事者があらかじめ定めた次に掲げるいずれかの事由が発生した場合において相手方が金銭を支払うことを約する取引（当該事由が発生した場合において，当事者の一方が金融商品，金融商品に係る権利又は金銭債権（金融商品であるもの及び金融商品に係る権利であるものを除く。）を移転

することを約するものを含み，第2号から前号までに掲げるものを除く。)
　　イ　法人の信用状態に係る事由その他これに類似するものとして政令で定めるもの
　　ロ　当事者がその発生に影響を及ぼすことが不可能又は著しく困難な事由であって，当該当事者その他の事業者の事業活動に重大な影響を与えるものとして政令で定めるもの（イに掲げるものを除く。）
　六　前各号に掲げる取引に類似する取引であって，政令で定めるもの
22　この法律において「店頭デリバティブ取引」とは，金融商品市場及び外国金融商品市場によらないで行う次に掲げる取引（その内容等を勘案し，公益又は投資者の保護のため支障を生ずることがないと認められるものとして政令で定めるものを除く。）をいう。
　一　売買の当事者が将来の一定の時期において金融商品（第24項第3号の2及び第5号に掲げるものを除く。第3号及び第6号において同じ。）及びその対価の授受を約する売買であって，当該売買の目的となっている金融商品の売戻し又は買戻しその他政令で定める行為をしたときは差金の授受によって決済することができる取引
　二　約定数値（第24項第3号の2又は第5号に掲げる金融商品に係る金融指標の数値を除く。）と現実数値（これらの号に掲げる金融商品に係る金融指標の数値を除く。）の差に基づいて算出される金銭の授受を約する取引又はこれに類似する取引
　三　当事者の一方の意思表示により当事者間において次に掲げる取引を成立させることができる権利を相手方が当事者の一方に付与し，当事者の一方がこれに対して対価を支払うことを約する取引又はこれに類似する取引
　　イ　金融商品の売買（第1号に掲げる取引を除く。）
　　ロ　前2号及び第5号から第7号までに掲げる取引
　四　当事者の一方の意思表示により当事者間において当該意思表示を行う場合の金融指標（第24項第3号の2又は第5号に掲げる金融商品に係るものを除く。）としてあらかじめ約定する数値と現に当該意思表示を行った時期における現実の当該金融指標の数値の差に基づいて算出される金銭を授受することとなる取引を成立させることができる権利を相手方が当事者の一方に付与し，当事者の一方がこれに対して対価を支払うことを約する取引又はこれに類似する取引
　五　当事者が元本として定めた金額について当事者の一方が相手方と取り決めた金融商品（第24項第3号，第3号の2及び第5号に掲げるものを除く。）の利率等若しくは金融指標の約定した期間における変化率に基づいて金銭を支払い，相手方が当事

者の一方と取り決めた金融商品（これらの号に掲げるものを除く。）の利率等若しくは金融指標の約定した期間における変化率に基づいて金銭を支払うことを相互に約する取引（これらの金銭の支払とあわせて当該元本として定めた金額に相当する金銭又は金融商品（同項第3号の2及び第5号に掲げるものを除く。）を授受することを約するものを含む。）又はこれに類似する取引

六　当事者の一方が金銭を支払い，これに対して当事者があらかじめ定めた次に掲げるいずれかの事由が発生した場合において相手方が金銭を支払うことを約する取引（当該事由が発生した場合において，当事者の一方が金融商品，金融商品に係る権利又は金銭債権（金融商品であるもの及び金融商品に係る権利であるものを除く。）を移転することを約するものを含み，第2号から前号までに掲げるものを除く。）又はこれに類似する取引

　イ　法人の信用状態に係る事由その他これに類似するものとして政令で定めるもの
　ロ　当事者がその発生に影響を及ぼすことが不可能又は著しく困難な事由であって，当該当事者その他の事業者の事業活動に重大な影響を与えるものとして政令で定めるもの（イに掲げるものを除く。）

七　前各号に掲げるもののほか，これらと同様の経済的性質を有する取引であって，公益又は投資者の保護を確保することが必要と認められるものとして政令で定める取引

23　この法律において「外国市場デリバティブ取引」とは，外国金融商品市場において行う取引であって，市場デリバティブ取引と類似の取引（金融商品（次項第3号の2に掲げるものに限る。）又は金融指標（当該金融商品の価格及びこれに基づいて算出した数値に限る。）に係るものを除く。）をいう。

Q76 国外転出後5年を経過するまでに帰国した場合の取扱い

国外転出時課税の適用を受けた者が国外転出後5年を経過するまでに帰国した場合の取扱いについて教えてください。

Point

国外転出時課税の適用を受けた者が国外転出後5年を経過するまでに帰国した場合には本特例による課税を取り消すことができます。その他一定の場合にも課税を取り消すことができます。

解説

国外転出時課税の適用を受けた者が，その国外転出の日から5年を経過する日までに帰国をした場合において，その者が当該国外転出の時において有していた有価証券等又は未決済デリバティブ取引等で当該国外転出の時以後引き続き有価証券等又は未決済デリバティブ取引等で当該国外転出の時以後引き続き有していたものについては，課税の取り消すことができます（所法60の2⑥一）。

ただし，当該帰国までの間に，当該有価証券等又は未決済デリバティブ取引等に係る所得の計算につきその計算の基礎となるべき事実の全部又は一部の隠蔽又は仮装があった場合には，その隠蔽又は仮装があった事実に基づく当該所得については，この限りではありません（所法60の2⑥ただし書）。

課税の取消しを行う場合には，帰国の日から4月を経過する日までに，更正の請求をしなければならないものとされています（所法153の2①）。

なお，下記の①又は②場合にも贈与，相続又は遺贈により移転のあった対象資産について，国外転出時課税の適用がなかったものとして，課税の取消しをすることができます（所法60の2⑥二，三）。

① 国外転出の日から5年以内に国外転出時において有していた対象資産

を居住者に贈与した場合
② 国外転出時課税の申告をした者が死亡し，当該死亡した者が国外転出をした日から5年以内に，その国外転出時において有していた対象資産を相続又は遺贈により取得した相続人又は受遺者の全てが居住者となった場合

　納税猶予の特例の適用を受け，納税猶予の期限を延長する旨の届出書を提出している場合には，国外転出の日から10年以内に上記の帰国等をしたときに，課税の取消しをすることができます（所法60の2⑦）。
　なお，納税猶予の特例の適用を受けずに国外転出の時までに所得税を納付した者が，5年以内に帰国をした場合に更正の請求を行い所得税が還付されるときには，当該更正の請求があった日の翌日から起算して3カ月を経過する日と当該更正の請求に係る更正があった日の翌日から起算して1カ月を経過する日とのいずれか早い日の翌日から当該還付の支払決定日又は充当日までの期間について還付加算金が発生します。

納税猶予制度

国外転出時課税に係る納税猶予制度について教えてください。

Point

国外転出時課税の適用を受ける者について一定の手続要件を満たした場合には，当該国外転出時課税に係る所得税の納税を5年間（又は10年間）猶予するという制度です。

解説

国外転出をする居住者でその国外転出の時において有する有価証券，匿名組合契約の出資金，未決済の信用取引，未決済のデリバティブ取引につき国外転出時課税の適用を受けたものが，当該国外転出の日の属する年分の確定申告書に納税猶予を受けようとする旨の記載をした場合には，当該国外転出の日の属する年分の所得税のうち国外転出時課税により対象資産の譲渡又は決済があったものとされた所得に係る部分については，当該国外転出の日から5年を経過する日（同日前に帰国をする場合には，同日とその者の帰国の日から4月を経過する日のいずれか早い日）まで，その納税を猶予するものとされています（所法137の2①）。

また，国外転出の日から5年を経過する日までに納税猶予の期限を延長する旨の届出書を所轄税務署へ提出することにより，納税猶予期限を5年延長（合計10年）することができます（所法137の2②）。

第7章　その他

納税猶予に係る手続

国外転出時課税に係る納税猶予の手続について教えてください。

　国外転出時までに納税管理人を選任，国外転出時課税の申告をする年分の確定申告書に納税猶予の特例の適用を受けようとする旨とともにそれ以降の年分については継続適用届出書を提出する必要があります。

解　説

　国外転出時課税の納税猶予の特例の適用を受けるためには，以下の手続が必要となります。

① 　国外転出の時までに所轄税務署へ納税管理人の届出をする。

② 　国外転出時課税の申告をする年分の確定申告書に納税猶予の特例の適用を受けようとする旨を記載するとともに，対象資産に関する明細及び納税猶予分の所得税額の計算に関する明細等の書類を添付する。また，その確定申告書の提出期限までに，納税を猶予される所得税額及び利子税額に相当する担保を提供する（所法137の2①，③）。

③ 　確定申告書の提出後，納税猶予期間中は，各年の12月31日において所有等している対象資産について，引き続き納税猶予の特例の適用を受けたい旨を記載した届出書（継続適用届出書）を同日の属する年の翌年3月15日までに，所轄税務署へ提出（所法137の2⑥）しなければならない。この納税猶予は，その所得税に係る確定申告書の提出期限までに，納税猶予分の所得税額に相当する担保を供し，かつ，納税管理人の届出をした場合に適用される。

納税猶予手続の流れ

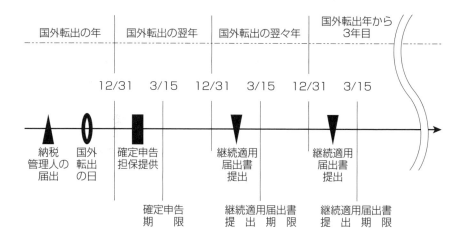

出所：国税庁ホームページ

第7章 その他

国外転出をする場合の譲渡所得等の特例等に係る納税猶予分の所得税及び復興特別所得税の額の計算書

【平成＿＿年分】

番号 ☐

（平成二十七年七月一日以後国外転出・贈与・相続開始用）

○この計算書は、申告書と一緒に提出してください。

住　所		フリガナ 氏　名	
電話番号 （連絡先）	職業	関与税理士名 （電話）	（　　）

適用資産等について国外転出時課税制度の適用がないものとした場合における本年分の税金の計算

所得金額	総合課税	事業（営業等）	①
		雑	②
		総合譲渡・一時	③
		申告書B第一表②から⑥対応分 計	④
		総合課税の所得金額 計 （①+②+③+④）	⑤
	分離課税	申告書第三表⑤から⑥対応分	⑥
		株式等譲渡 未公開分	⑦
		上場分	⑧
		上場株式等の配当	⑨
		先物取引	⑩
		申告書B第三表⑦⑧ 対応分	⑪
所得から差し引かれる金額 （申告書B第一表㉕）			⑫
課税される所得金額		⑤ 対応分	⑬ ,000
		⑥ 対応分	⑭ ,000
		⑦⑧ 対応分	⑮ ,000
		⑨ 対応分	⑯ ,000
		⑩ 対応分	⑰ ,000
		⑪ 対応分	⑱ ,000
税金の計算		⑬ 対応分	⑲
		⑭ 対応分	⑳
		⑮ 対応分	㉑
		⑯ 対応分	㉒
		⑰ 対応分	㉓
		⑱ 対応分	㉔

税金の計算

⑲から㉔までの合計	㉕	
所得税額から差し引かれる金額 （申告書B第一表㉖から㉚ 対応分 計）	㉖	
差引所得税額 （㉕-㉖）	㉗	
災害減免額	㉘	
再差引所得税額（基準所得税額） （㉗-㉘）	㉙	
復興特別所得税額 （㉙×2.1%）	㉚	
所得税及び復興特別所得税の額 （㉙+㉚）	㉛	
外国税額控除	㉜	

納税猶予税額の計算

（申告書B第一表㊷-㊸）の金額	Ⓐ		
（㉛-㉜）の金額	Ⓑ		
納税猶予分の所得税額等（Ⓐ-Ⓑ）（※）	Ⓒ		00
申告書B第一表㊼欄の金額	Ⓓ		00
納税猶予税額	Ⓒ<Ⓓ…Ⓒの金額 Ⓒ≧Ⓓ…Ⓓの金額	Ⓔ	00

※ Ⓒの金額が負の場合は零

申告期限までに納付する金額		
Ⓓ-Ⓔ	Ⓕ	00

【参考】		
適用を受ける納税猶予の特例	☐ 国外転出の場合の納税猶予 （所法第137条の2第1項）	
	☐ 贈与、相続又は遺贈の場合の納税猶予 （所法第137条の3第1項又は第2項）	
その他参考となる事項		

（注） Ⓕの金額が申告期限までに納付する金額となりますので、ご注意ください。

（資6-101-A4統一）H27.05

181

第1部　所得税

この欄は書かないでください	通信日付印の年月日		確認印			整理番号	(名簿番号)
	平成　　年　　月　　日						

国外転出をする場合の譲渡所得等の特例等に係る納税猶予の継続適用届出書

（税務署受付印）

	納税者（代表者）	住所又は居所	〒　　　-　　　 （TEL　　-　　-　　）
＿＿＿＿＿税務署長		フリガナ 氏　名	㊞
		納税地	〒　　　-　　　 （TEL　　-　　-　　）
平成＿＿年＿＿月＿＿日提出	納税管理人	住　所	〒　　　-　　　 （TEL　　-　　-　　）
		フリガナ 氏　名	㊞

　所得税法第137条の＿＿＿第＿＿項※1の適用を受けていますが、平成＿＿年※2 12月31日現在において有し又は契約を締結している同項の適用資産等につき、引き続き納税の猶予を受けたいので、同条第＿＿項※3の規定により、その旨及び下記のとおり届出をします。

記

1　特例の適用を受けた年分の所得税及び復興特別所得税の（準）確定申告書に関する事項
　　　平成＿＿＿年分　　　　税務署　平成＿＿年＿＿月＿＿日提出　氏名＿＿＿＿＿＿＿＿

2　国外転出、贈与又は相続開始の日
　　　平成＿＿年＿＿月＿＿日　国外転出　・　贈与　・　相続開始

3　所得税法第137条の２第１項の適用を受けている場合の国外転出の時における国内の住所
　　　住所＿＿＿＿＿＿＿＿＿＿＿＿＿＿＿＿＿＿＿＿＿＿

4　納税の猶予を受けている所得税及び復興特別所得税の額
　　　平成＿＿年※2 12月31日現在　＿＿＿＿＿＿＿＿円

5　平成＿＿＿年※2 12月31日現在において有し又は契約を締結している適用資産等
　　　付表「適用資産等の明細」のとおり

6　その他参考となる事項

関与税理士		㊞	電話番号	

（資6-103-1-A4統一）H27.05

第7章　その他

付表

(付表「適用資産等の明細書」提出　　枚のうちの　　枚目)

適用資産等の明細

納税者（代表者）の氏名	

所得税法第137条の　　　第　　　項[※1]に規定する適用資産等のうち、平成　　　年[※2]12月31日現在において有し又は契約を締結している適用資産等の明細については、次のとおりです。

種　類	銘　柄　等	数　量	所　在	価　額　等	備　考
				円	
				円	
				円	
				円	
				円	
				円	
				円	
				円	
				円	
				円	
				円	
				円	
				円	
				円	
				円	
				円	
				円	

○この付表は、「国外転出をする場合の譲渡所得等の特例等に係る納税猶予の継続適用届出書」と併せて提出してください。

(資6-103-2-A4統一) H27.05

納税猶予に係る担保財産

国外転出時課税に係る納税猶予に際し担保提供できる財産について教えてください。

　国外転出時課税に係る納税猶予に際し担保提供できる財産は国税通則法第50条に掲げられている財産になります。

解　説

　国外転出時課税に係る納税猶予に際し担保提供できる財産は国税通則法に掲げられている財産です。下記は国税通則法第50条の規定です。

> **参考** 国税通則法第50条
>
> （担保の種類）
> 第50条　国税に関する法律の規定により提供される担保の種類は、次に掲げるものとする。
> 　一　国債及び地方債
> 　二　社債（特別の法律により設立された法人が発行する債券を含む。）その他の有価証券で税務署長等（国税に関する法律の規定により国税庁長官又は国税局長が担保を徴するものとされている場合には、国税庁長官又は国税局長。以下この条及び次条において同じ。）が確実と認めるもの
> 　三　土地
> 　四　建物、立木及び登記される船舶並びに登録を受けた飛行機、回転翼航空機及び自動車並びに登記を受けた建設機械で、保険に附したもの
> 　五　鉄道財団、工場財団、鉱業財団、軌道財団、運河財団、漁業財団、港湾運送事業財団、道路交通事業財団及び観光施設財団
> 　六　税務署長等が確実と認める保証人の保証
> 　七　金銭

第7章 その他

納税猶予中に対象資産の譲渡等があった場合

国外転出時課税の納税猶予の適用を受けている期間中に国外転出時課税の対象となっている資産を譲渡等した場合の取扱いについて教えてください。

　納税猶予期間中に国外転出時課税の対象資産を譲渡等した場合，納税猶予分の所得税額のうちその譲渡等をした部分の金額に応じた所得税を譲渡等の日から4カ月以内に，利子税と併せて納付する必要があります。

解　説

　納税猶予期間中に国外転出時課税の対象となった有価証券，匿名組合契約の出資金，未決済の信用取引，未決済のデリバティブ取引について譲渡，決済又は贈与があった場合，納税猶予分の所得税額のうち譲渡，決済又は贈与をした部分の金額に応じた所得税について，納税猶予の期限が確定するため，譲渡の日から4カ月以内に，利子税と併せて納付する必要があります（所法137の2⑤，⑫）。

　また，その譲渡，決済又は贈与があった日から4カ月以内にその譲渡，決済又は贈与をした対象資産の種類，名称又は銘柄及び単位数並びに納税猶予の期限が確定することとなる所得税の計算に関する明細などを記載した書類を所轄税務署へ提出しなければなりません（所令266の2⑤）。

　なお，有価証券等の譲渡価額が国外転出の時の価額よりも下落している場合等には一定の手続によって所得税額を減額することができます。

　納税猶予期間中に国外転出時課税の対象資産の一部を譲渡，決済又は贈与した場合など，納税猶予の期限が確定した場合には，法定申告期限の翌日から納税猶予期限までの期間について利子税がかかります。

　なお，利子税の割合は，年7.3％と特例基準割合(注)のいずれか低い割合を

適用します（措法93①）。

(注) 特例基準割合とは，各年の前々年の10月から前年の9月までの各月における銀行の短期貸出約定平均金利の合計を12で除して得た割合として各年の前年の12月15日までに財務大臣が告示する割合に，年1％を加算した割合をいいます（平成27年における利子税の割合は，年1.8％）。

第7章 その他

この欄には書かないでください	通信日付印の年月日	確認印		整理番号	(名簿番号)
	平成　年　月　日				

国外転出をする場合の譲渡所得等の特例等に係る納税猶予期限の一部確定事由が生じた場合の適用資産等の明細書

（税務署受付印）

_____税務署長

平成____年____月____日提出

納税者（代表者）	住所又は居所	〒　-　 （TEL　-　-　）
	フリガナ 氏　名	㊞
	納税地	〒　-　 （TEL　-　-　）
納税管理人	住所	〒　-　 （TEL　-　-　）
	フリガナ 氏　名	㊞

所得税法第137条の____第____項※1の適用を受けていますが、同条第____項※2に掲げる事由が生じたので、所得税法施行令第266条の____第____項※3の規定により、下記のとおり提出します。

記

1　特例の適用を受けた年分の所得税及び復興特別所得税の（準）確定申告書に関する事項
　　　平成____年分　　　____税務署　平成____年____月____日提出　氏名_____
2　国外転出、贈与又は相続開始の日
　　　平成____年____月____日　国外転出　・　贈与　・　相続開始
3　現在、納税が猶予されている所得税及び復興特別所得税の金額等
　(1)　現在の納税猶予期限　　平成____年____月____日
　(2)　現在、納税が猶予されている所得税及び復興特別所得税の金額　_____円
4　納税猶予期限の一部確定する所得税及び復興特別所得税の金額等
　(1)　確定する納税猶予期限　平成____年____月____日
　(2)　確定する所得税及び復興特別所得税の金額　_____円
　(3)　確定する所得税及び復興特別所得税の金額の計算に関する事項
　　　　付表1「納税猶予期限の一部確定する所得税等の金額に関する計算書」のとおり
　(4)　一部確定事由が発生した適用資産等の明細

種　類	銘柄等	数　量	所　在	譲渡等年月日	一部確定事由	価　額　等	取得費
				・　・		円	円

5　その他参考となる事項

関与税理士		㊞	電話番号	

（資6-104-1-A4統一）H27.05

第1部　所得税

付表1

納税猶予期限の一部確定する所得税等の金額に関する計算書

納税者（代表者）の氏名　_____

所得税法第137条の____第____項※1の規定により、現在、納税が猶予されている所得税及び復興特別所得税の金額のうち、同条____項※2の規定により、同項の事由が生じた日から4か月を経過する日をもって納税猶予期限の確定する所得税及び復興特別所得税の金額は、この計算書で計算した金額（「4　納税猶予期限の一部確定する所得税及び復興特別所得税の金額」の「⑦」欄の金額）のとおりです。

※　上記事由の生じた日によりそれぞれ一部確定する納税猶予期限が異なりますので、この計算書は、上記事由の生じた日ごとに作成してください。

○この付表1は、「国外転出をする場合の譲渡所得等の特例等に係る納税猶予期限の一部確定事由が生じた場合の適用資産等の明細書」と併せて提出してください。

1　納税猶予期限の一部確定事由が発生した年月日

平成　　　年　　　月　　　日

2　現在、納税が猶予されている所得税及び復興特別所得税の金額

特例を受けた年分における納税が猶予された所得税及び復興特別所得税の金額（注1）	①	円
①のうち、既に納税猶予期限の一部確定している所得税及び復興特別所得税の金額の合計額	②	円
現在、納税が猶予されている所得税及び復興特別所得税の金額（①－②）	③	明細書3(2)へ　　円

（注1）　特例を受けた年分の所得税及び復興特別所得税について修正申告を行っている又は更正が行われている場合は、その申告又は更正後の金額になります。

3　引き続き納税が猶予される所得税及び復興特別所得税の金額

特例を受けた年分における所得税及び復興特別所得税の金額（注2）	④	円
適用資産等について所得税法第60条の2第1項から第3項まで及び同法第60条の3第1項から第3項までの規定の適用がないものとした場合の特例を受けた年分における所得税及び復興特別所得税の金額（注3）。この場合、今回一部確定事由が発生した適用資産等を含め、既に納税猶予期限の一部確定事由が発生している適用資産等については、譲渡又は決済があったものとして同年分における所得税及び復興特別所得税の金額を計算します。	⑤	円
引き続き納税が猶予される所得税及び復興特別所得税の金額（④－⑤）（④の金額＜⑤の金額　の場合には、0と書いてください。）	⑥	円

（注2）　特例を受けた年分の所得税及び復興特別所得税について修正申告を行っている又は更正が行われている場合は、その申告又は更正後の金額になります。
（注3）　この金額の計算に当たっては、「国外転出をする場合の譲渡所得等の特例等に係る納税猶予分の所得税及び復興特別所得税の額の計算明細書」を利用して計算してください。

4　納税猶予期限の一部確定する所得税及び復興特別所得税の金額

納税猶予期限の一部確定する所得税及び復興特別所得税の金額（③－⑥）（③の金額＜⑥の金額　の場合には、0と書いてください。）（100円未満の端数がある場合には、その端数金額は切り捨ててください。）	⑦	明細書4(2)へ　　円

（資6－104－2－A4統一）H27.05

第 7 章　その他

付表 2

納税猶予期限の一部確定事由が発生した適用資産等の明細

（付表 2 提出　　枚のうちの　　枚目）

納税者（代表者）の氏名

所得税法第137条の＿＿＿第＿＿＿項※1 に規定する適用資産等（既に提出済みの「国外転出をする場合の譲渡所得等の特例等に係る納税猶予期限の一部確定事由が生じた場合の適用資産等の明細書」に記載した適用資産等は除きます。）のうち、納税猶予期限までに同条第＿＿＿項※2 に掲げる事由が生じた適用資産等の明細は、次のとおりです。

種類	銘柄等	数量	所在	譲渡等年月日	一部確定事由	価額等	取得費	備考
				． ．		円	円	
				． ．		円	円	
				． ．		円	円	
				． ．		円	円	
				． ．		円	円	
				． ．		円	円	
				． ．		円	円	
				． ．		円	円	
				． ．		円	円	
				． ．		円	円	
				． ．		円	円	
				． ．		円	円	
				． ．		円	円	
				． ．		円	円	
				． ．		円	円	
				． ．		円	円	
				． ．		円	円	

○ この付表 2 は、「国外転出をする場合の譲渡所得等の特例等に係る納税猶予期限の一部確定事由が生じた場合の適用資産等の明細書」と併せて提出してください。

（資 6 － 104 － 3 － A 4 統一）H27.05

第1部 所得税

 譲渡価額が国外転出の時の対象資産の価額よりも下落しているとき

譲渡価額が国外転出の時の対象資産の価額よりも下落している場合の取扱いについて教えてください。

納税猶予期間中に国外転出時課税の対象となった有価証券等を譲渡した場合で，その譲渡価額が国外転出の時の有価証券等の価額よりも下落しているときは，その下落した価額で国外転出の時に譲渡したものとみなして，国外転出時課税の申告をした年分の所得税を再計算することができます。

解 説

1 有価証券等の価額が下落した場合

納税猶予期間中に国外転出時課税の対象となった有価証券又は匿名組合出資の持分（以下，「有価証券等」という）を譲渡した場合で，その譲渡価額が国外転出の時の有価証券等の価額よりも下落しているときは，その下落した価額で国外転出の時に譲渡したものとみなして，国外転出時課税の申告をした年分の所得税を再計算することができます（所法60の2⑧一）。

この場合には，その譲渡の日から4カ月以内に更正の請求をし，所得税を減額することができます（所法153の2②）。

なお，国外転出の時までに納税管理人の届出をしている者が，国外転出時課税の申告期限までに対象資産を譲渡した場合には，その譲渡した対象資産について納税猶予の特例の適用を受けることはできませんが（所法137の2①），その譲渡価額が国外転出の時の価額よりも下落している場合には，当該譲渡価額で国外転出の時に譲渡したものとみなして申告をすることができます（所法60の2⑨）。

第 7 章　その他

2　未決済信用取引等又は未決済デリバティブ取引の利益の額が減少した場合

　納税猶予期間中に国外転出時課税の対象となった未決済信用取引等又は未決済デリバティブ取引の決済をした場合で，その決済時の利益の額が国外転出の時の利益の額を下回るときは，その決済時の額で国外転出の時に決済をしたものとみなして，国外転出時課税の申告をした年分の所得税を再計算することができます（所法60の2⑧二，五）。

　また，上記の場合に限らず，次の場合においても，決済時の額で国外転出の時に決済をしたものとみなして所得税を再計算することができます。

① 　国外転出の時に国外転出時課税の適用により損失が生じ，実際の決済時の損失の額が国外転出の時の損失の額を上回る場合（所法60の2⑧三，六）
② 　国外転出の時に国外転出時課税の適用により利益が生じ，実際の決済時に損失が生じた場合（所法60の2⑧四，七）

　これらの場合には，その決済の日から4カ月以内に更正の請求をすることで，所得税を減額することができます（所法153の2②）。

　なお，国外転出の時までに納税管理人の届出をしている者が，国外転出時課税の申告期限までに対象資産の決済をした場合には，その決済をした対象資産について納税猶予の特例の適用を受けることはできませんが（所法137の2①），その決済時の利益の額が国外転出の時の利益の額を下回る場合には，その決済時の額で国外転出の時に決済したものとみなして申告をすることができます（①及び②に掲げる場合も同様に，その決済時の額で申告をすることができる）（所法60の2⑨）。

第1部 所得税

 納税猶予期間満了の取扱い

国外転出時課税の納税猶予の適用を受けている期間が満了した場合の取扱いについて教えてください。

P_{OiNT}

納税猶予期間の満了日までに納税を猶予されていた所得税及び利子税を納付する必要があります。

解 説

納税猶予の特例の適用を受けた者は，納税猶予期間の満了日（国外転出の日から5年又は10年を経過する日）までに納税を猶予されていた所得税及び利子税を納付する必要があります（所法137の2①）。

なお，納税猶予期間の満了日において，国外転出の時から引き続き所有等している対象資産の価額が国外転出の時の価額よりも下落している場合には，国外転出の時に納税猶予期間の満了日の価額で譲渡等したものとみなして，国外転出時課税の申告をした年分の所得税を再計算することができます（所法60の2⑩）。

この場合には，納税猶予期間の満了日から4カ月以内に更正の請求をし，所得税を減額することができます（所法153の2③）。

第7章 その他

 国外転出先の国で課された外国所得税の控除

国外転出時課税の申告をした者が，納税猶予期間中に国外転出先の国で対象資産を譲渡等した場合において，国外転出先の国において外国所得税が課税される場合，当該外国所得税を税額控除することはできますでしょうか。

国外転出時課税の申告をした者が，納税猶予期間中に国外転出先の国で対象資産を譲渡等した場合において，国外転出先の国が国外転出時課税による課税に伴う二重課税を調整しない国であるときは，外国税額控除を適用することで，国外転出時課税により課された所得税と国外転出先の国で課された外国所得税の二重課税を調整することができます。

解 説

国外転出時課税の申告をした者が，納税猶予期間中に国外転出先の国で対象資産を譲渡等した場合において，国外転出先の国が国外転出時課税による課税に伴う二重課税を調整しない国であるときは，外国税額控除を適用することで，国外転出時課税により課された所得税と国外転出先の国で課された外国所得税の二重課税を調整することができます（所法95の2）。

国外転出時課税における外国税額控除を適用するためには，外国所得税を納付することとなる日から4カ月以内に更正の請求をする必要があります（所法153の5）。

更正の請求をする場合には，更正の請求書に，外国税額控除に関する明細書，外国所得税を課されたことを証する書類その他一定の書類の添付が必要となります（所法95⑤）。

納税猶予の特例の適用を受けていた者が死亡した場合

納税猶予の特例の適用を受けていた者が死亡した場合，納税猶予分の所得税額の納付義務はどうなりますでしょうか。

納税猶予期間の満了までに納税猶予の特例の適用を受けていた者が死亡した場合には，納税猶予分の所得税額の納付義務は，納税猶予の特例の適用を受けていた者の相続人が承継することとなります。

解説

納税猶予期間の満了までに納税猶予の特例の適用を受けていた者が死亡した場合には，納税猶予分の所得税額の納付義務は，納税猶予の特例の適用を受けていた者の相続人が承継することとなります（所法137の2⑬）。

納税猶予の特例の適用を受けていた者の相続人のうち非居住者である者は，相続開始があったことを知った日の翌日から4カ月以内に納税管理人の届出をする必要があります（既に納税管理人の届出をしている場合を除く）（所令266の2⑧）。

なお，納税猶予の期間については，死亡した者の残存期間を引き継ぐこととなります（所令266の2⑦）。

第 7 章 その他

 国外転出（贈与）時課税

国外転出(贈与)時課税の概要について教えてください。

　贈与をする時点で1億円以上の対象資産を所有等している一定の居住者が国外に居住する親族等へ対象資産の全部又は一部を贈与したときに，当該資産の譲渡等があったものとみなして，その贈与対象資産の含み益に対して贈与者に所得税が課税される制度です。

解　説

　国外転出（贈与）時課税は，贈与をする時点で1億円以上の有価証券，匿名組合契約の出資の持分，未決済の信用取引，未決済のデリバティブ取引（以下，「対象資産」という）を所有等している一定の居住者が国外に居住する親族等（非居住者）へ対象資産の全部又は一部（以下「贈与対象資産」という）を贈与したときに，贈与対象資産の譲渡等があったものとみなして，その贈与対象資産の含み益に対して贈与者に所得税が課税される制度で，平成27年7月1日以後に行われる贈与について適用されます（所法60の3①〜③）。
　国外転出（贈与）時課税の対象となる贈与者は，贈与対象資産の譲渡等があったものとみなして，事業所得の金額，譲渡所得の金額又は雑所得の金額を計算し，確定申告書を提出するほか，所得税を納付する必要があります。国外転出(贈与)時課税の申告をする場合は，贈与者は贈与をした日の属する年分の確定申告期限までに，その年の各種所得に国外転出（贈与）時課税の適用による所得を含めて確定申告及び納税をする必要があります（所法60の3①〜③，120①，128）。
　国外に居住する親族等（非居住者）へ対象資産の全部又は一部の贈与をする居住者で，次の①及び②のいずれにも該当する者が，国外転出（贈与）時課税の

195

対象となります（所法60の3⑤）。

① 贈与の時に所有等している対象資産の価額の合計額が1億円以上であること
② 贈与の日前10年以内において，国内在住期間が5年を超えていること

対象資産の価額の合計額が1億円以上となるかどうかについては，贈与の時に贈与者が所有等している対象資産の次の①及び②に掲げる時の金額の合計額を基に判定します（所法60の3⑤）。

① 対象資産が有価証券，匿名組合契約の出資の持分（「有価証券等」）である場合

　贈与の時の有価証券等の価額に相当する金額（所法60の3①）
② 対象資産が未決済信用取引等又は未決済デリバティブ取引である場合

　贈与の時に未決済信用取引等又は未決済デリバティブ取引を決済したものとみなして算出した利益の額又は損失の額に相当する金額（所法60の3②，③）

(注) 国内在住期間の判定にあたっては，出入国管理及び難民認定法別表第一の上欄の在留資格（外交，教授，芸術，経営・管理，法律・会計業務，医療，研究，教育，企業内転勤，短期滞在，留学等）で在留していた期間は，国内在住期間に 含まないこととされています（所令170の2①）。

　また，平成27年6月30日までに同法別表第二の上欄の在留資格（永住者，永住者の配偶者等）で在留している期間がある場合は，その期間は国内在住期間に含まないこととされています（改正所令附則8②）。

第7章 その他

国外転出等の時に譲渡又は決済があったものとみなされる対象資産の明細書（兼納税猶予の特例の適用を受ける場合の対象資産の明細書）《確定申告書付表》

【平成＿＿＿年分】　番号＿＿＿＿＿

【平成二十七年七月一日以後国外転出・贈与・相続開始用】

住所		フリガナ 氏名	
電話番号（連絡先）		職業	関与税理士名（電話）

1 国外転出等の日及び国外転出等の日前10年以内における国内在住期間

区分	納税猶予の適用の有無	国外転出等の日（又は国外転出の予定日）		国外転出等の日前10年以内における国内在住期間
□ 国外転出の場合（所法60条の2）	□ 有 □ 無	□ 国外転出の日 □ 国外転出の予定日（国外転出の予定日から起算して3月前の日）	平成＿年＿月＿日 平成＿年＿月＿日	・平成＿年＿月＿日 〜平成＿年＿月＿日
□ 贈与、相続又は遺贈の場合（所法60条の3）	□ 有 □ 無	□ 贈与の日 □ 相続開始の日	平成＿年＿月＿日 平成＿年＿月＿日	・平成＿年＿月＿日 〜平成＿年＿月＿日

2 譲渡又は決済があったものとみなされる対象資産の移転を受けた受贈者又は相続人等の氏名及び住所（又は居所）

区分	氏名	住所（又は居所）
□ 受贈者 □ 相続人・受遺者		
□ 受贈者 □ 相続人・受遺者		

3 譲渡又は決済があったものとみなされる対象資産の収入金額等

所得区分			① 収入金額（差金等決済に係る利益又は損失の額）	② 取得費	差引金額（①－②）
総合課税	事業所得（営業等）		円	円	円
	雑所得（その他）				
	総合譲渡	短期			
		長期			
分離課税	株式等の譲渡（未公開分）				
	先物取引				

（注） 所得税法第60条の2第1項から第3項まで又は第60条の3第1項から第3項までの規定により譲渡又は決済があったものとみなされる「3」及び「4」の金額をそれ以外の所得と合算して所得税及び復興特別所得税の計算を行います。
　　　なお、所得税法第137条の2第1項又は第137条の3第1項若しくは第2項に規定する納税猶予の特例の適用を受ける場合は、「3」の金額が納税猶予の特例の対象となります。

4 確定申告期限までに移転等した対象資産の収入金額等

所得区分			① 収入金額（差金等決済に係る利益又は損失の額）	② 取得費	差引金額（①－②）
総合課税	事業所得（営業等）		円	円	円
	雑所得（その他）				
	総合譲渡	短期			
		長期			
分離課税	株式等の譲渡（未公開分）				
	先物取引				

（注） 所得税法第137条の2第1項又は第137条の3第1項若しくは第2項に規定する納税猶予の特例の適用を受ける場合は、「4」の金額は納税猶予の特例の対象となりません。

（資6－100－A4統一）H27.05

第1部 所得税

【国外転出時課税（所法60条の2）用】

5　国外転出の時に有している又は契約を締結している対象資産の明細（「6」及び「7」以外のもの）

氏名　　　　　　　　

種類	銘柄等	数量	所在	価額等 (収入金額)	取得費	取得等年月日	所得区分
				円	円	． ．	総合（事・継・譲（長・短）） 分離（株式・先物）
						． ．	総合（事・継・譲（長・短）） 分離（株式・先物）
						． ．	総合（事・継・譲（長・短）） 分離（株式・先物）
						． ．	総合（事・継・譲（長・短）） 分離（株式・先物）
						． ．	総合（事・継・譲（長・短）） 分離（株式・先物）
						． ．	総合（事・継・譲（長・短）） 分離（株式・先物）
						． ．	総合（事・継・譲（長・短）） 分離（株式・先物）
						． ．	総合（事・継・譲（長・短）） 分離（株式・先物）
						． ．	総合（事・継・譲（長・短）） 分離（株式・先物）
						． ．	総合（事・継・譲（長・短）） 分離（株式・先物）
						． ．	総合（事・継・譲（長・短）） 分離（株式・先物）
						． ．	総合（事・継・譲（長・短）） 分離（株式・先物）
						． ．	総合（事・継・譲（長・短）） 分離（株式・先物）
						． ．	総合（事・継・譲（長・短）） 分離（株式・先物）
	計			Ⓐ			

(注)　課税方法（総合・分離）及び所得区分に応じた「価額等（収入金額）」欄の金額の合計額及び「取得費」欄の金額の合計額を「3」に記載します。なお、上記の対象資産が、所得税法第137条の2第1項の規定の適用を受ける場合の適用資産となります。

《1億円の判定》

国外転出の時に有している又は契約を締結している対象資産の価額等の合計額 （「5のⒶ」＋「6のⒷ」＋「7のⒸ」）		Ⓓ	※　Ⓓ≧1億円で、かつ、国外転出の日前10年以内における国内在住期間が5年超の場合、「国外転出をする場合の譲渡所得等の特例（所法60条の2）」の適用があります。

第7章 その他

【国外転出時課税（所法60条の2）用】

6 国外転出の時に有している又は契約を締結している対象資産の明細（確定申告期限までに移転等したもの（「7」を除く。））

氏名

種類	銘柄等	数量	所在	価額等 （収入金額）	取得費	取得等年月日	所得区分	移転等の日及び 減額又は取消の有無
				円	円	． ．	総合 （事・雑・譲（長・短）） 分離（株式・先物）	移転等の日 （ ． ． ） 減額・取消
						． ．	総合 （事・雑・譲（長・短）） 分離（株式・先物）	移転等の日 （ ． ． ） 減額・取消
						． ．	総合 （事・雑・譲（長・短）） 分離（株式・先物）	移転等の日 （ ． ． ） 減額・取消
						． ．	総合 （事・雑・譲（長・短）） 分離（株式・先物）	移転等の日 （ ． ． ） 減額・取消
						． ．	総合 （事・雑・譲（長・短）） 分離（株式・先物）	移転等の日 （ ． ． ） 減額・取消
						． ．	総合 （事・雑・譲（長・短）） 分離（株式・先物）	移転等の日 （ ． ． ） 減額・取消
						． ．	総合 （事・雑・譲（長・短）） 分離（株式・先物）	移転等の日 （ ． ． ） 減額・取消
						． ．	総合 （事・雑・譲（長・短）） 分離（株式・先物）	移転等の日 （ ． ． ） 減額・取消
						． ．	総合 （事・雑・譲（長・短）） 分離（株式・先物）	移転等の日 （ ． ． ） 減額・取消
						． ．	総合 （事・雑・譲（長・短）） 分離（株式・先物）	移転等の日 （ ． ． ） 減額・取消
						． ．	総合 （事・雑・譲（長・短）） 分離（株式・先物）	移転等の日 （ ． ． ） 減額・取消
						． ．	総合 （事・雑・譲（長・短）） 分離（株式・先物）	移転等の日 （ ． ． ） 減額・取消
						． ．	総合 （事・雑・譲（長・短）） 分離（株式・先物）	移転等の日 （ ． ． ） 減額・取消
						． ．	総合 （事・雑・譲（長・短）） 分離（株式・先物）	移転等の日 （ ． ． ） 減額・取消
						． ．	総合 （事・雑・譲（長・短）） 分離（株式・先物）	移転等の日 （ ． ． ） 減額・取消
	計			Ⓑ				

（注1） 所得税法第60条の2第9項において準用する同条第8項の規定の適用があるもの（「減額」を〇で囲んだもの）がある場合のⒷの金額は、その適用前の金額により計算します。

（注2） 課税方法（総合・分離）及び所得区分に応じた「価額等（収入金額）」欄の金額（所得税法第60条の2第9項において準用する同条第8項の規定の適用があるもの（「減額」を〇で囲んだもの）は、その適用後の金額）の合計額及び「取得費」欄の金額の合計額を「4」に記載します。なお、所得税法第60条の2第6項第2号の規定により譲渡又は決済の全てがなかったものとされるもの（「取消」を〇で囲んだもの）は、記載しません。

第1部　所得税

【国外転出時課税（所法60条の2）用】

7　国外転出の時に有している又は契約を締結している対象資産の明細（譲渡による所得が非課税のもの）

氏名	

種類	銘柄等	数量	所在	価額等	取得費	取得等年月日
				円	円	・・
						・・
						・・
						・・
						・・
						・・
						・・
						・・
						・・
						・・
						・・
						・・
						・・
						・・
						・・
						・・
		計		ⓒ		

（注）　租税特別措置法第37条の15などの規定により譲渡による所得が非課税又は損失がないものとみなされるものについて記載し、当該「価額等」欄の金額及び「取得費」欄の金額は「3」及び「4」のいずれにも記載しません。

200

第7章 その他

受贈者が5年以内に帰国した場合

国外転出(贈与)時課税の適用を受けた場合において，受贈者が5年以内に帰国した場合の課税関係について教えてください。

Point

受贈者が，贈与の日から5年以内に帰国をした場合，その帰国の時まで引き続き所有等している贈与対象資産については，贈与者は，国外転出(贈与)時課税の適用がなかったものとして，課税の取消しをすることができます。また，その他一定の場合にも課税の取消しをすることができます。

解説

有価証券，匿名組合契約の出資の持分，未決済の信用取引，未決済のデリバティブ取引(以下，「贈与対象資産」という)の贈与を受けた非居住者(以下「受贈者」という)が，贈与の日から5年以内に帰国をした場合，その帰国の時まで引き続き所有等している贈与対象資産については，贈与者は，国外転出(贈与)時課税の適用がなかったものとして，課税の取消しをすることができます(所法60の3⑥一)。

ただし，対象資産の所得の計算につき，その計算の基礎となるべき事実の全部又は一部について，隠蔽又は仮装があった場合には，その隠蔽又は仮装があった事実に基づく所得については，課税の取消しをすることはできません(所法60の3⑥)。

課税の取消しをするためには，贈与者は，受贈者が帰国をした日から4カ月以内に更正の請求をする必要があります(所法153の3①)。

なお，①贈与の日から5年以内に受贈者が贈与対象資産を居住者に贈与した場合や，②受贈者が亡くなり，その贈与の日から5年以内に，その亡くなった受贈者から相続又は遺贈により贈与対象資産を取得した相続人又は受遺者の

全てが居住者となった場合にも，贈与者は，その贈与，相続又は遺贈により移転のあった贈与対象資産について，国外転出（贈与）時課税の適用がなかったものとして，課税の取消しをすることができます（所法60の3⑥二,三）。

　納税猶予の特例の適用を受け，納税猶予の期限を延長する旨の届出書を提出している場合には，贈与の日から10年以内に受贈者が上記の帰国等をしたときに，課税の取消しをすることができます（所法60の3⑦）。

(注)　納税猶予の特例の適用を受けずに所得税を納付した者が，5年以内に受贈者が帰国をした場合に更正の請求を行い所得税が還付されるときには，当該更正の請求があった日の翌日から起算して3カ月を経過する日と当該更正の請求に係る更正があった日の翌日から起算して1カ月を経過する日とのいずれか早い日の翌日から当該還付の支払決定日又は充当日までの期間について還付加算金が発生します。

第 7 章 その他

 納税猶予に係る手続

国外転出（贈与）時課税に係る納税猶予の手続について教えてください。

　国外転出（贈与）時課税の申告をする年分の確定申告書に納税猶予の特例の適用を受けようとする旨とともにそれ以降の年分については継続適用届出書を提出する必要があります。

解　説

　国外転出（贈与）時課税の申告をする者（贈与者）が，国外転出（贈与）時課税の申告をする年分の確定申告書に納税猶予の特例の適用を受けようとする旨を記載するとともに，対象資産に関する明細及び納税猶予分の所得税額の計算に関する明細等の書類を添付し，その確定申告書の提出期限までに，納税を猶予される所得税額及び利子税額に相当する担保を提供した場合は，国外転出（贈与）時課税により課税された所得税について，贈与の日から 5 年を経過する日まで納税を猶予することができます（所法 137 の 3 ①，④）。

　また，贈与者は確定申告書の提出後，納税猶予期間中は，各年の 12 月 31 日において受贈者が所有等している贈与対象資産について，引き続き納税猶予の特例の適用を受けたい旨を記載した届出書（継続適用届出書）を同日の属する年の翌年 3 月 15 日までに，所轄税務署へ提出する必要があります（所法 137 の 3 ⑦）。

　さらに，贈与の日から 5 年を経過する日までに納税猶予の期限を延長する旨の届出書を所轄税務署へ提出することにより，納税猶予期限を 5 年延長（合計 10 年）することができます（所法 137 の 3 ③）。

（注）　納税猶予の特例の適用を受ける場合は，納税猶予の特例の適用を受ける旨などを受贈者へ連絡することとなります。

第1部 所得税

納税猶予手続の流れ

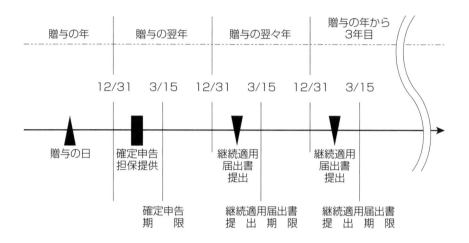

出所：国税庁ホームページ

第7章 その他

 納税猶予中に贈与対象資産の譲渡等があった場合

国外転出（贈与）時課税の納税猶予の適用を受けている期間中に国外転出（贈与）時課税の対象となっている資産を譲渡等した場合の取扱いについて教えてください。

Point

納税猶予期間中に国外転出（贈与）時課税の対象資産を譲渡等した場合、納税猶予分の所得税額のうちその譲渡等をした部分の金額に応じた所得税について、譲渡等の日から4カ月以内に、利子税と併せて納付する必要があります。

 解 説

受贈者が納税猶予期間中に国外転出（贈与）時課税の対象となった有価証券、匿名組合契約の出資持分、未決済の信用取引、未決済のデリバティブ取引（「贈与対象資産」）を譲渡、決済又は贈与をした場合、納税猶予分の所得税額のうちその譲渡をした部分の金額に応じた所得税について、納税猶予の期限が確定するため、贈与者は譲渡の日から4カ月以内に、利子税と併せて納付する必要があります（所法137の3⑥、⑭）。

また、贈与者はその譲渡、決済又は贈与があった日から4カ月以内にその譲渡、決済又は贈与をした贈与対象資産の種類、名称又は銘柄及び単位数並びに納税猶予の期限が確定することとなる所得税の計算に関する明細などを記載した書類を所轄税務署へ提出しなければなりません（所令266の3⑩）。

なお、その贈与対象資産の譲渡、決済又は贈与をした受贈者は、譲渡、決済又は贈与をした贈与対象資産の種類、銘柄及び数等を譲渡、決済又は贈与があった日から2カ月以内に贈与者に対して通知しなければなりません（所法60の3⑨）。

納税猶予期間中に贈与対象資産の一部を受贈者が譲渡、決済又は贈与した場

合など，納税猶予の期限が確定した場合には，法定申告期限の翌日から納税猶予期限までの期間について利子税がかかります。なお，利子税の割合は，年7.3％と特例基準割合 (注) のいずれか低い割合を適用します（措法93①）。

(注) 特例基準割合とは，各年の前々年の10月から前年の9月までの各月における銀行の短期貸出約定平均金利の合計を12で除して得た割合として各年の前年の12月15日までに財務大臣が告示する割合に，年1％を加算した割合をいいます（平成27年における利子税の割合は，年1.8％）。

第７章　その他

平成　　年　　月　　日

（非居住者である受贈者）
　住所等 ＿＿＿＿＿＿＿＿＿＿＿＿＿＿＿＿
　氏　名 ＿＿＿＿＿＿＿＿＿＿＿＿＿＿＿＿様

（猶予適用贈与者）
　住所等 ＿＿＿＿＿＿＿＿＿＿＿＿＿＿＿＿
　氏　名 ＿＿＿＿＿＿＿＿＿＿＿＿＿＿＿＿

「所得税法第137条の３の規定による納税の猶予」を受けている旨の通知書
（猶予適用贈与者から非居住者である受贈者への通知用）

標題のことについて、下記のとおり通知します。

記

　私（猶予適用贈与者）は、平成＿＿年分※1の所得税及び復興特別所得税の確定申告において、所得税法第137条の３《贈与等により非居住者に資産が移転した場合の譲渡所得等の特例の適用がある場合の納税猶予》の規定による納税の猶予を受けています。
　また、この納税の猶予に係る期限は、平成＿＿年＿＿月＿＿日※2です。

　なお、納税の猶予に係る期限までに、非居住者である受贈者に贈与した有価証券等又は未決済信用取引等若しくは未決済デリバティブ取引に係る契約について譲渡若しくは決済又は限定相続等による移転（以下「譲渡等」といいます。）があった場合は、所得税法第60条の３第９項の規定により、その非居住者である受贈者は２か月以内に猶予適用贈与者に一定の事項を通知しなければならないことになっています。
　このため、上記期限までに、平成＿＿年中※1にあなたに贈与した有価証券等又は未決済信用取引等若しくは未決済デリバティブ取引に係る契約について譲渡等があった場合は、「有価証券等又は未決済信用取引等若しくは未決済デリバティブ取引に係る契約について譲渡等をした旨の通知書」を作成していただき、２か月以内に私宛に通知願います。

（資６－107－１－Ａ４標準）H27.05

第1部 所得税

平成　年　月　日

（猶予適用贈与者）
住所等 _____
氏　名 _____様

（非居住者である受贈者）
住所等 _____
氏　名 _____

有価証券等又は未決済信用取引等若しくは未決済デリバティブ取引に係る契約について譲渡等をした旨の通知書
（非居住者である受贈者から猶予適用贈与者への通知用）

標題のことについては、所得税法第60条の3第9項の規定により下記のとおり通知します。

記

私（非居住者である受贈者）は、あなた（猶予適用贈与者）から贈与を受けた有価証券等又は未決済信用取引等若しくは未決済デリバティブ取引に係る契約について、次のとおり譲渡若しくは決済又は限定相続等による移転をしました。

【譲渡等をした有価証券等又は未決済信用取引等若しくは未決済デリバティブ取引に係る契約】

贈与を受けた日	種類	銘柄等	数量	譲渡等の区分	譲渡等の日	価額等
・・				譲・決・限	・・	円
・・				譲・決・限	・・	円
・・				譲・決・限	・・	円
・・				譲・決・限	・・	円
・・				譲・決・限	・・	円

（資6-107-2-A4標準）H27.05

第 7 章　その他

 譲渡価額が国外転出（贈与）の時の対象資産の価額よりも下落しているとき

譲渡価額が贈与時の対象資産の価額よりも下落している場合の取扱いについて教えてください。

Point

納税猶予期間中に国外転出時課税の対象となった有価証券等を譲渡した場合で、その譲渡価額が贈与の時の有価証券等の価額よりも下落しているときは、その下落した価額で贈与の時に譲渡したものとみなして、国外転出時課税の申告をした年分の所得税を再計算することができます。

解　説

1　有価証券等の価額が下落した場合

　受贈者が、納税猶予期間中に国外転出（贈与）時課税の対象となった有価証券、匿名組合契約の出資持分（以下、「有価証券等」）等を譲渡した場合で、その譲渡価額が贈与の時の有価証券等の価額よりも下落しているときは、贈与者はその下落した価額で贈与の時に譲渡したものとみなして、国外転出（贈与）時課税の申告をした年分の所得税を再計算することができます（所法60の3⑧一）。

　この場合には、贈与者はその譲渡の日から4カ月以内に更正の請求をし、所得税を減額することができます（所法153の3②）。

　なお、国外転出（贈与）時課税の申告期限までに受贈者が贈与対象資産を譲渡した場合には、贈与者は、その譲渡した贈与対象資産について納税猶予の特例の適用を受けることはできませんが（所法137の3①）、その譲渡価額が贈与の時の価額よりも下落している場合には、贈与者は受贈者の譲渡価額で贈与の時に譲渡したものとみなして申告をすることができます（所法60の3⑩一）。

2 未決済信用取引等又は未決済デリバティブ取引の利益の額が減少した場合

　受贈者が，納税猶予期間中に国外転出（贈与）時課税の対象となった未決済信用取引等又は未決済デリバティブ取引の決済をした場合で，その決済時の利益の額が贈与の時の利益の額を下回るときは，その決済時の額で贈与の時に決済をしたものとみなして，贈与者は国外転出（贈与）時課税の申告をした年分の所得税を再計算することができます（所法60の3⑧二，五）。

　また，上記の場合に限らず，次の場合においても，決済時の額で贈与の時に決済をしたものとみなして贈与者は所得税を再計算することができます。

① 贈与の時に国外転出（贈与）時課税の適用により損失が生じ，実際の受贈者の決済時の損失の額が贈与の時の損失の額を上回る場合（所法60の3⑧三，六）

② 贈与の時に国外転出（贈与）時課税の適用により利益が生じ，実際の受贈者の決済時に損失が生じた場合（所法60の3⑧四，七）

　これらの場合には，贈与者はその決済の日から4カ月以内に更正の請求をすることで，所得税を減額することができます（所法153の3②）。

　なお，国外転出（贈与）時課税の申告期限までに受贈者が贈与対象資産の決済をした場合には，贈与者はその決済をした贈与対象資産について納税猶予の特例の適用を受けることはできませんが（所法137の3①），その決済時の利益の額が贈与の時の利益の額を下回る場合には，その決済時の額で贈与の時に決済したものとみなして申告をすることができます（上記①及び②に掲げる場合も同様に，その決済時の額で申告をすることができる）（所法60の3⑩一）。

第 7 章　その他

 納税猶予期間満了の取扱い

国外転出（贈与）時課税の納税猶予の適用を受けている期間が満了した場合の取扱いについて教えてください。

　納税猶予期間の満了日までに納税を猶予されていた所得税及び利子税を納付する必要があります。

解　説

　納税猶予の特例の適用を受けた者（贈与者）は，納税猶予期間の満了日（贈与の日から 5 年又は 10 年を経過する日）までに納税を猶予されていた所得税及び利子税を納付する必要があります（所法 137 の 3 ①）。

　なお，納税猶予期間の満了日において，贈与の日から受贈者が引き続き所有等している贈与対象資産の価額が贈与の時の価額よりも下落している場合には，贈与者は贈与の時に納税猶予期間の満了日の価額で贈与対象資産を譲渡等したものとみなして，国外転出（贈与）時課税の申告をした年分の所得税を再計算することができます（所法 60 の 3 ⑪）。

　この場合には，贈与者は納税猶予期間の満了日から 4 カ月以内に更正の請求をし，所得税を減額することができます（所法 153 の 3 ③）。

第1部 所得税

 納税猶予の特例の適用を受けていた者が死亡した場合

納税猶予の特例の適用を受けていた者が死亡した場合，納税猶予分の所得税額の納付義務はどうなりますでしょうか。

納税猶予期間の満了までに納税猶予の特例の適用を受けていた者が死亡した場合には，納税猶予分の所得税額の納付義務は，納税猶予の特例の適用を受けていた者の相続人が承継することとなります。

解 説

納税猶予期間の満了までに納税猶予の特例の適用を受けていた者（贈与者）が死亡した場合には，納税猶予分の所得税額の納付義務は，納税猶予の特例の適用を受けていた者の相続人が承継することとなります（所法137の3⑮）。

納税猶予の特例の適用を受けていた者の相続人のうち非居住者である者は，相続開始があったことを知った日の翌日から4カ月以内に納税管理人の届出をする必要があります（既に納税管理人の届出をしている場合を除く）（所令266の3⑮）。

なお，納税猶予の期間については，死亡した者の残存期間を引き継ぐこととなります（所令266の3⑭）。

第 7 章 その他

 国外転出（相続）時課税

国外転出（贈与）時課税の概要について教えてください。

Point

相続開始の時点で 1 億円以上の対象資産を所有等している一定の居住者が死亡し，非居住者である相続人等がその相続又は遺贈により対象資産の全部又は一部を取得した場合は，その相続又は遺贈の時に取得した相続対象資産について譲渡等があったものとみなして，相続対象資産の含み益に対して被相続人に所得税が課税される制度です。

 解　説

国外転出（相続）時課税は，相続開始の時点で 1 億円以上の有価証券，匿名組合契約の出資の持分，未決済の信用取引，未決済のデリバティブ取引（以下，「対象資産」という）を所有等している一定の居住者が死亡し，国外に居住する相続人又は受遺者（以下「非居住者である相続人等」という）がその相続又は遺贈により対象資産の全部又は一部（以下「相続対象資産」という）を取得した場合は，その相続又は遺贈の時に取得した相続対象資産について譲渡等があったものとみなして，相続対象資産の含み益に対して被相続人に所得税が課税される制度で，平成 27 年 7 月 1 日以後の相続又は遺贈について適用されます（所法 60 の 3 ①〜③）。

国外転出（相続）時課税の対象となる者（以下「適用被相続人等」という）の相続人は，相続対象資産の譲渡等があったものとみなして，事業所得の金額，譲渡所得の金額又は雑所得の金額を計算し，適用被相続人等の準確定申告書を提出するほか，所得税を納付する必要があります。国外転出（相続）時課税の申告をする場合は，適用被相続人等の相続人は，相続開始があったことを知った日の翌日から 4 カ月を経過した日の前日までに，その年の各種所得に国外転

213

出（相続）時課税の適用による所得を含めて適用被相続人等の準確定申告及び納税をする必要があります（所法60の3①～③，125①，129）。

次の①及び②のいずれにも該当する居住者が死亡した場合に，その相続又は遺贈により非居住者である相続人等が相続対象資産を取得したときは，国外転出（相続）時課税の対象となります（所法60の3⑤）。

① 相続開始の時に所有等している対象資産の価額の合計額が1億円以上であること
② 相続開始の日前10年以内において，国内在住期間が5年を超えていること

対象資産の価額の合計額が1億円以上となるかどうかについては，相続開始の時に適用被相続人等が所有等している対象資産の次の①及び②に掲げる金額の合計額を基に判定します（所法60の3⑤）。

① 対象資産が有価証券等である場合
  →相続開始の時の有価証券等の価額に相当する金額（所法60の3①）。
② 対象資産が未決済信用取引等又は未決済デリバティブ取引である場合
  →相続開始の時に未決済信用取引等又は未決済デリバティブ取引を決済したものとみなして算出した利益の額又は損失の額に相当する金額（所法60の3②，③）

（注） 国内在住期間の判定にあたっては，出入国管理及び難民認定法別表第一の上欄の在留資格（外交，教授，芸術，経営・管理，法律・会計業務，医療，研究，教育，企業内転勤，短期滞在，留学等）で在留していた期間は，国内在住期間に含まないこととされています（所令170の2①）。
　また，平成27年6月30日までに同法別表第二の上欄の在留資格（永住者，永住者の配偶者等）で在留している期間がある場合は，その期間は国内在住期間に含まないこととされています（改正所令附則8②）。

第7章　その他

【平成＿＿年分】

国外転出等の時に譲渡又は決済があったものとみなされる対象資産の明細書（兼納税猶予の特例の適用を受ける場合の対象資産の明細書）《確定申告書付表》

番　号 ｜　　　｜

【平成二十七年七月一日以後国外転出・贈与・相続開始用】

住　所		フリガナ 氏　名	
電話番号 （連絡先）		職業		関与税理士名 （電話）	（　　　）

1　国外転出等の日及び国外転出等の日前10年以内における国内在住期間

区　分	納税猶予の 適用の有無	国外転出等の日（又は国外転出の予定日）		国外転出等の日前10年以内 における国内在住期間
□ 国外転出の場合 （所法60条の2）	□ 有 □ 無	□ 国外転出の日	平成＿＿年＿＿月＿＿日	・平成＿＿年＿＿月＿＿日 ～平成＿＿年＿＿月＿＿日
		□ 国外転出の予定日 （国外転出の予定日から起算して3月前の日）	平成＿＿年＿＿月＿＿日 （平成＿＿年＿＿月＿＿日）	
□ 贈与、相続又は遺贈の 場合（所法60条の3）	□ 有 □ 無	□ 贈与の日	平成＿＿年＿＿月＿＿日	・平成＿＿年＿＿月＿＿日 ～平成＿＿年＿＿月＿＿日
		□ 相続開始の日	平成＿＿年＿＿月＿＿日	

2　譲渡又は決済があったものとみなされる対象資産の移転を受けた受贈者又は相続人等の氏名及び住所（又は居所）

区　分	氏　名	住所（又は居所）
□ 受贈者 □ 相続人・受遺者		
□ 受贈者 □ 相続人・受遺者		

3　譲渡又は決済があったものとみなされる対象資産の収入金額等

所得区分			① 収入金額 (差金等決済に係る利益又は損失の額)	② 取得費	差引金額（①－②）
総合課税	事業所得（営業等）		円	円	円
	雑所得（その他）				
	総合譲渡	短期			
		長期			
分離課税	株式等の譲渡（未公開分）				
	先物取引				

(注)　所得税法第60条の2第1項から第3項まで又は第60条の3第1項から第3項までの規定により譲渡又は決済があったものとみなされる「3」及び「4」の金額をそれ以外の所得と合算して所得税及び復興特別所得税の計算を行います。
　　　なお、所得税法第137条の2第1項又は第137条の3第1項若しくは第2項に規定する納税猶予の特例の適用を受ける場合は、「3」の金額が納税猶予の特例の対象となります。

4　確定申告期限までに移転等した対象資産の収入金額等

所得区分			① 収入金額 (差金等決済に係る利益又は損失の額)	② 取得費	差引金額（①－②）
総合課税	事業所得（営業等）		円	円	円
	雑所得（その他）				
	総合譲渡	短期			
		長期			
分離課税	株式等の譲渡（未公開分）				
	先物取引				

(注)　所得税法第137条の2第1項又は第137条の3第1項若しくは第2項に規定する納税猶予の特例の適用を受ける場合は、「4」の金額は納税猶予の特例の対象となりません。

（資6－100－A4統一）H27.05

第1部　所得税

【国外転出（相続）時課税（所法60条の3）用】

5　相続等の時に有している又は契約を締結している対象資産の明細（非居住者である相続人等に移転したもの）

氏名（被相続人）	
氏名（相続人等）	

種類	銘柄等	数量	所在	価額等（収入金額）	取得費	取得年月日	所得区分	移転等の日及び減額又は取消の有無

① 非居住者である相続人等に移転した対象資産のうち、下記②及び③以外のもの

（表：価額等欄「円」、取得費欄「円」、所得区分欄は各行「総合（事・雑・譲・長・短）／分離（株式・先物）」）

② 非居住者である相続人等に移転した対象資産のうち、非居住者である相続人等が確定申告期限までに移転等したもの（下記③を除く。）

（所得区分欄：総合（事・雑・譲・長・短）／分離（株式・先物）、移転等の日（・・）、減額・取消）

③ 非居住者である相続人等に移転した対象資産のうち、譲渡による所得が非課税のもの

| | | | | 計 | Ⓐ | | | |

- （注1）　課税方法（総合・分離）及び所得区分に応じて、①の対象資産に係る「価額等（収入金額）」欄の金額の合計額及び「取得費」欄の金額の合計額を「3」に記載します。なお、①の対象資産が、所得税法第137条の3第2項の規定の適用を受ける場合の適用相続等資産となります。
- （注2）　②の対象資産について、所得税法第60条の3第10項の規定において準用する同条第8項の規定の適用があるもの（「減額」を〇で囲んだもの）がある場合Ⓐの金額は、その適用前の金額により計算します。
- （注3）　課税方法（総合・分離）及び所得区分に応じて、②の対象資産に係る「価額等（収入金額）」欄の金額（所得税法第60条の3第10項の規定において準用する同条第8項の規定の適用があるもの（「減額」を〇で囲んだもの）は、その適用後の金額）の合計額及び「取得費」欄の金額の合計額を「4」に記載します。なお、所得税法第60条の3第6項の規定により譲渡又は決済の全てがなかったものとされるもの（「取消」を〇で囲んだもの）は、記載しません。
- （注4）　③については、租税特別措置法第37条の15などの規定により譲渡による所得が非課税又は損失がないものとみなされるものについて記載し、当該「価額等（収入金額）」欄の金額及び「取得費」欄の金額は「3」及び「4」のいずれにも記載しません。
- （注5）　対象資産を取得した非居住者である相続人等が複数いる場合は、その相続人等ごとに作成します。

《1億円の判定》

相続等の時に有している又は契約を締結している対象資産の価額等の合計額（「5のⒶ」＋「6のⒷ」）	Ⓒ	※　Ⓒ≧1億円で、かつ、相続開始の日前10年以内における被相続人の国内在住期間が5年超の場合、「贈与等により非居住者に資産が移転した場合の譲渡所得等の特例（所法60条の3）」の適用があります。

第7章　その他

【国外転出（相続）時課税（所法60条の3）用】

6　相続等の時に有している又は契約を締結している対象資産の明細（「5」以外のもの）

氏名（被相続人）	

種　類	銘柄等	数　量	所　在	価額等
				円
	計			Ⓑ

相続人等が5年以内に帰国した場合

国外転出(相続)時課税の適用を受けた場合において、相続人等が5年以内に帰国した場合の課税関係について教えてください。

Point

相続人等が、相続開始の日から5年以内に帰国をした場合、その帰国の時まで引き続き所有等している相続対象資産については、適用被相続人等の相続人は、適用被相続人等の国外転出(相続)時課税の適用がなかったものとして、課税の取消しをすることができます。

解説

有価証券、匿名組合契約の出資の持分、未決済の信用取引、未決済のデリバティブ取引(以下、「相続対象資産」という)を取得した非居住者である相続人等が、相続開始の日から5年以内に帰国をした場合、その帰国の時まで引き続き所有等している相続対象資産については、適用被相続人等の相続人は、適用被相続人等の国外転出(相続)時課税の適用がなかったものとして、課税の取消しをすることができます(所法60の3⑥一)。

相続対象資産を取得した非居住者である相続人等が複数いる場合には、その非居住者である相続人等の全員が帰国をしたときに、課税の取消しをすることができます。

ただし、対象資産の所得の計算につき、その計算の基礎となるべき事実の全部又は一部について、隠蔽又は仮装があった場合には、その隠蔽又は仮装があった事実に基づく所得については、課税の取消しをすることはできません(所法60の3⑥)。

課税の取消しをするためには、適用被相続人等の相続人は、相続対象資産を取得した非居住者である相続人等の全員が帰国をした日から4カ月以内に更

正の請求をする必要があります（所法153の3①）。

　なお，①相続開始の日から5年以内に相続対象資産を取得した非居住者である相続人等がその相続対象資産を居住者に贈与した場合や，②相続対象資産を取得した非居住者である相続人等が死亡し，適用被相続人等の相続開始の日から5年以内に，その死亡した非居住者である相続人等から相続対象資産を取得した相続人又は受遺者の全てが居住者となった場合にも，適用被相続人等の相続人は，その贈与，相続又は遺贈により取得した相続対象資産について，国外転出（相続）時課税の適用がなかったものとして，課税の取消しをすることができます（所法60の3⑥二，三）。

　納税猶予の特例の適用を受け，納税猶予の期限を延長する旨の届出書を提出している場合には，相続開始の日から10年以内に非居住者である相続人等が上記の帰国などをしたときに，課税の取消しをすることができます（所法60の3⑦）。

(注)　納税猶予の特例の適用を受けずに所得税を納付した者が，5年以内に非居住者である相続人等の全員が帰国をした場合に更正の請求を行い所得税が還付されるときには，当該更正の請求があった日の翌日から起算して3カ月を経過する日と当該更正の請求に係る更正があった日の翌日から起算して1カ月を経過する日とのいずれか早い日の翌日から当該還付の支払決定日又は充当日までの期間について還付加算金が発生します。

納税猶予に係る手続

国外転出（相続）時課税に係る納税猶予の手続について教えてください。

相続対象資産を取得した非居住者である相続人等の全員が国外転出(相続)時課税の申告期限（相続開始があったことを知った日の翌日から4カ月を経過した日の前日）までに納税管理人を選任，国外転出（相続）時課税の申告をする準確定申告書に納税猶予の特例の適用を受けようとする旨とともにそれ以降の年分については継続適用届出書を提出する必要があります。

解 説

相続対象資産を取得した非居住者である相続人等が，国外転出（相続）時課税の申告期限までに納税管理人の届出をするなど一定の手続を行った場合には，適用被相続人等の相続人は国外転出（相続）時課税の適用により納付することとなった所得税について，相続開始の日から5年を経過する日まで納税を猶予することができます（所法137の3②）。

また，相続開始の日から5年を経過する日までに納税猶予の期限を延長する旨の届出書を所轄税務署へ提出することにより，納税猶予期限を5年延長(合計10年）することができます（所法137の3③）。

納税猶予の特例の適用を受けるためには，相続対象資産を取得した非居住者である相続人等の全員が国外転出（相続）時課税の申告期限（相続開始があったことを知った日の翌日から4カ月を経過した日の前日）までに納税管理人の届出をする必要があります。

また，適用被相続人等の相続人は，国外転出（相続）時課税の申告をする準確定申告書に納税猶予の特例の適用を受けようとする旨を記載するとともに，対象資産に関する明細及び納税猶予分の所得税額の計算に関する明細等の書類

を添付し，その準確定申告書の提出期限までに，納税を猶予される所得税額及び利子税額に相当する担保を提供する必要があります（所法137の3②，④）。

さらに，適用被相続人等の相続人は，適用被相続人等の準確定申告書の提出後についても，納税猶予期間中は，各年の12月31日において相続対象資産を取得した非居住者である相続人等が所有等している相続対象資産について，引き続き納税猶予の特例の適用を受けたい旨を記載した届出書（継続適用届出書）を同日の属する年の翌年3月15日までに，所轄税務署へ提出する必要があります（所法137の3⑦）。

納税猶予中に相続対象資産の譲渡等があった場合

国外転出(相続)時課税の納税猶予の適用を受けている期間中に国外転出(相続)時課税の対象となっている資産を譲渡等した場合の取扱いについて教えてください。

納税猶予期間中に国外転出(相続)時課税の対象資産を譲渡等した場合、納税猶予分の所得税額のうちその譲渡等をした部分の金額に応じた所得税について、譲渡等の日から4カ月以内に、利子税と併せて納付する必要があります。

解 説

非居住者である相続人等が、納税猶予期間中に国外転出(相続)時課税の対象となった対象となった有価証券、匿名組合契約の出資持分、未決済の信用取引、未決済のデリバティブ取引(以下、「相続対象資産」という)を譲渡、決済又は贈与をした場合、納税猶予分の所得税額のうちその譲渡をした部分の金額に応じた所得税について、納税猶予の期限が確定するため、適用被相続人等の相続人は、譲渡の日から4カ月以内に、利子税と併せて納付する必要があります(所法137の3⑥、⑭)。

また、適用被相続人等の相続人は、その譲渡、決済又は贈与があった日から4か月以内にその譲渡、決済又は贈与をした相続対象資産の種類、名称又は銘柄及び単位数並びに納税猶予の期限が確定することとなる所得税の計算に関する明細などを記載した書類を所轄税務署へ提出しなければなりません(所令266の3⑩)。

納税猶予期間中に相続対象資産の一部を譲渡、決済又は贈与した場合など、納税猶予の期限が確定した場合には、法定申告期限の翌日から納税猶予期限までの期間について利子税がかかります。 利子税の割合は、年7.3%と特例基

準割合 $^{(注)}$ のいずれか低い割合を適用します（措法93①）。

(注)　特例基準割合とは，各年の前々年の10月から前年の9月までの各月における銀行の短期貸出約定平均金利の合計を12で除して得た割合として各年の前年の12月15日までに財務大臣が告示する割合に，年1％を加算した割合をいいます（平成27年における利子税の割合は，年1.8％）。

譲渡価額が国外転出（相続）の時の対象資産の価額よりも下落しているとき

譲渡価額が相続開始の時の対象資産の価額よりも下落している場合の取扱いについて教えてください。

　納税猶予期間中に国外転出時課税の対象となった有価証券等を譲渡した場合で，その譲渡価額が相続開始の時の有価証券等の価額よりも下落しているときは，その下落した価額で相続開始の時に譲渡したものとみなして，国外転出時課税の申告をした年分の所得税を再計算することができます。

解　説

1　有価証券等の価額が下落した場合

　相続対象資産を取得した非居住者である相続人等が，納税猶予期間中に国外転出（相続）時課税の対象となった有価証券等を譲渡した場合で，その譲渡価額が相続開始の時の有価証券等の価額よりも下落しているときは，適用被相続人等の相続人は，その下落した価額で相続開始の時に譲渡したものとみなして，国外転出（相続）時課税の申告をした年分の所得税を再計算することができます（所法60の3⑧一）。

　この場合には，適用被相続人等の相続人は，その譲渡の日から4カ月以内に更正の請求をし，所得税を減額することができます（所法153の3②）。

　なお，国外転出（相続）時課税の申告期限までに相続対象資産を取得した非居住者である相続人等が相続対象資産を譲渡した場合には，適用被相続人等の相続人は，その譲渡した相続対象資産について納税猶予の特例の適用を受けることはできませんが（所法137の3②），その譲渡価額が相続開始の時の価額よりも下落している場合には，適用被相続人等の相続人は，非居住者である相続人等の譲渡価額で相続開始の時に譲渡したものとみなして申告をすることがで

きます（所法60の3⑩二）。

2 未決済信用取引等又は未決済デリバティブ取引の利益の額が減少した場合

　相続対象資産を取得した非居住者である相続人等が，納税猶予期間中に国外転出（相続）時課税の対象となった未決済信用取引等又は未決済デリバティブ取引の決済をした場合で，その決済時の利益の額が相続開始の時の利益の額を下回るときは，その決済時の額で相続開始の時に決済したものとみなして，適用被相続人等の相続人は，国外転出（相続）時課税の申告をした年分の所得税を再計算することができます（所法60の3⑧二，五）。

　また，上記の場合に限らず，次の場合においても，決済時の額で相続開始の時に決済をしたものとみなして所得税を再計算することができます。

　①　相続開始の時に国外転出（相続）時課税の適用により損失が生じ，実際の決済時の損失の額が相続開始の時の損失の額を上回る場合（所法60の3⑧三，六）

　②　相続開始の時に国外転出（相続）時課税の適用により利益が生じ，実際の決済時に損失が生じた場合（所法60の3⑧四，七）

　これらの場合には，適用被相続人等の相続人は，その決済の日から4カ月以内に更正の請求をし，所得税を減額することができます（所法153の3②）。

　なお，国外転出（相続）時課税の申告期限までに相続対象資産を取得した非居住者である相続人等が相続対象資産の決済をした場合には，適用被相続人等の相続人は，その決済をした相続対象資産について納税猶予の特例の適用を受けることはできませんが（所法137の3①），その決済時の利益の額が相続開始の時の利益の額を下回る場合には，決済時の額で相続開始の時に決済したものとして申告をすることができます（上記①及び②に掲げる場合も同様に，決済時の額で申告をすることができる）（所法60の3⑩二）。

第 1 部　所得税

 納税猶予期間満了の取扱い

国外転出（相続）時課税の納税猶予の適用を受けている期間が満了した場合の取扱いについて教えてください。

　納税猶予期間の満了日までに納税を猶予されていた所得税及び利子税を納付する必要があります。

解　説

　納税猶予の特例の適用を受けた者（適用被相続人等の相続人）は，納税猶予期間の満了日（相続開始の日から 5 年又は 10 年を経過する日）までに納税を猶予された所得税及び利子税を納付する必要があります（所法 137 の 3 ②）。

　なお，納税猶予期間の満了日において，相続対象資産を取得した非居住者である相続人等が相続開始の日から引き続き所有等している相続対象資産の価額が相続開始の時の価額よりも下落している場合には，相続開始の時に納税猶予期間の満了日の価額で譲渡等したものとみなして，国外転出（相続）時課税の申告をした年分の所得税を再計算することができます（所法 60 の 3 ⑪）。

　この場合には，適用被相続人等の相続人は，納税猶予期間の満了日から 4 カ月以内に更正の請求をすることで，所得税を減額することができます（所法 153 の 3 ③）。

納税猶予の特例の適用を受けていた者が死亡した場合

納税猶予の特例の適用を受けていた者が死亡した場合，納税猶予分の所得税額の納付義務はどうなりますでしょうか。

納税猶予期間の満了までに納税猶予の特例の適用を受けていた者が死亡した場合には，納税猶予分の所得税額の納付義務は，納税猶予の特例の適用を受けていた者の相続人が承継することとなります。

解　説

納税猶予期間の満了までに納税猶予の特例の適用を受けていた者（相続人）が死亡した場合には，納税猶予分の所得税額の納付義務は，納税猶予の特例の適用を受けていた者の相続人が承継することとなります（所法 137 の 3 ⑮）。

納税猶予の特例の適用を受けていた者の相続人のうち非居住者である者は，相続開始があったことを知った日の翌日から 4 カ月以内に納税管理人の届出をする必要があります（既に納税管理人の届出をしている場合を除く）（所令 266 の 3 ⑮）。

なお，納税猶予の期間については，死亡した者の残存期間を引き継ぐこととなります（所令 266 の 3 ⑭）。

第1部 所得税

 公益信託とは

公益信託とはどのような信託でしょうか。

公益信託とは，個人や法人（委託者）が財産を一定の公益目的のために信託し，信託銀行等の受託者がその財産を管理・運用し公益目的を実現するよう任務を遂行するものです。

解　説

公益信託とは，個人や法人（委託者）が財産を一定の公益目的のために信託し，信託銀行等の受託者がその財産を管理・運用し公益目的を実現するよう任務を遂行するものをいい，下記の図のような仕組みとなります。

公益信託のしくみ

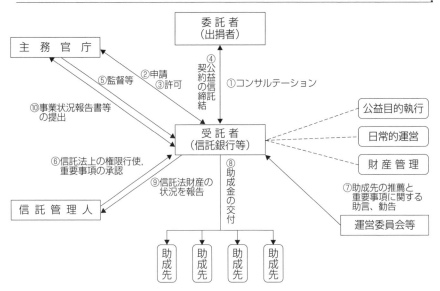

① 委託者（出捐者）と受託者（信託銀行等）との間で，公益目的の具体的な選定，その目的達成のための方法，公益信託契約書の内容などについて，あらかじめ綿密な打合せを行います。
② 受託者は，公益信託の引受けの許可につき，主務官庁に申請します。
③ 主務官庁は，これを審査の上，許可します。
④ 許可を受けた後，委託者と受託者との間で，「公益信託契約」を締結します。
⑤ 主務官庁は，公益信託の事務処理につき検査をしたり，受託者に対して必要な処分を命ずることができます。
⑥ 信託管理人は，受託者の職務のうち重要な事項について承認を与えます。
⑦ 運営委員会等は，公益目的の円滑な遂行のため，受託者の諮問により，助成先の推薦及び公益信託の事業の遂行について助言・勧告を行います。
⑧ 受託者は，運営委員会等の助言・勧告に基づき，その公益信託の目的に沿った助成先への助成金の交付を行います。
⑨ 受託者は，毎年１回，一定の時期に信託財産の状況を信託管理人に報告します。
⑩ 受託者は，毎事業年度終了後，３カ月以内に事業状況報告書等を主務官庁に提出します。
出所：信託協会ホームページ

参考　公益信託ニ関スル法律

第１条　信託法（平成18年法律第108号）第258条第１項ニ規定スル受益者ノ定ナキ信託ノ内学術，技芸，慈善，祭祀，宗教其ノ他公益ヲ目的トスルモノニシテ次条ノ許可ヲ受ケタルモノ（以下公益信託ト謂フ）ニ付テハ本法ノ定ムル所ニ依ル

第２条　信託法第258条第１項ニ規定スル受益者ノ定ナキ信託ノ内学術，技芸，慈善，祭祀，宗教其ノ他公益ヲ目的トスルモノニ付テハ受託者ニ於テ主務官庁ノ許可ヲ受クルニ非ザレバ其ノ効力ヲ生ゼズ

２　公益信託ノ存続期間ニ付テハ信託法第259条ノ規定ハ之ヲ適用セズ

第1部 所得税

 公益信託の信託財産とするために財産を提供した場合

日本の居住者が公益信託の信託財産とするために財産を提供した場合の課税関係について教えてください。

日本の居住者が譲渡所得の基因となる資産を公益信託の信託財産として提供しても、譲渡所得が課税されることはないものと考えられます。

解　説

所得税法における法人課税信託は、法人税法第2条第29号の2に規定する法人課税信託をいうと規定しており（所法2①八の三）、その範囲を法人税法と同じくしています。法人税法においては、公益信託は法人課税信託である受益者等が存しない信託に該当しないものとされている（法法附則19の2②）ことから、所得税法においても、公益信託は法人課税信託である受益者等が存しない信託に該当しないと考えられます。

したがって、個人が譲渡所得の基因となる資産を公益信託の信託財産として提供しても、所得税法第6条の3第7号が適用されて譲渡所得が課税されることはないものと考えられます。

（注）「公益信託」とは、信託法第258条第1項に規定する受益者の定めなき信託の内学術、技芸、慈善、祭祀、宗教その他公益を目的とするものにして主務官庁の許可を受けた信託であり（公益信託に関する法律1）、公益信託は主務官庁の監督に属しています（同法3）。

なお、個人が特定公益信託に該当する公益信託に対して寄付を行った場合については寄付金控除の適用が受けられます（Q101参照）。

第 7 章　その他

 特定公益信託への寄付

日本の居住者が公益信託に寄付をした場合，何か優遇措置はありますでしょうか。

P<small>OiNT</small>

　居住者が一定の要件を満たす公益信託に寄付をした場合には特定寄付金として一定の金額の所得控除を受けることができます。

解　説

　居住者が，「特定寄附金」を支出した場合には，下記の金額の所得控除（寄附金控除）を受けることができます（所法78①）。

　次のいずれか低い金額－2,000円＝寄附金控除額

　イ　その年に支出した特定寄附金の額の合計額

　ロ　その年の総所得金額等の40％相当額

（注）　「総所得金額等」とは，純損失，雑損失，その他各種損失の繰越控除後の総所得金額，特別控除前の分離課税の長（短）期譲渡所得の金額，株式等に係る譲渡所得等の金額，上場株式等に係る配当所得の金額，先物取引に係る雑所得等の金額，山林所得金額及び退職所得金額の合計額をいいます。

　下記の①の要件を満たすことについて当該公益信託に係る主務大臣の証明を受けたもの（特定公益信託）のうちその目的が教育又は科学の振興，文化の向上，社会福祉への貢献その他公益の増進に著しく寄与するものとして②で定めるものの信託財産とするために支出した金銭は，特定寄附金とみなされます（所法78③）。

231

① 次に掲げる事項が信託行為において明らかであり，かつ，受託者が信託会社（信託業務を営む金融機関を含む）であることとする（所令217の2①）。
(1) 当該公益信託の終了の場合において，その信託財産が国若しくは地方公共団体に帰属し，又は当該公益信託が類似の目的のための公益信託として継続するものであること
(2) 当該公益信託は，合意による終了ができないものであること
(3) 当該公益信託の受託者がその信託財産として受け入れる資産は，金銭に限られるものであること
(4) 当該公益信託の信託財産の運用は，次に掲げる方法に限られるものであること
　a) 預金又は貯金
　b) 国債，地方債，特別の法律により法人の発行する債券又は貸付信託の受益権の取得
　c) a)又はb)に準ずるものとして財務省令で定める方法
(5) 当該公益信託につき信託管理人が指定されるものであること
(6) 当該公益信託の受託者がその信託財産の処分を行う場合には，当該受託者は，当該公益信託の目的に関し学識経験を有する者の意見を聴かなければならないものであること
(7) 当該公益信託の信託管理人及び前号に規定する学識経験を有する者に対してその信託財産から支払われる報酬の額は，その任務の遂行のために通常必要な費用の額を超えないものであること
(8) 当該公益信託の受託者がその信託財産から受ける報酬の額は，当該公益信託の信託事務の処理に要する経費として通常必要な額を超えないものであること

② 次に掲げるものの一又は二以上のものをその目的とする特定公益信託で，その目的に関し相当と認められる業績が持続できることにつき当該特定公益信託に係る主務大臣の認定を受けたもの（その認定を受けた日の翌日

から五年を経過していないものに限る）とする。
(1) 科学技術（自然科学に係るものに限る）に関する試験研究を行う者に対する助成金の支給
(2) 人文科学の諸領域について，優れた研究を行う者に対する助成金の支給
(3) 学校教育法第1条（定義）に規定する学校における教育に対する助成
(4) 学生又は生徒に対する学資の支給又は貸与
(5) 芸術の普及向上に関する業務（助成金の支給に限る）を行うこと
(6) 文化財保護法（昭和25年法律第214号）第2条第1項（定義）に規定する文化財の保存及び活用に関する業務（助成金の支給に限る）を行うこと
(7) 開発途上にある海外の地域に対する経済協力（技術協力を含む）に資する資金の贈与
(8) 自然環境の保全のため野生動植物の保護繁殖に関する業務を行うことを主たる目的とする法人で当該業務に関し国又は地方公共団体の委託を受けているもの（これに準ずるものとして財務省令で定めるものを含む）に対する助成金の支給
(9) すぐれた自然環境の保全のためその自然環境の保存及び活用に関する業務（助成金の支給に限る）を行うこと
(10) 国土の緑化事業の推進（助成金の支給に限る）
(11) 社会福祉を目的とする事業に対する助成
(12) 就学前の子どもに関する教育，保育等の総合的な提供の推進に関する法律第2条第7項（定義）に規定する幼保連携型認定こども園における教育及び保育に対する助成

外国慈善信託への寄付

日本の居住者が外国の慈善信託へ寄付を行った場合の課税関係について教えてください。

居住者が譲渡所得の基因となる資産を外国慈善信託へ提供した場合には，時価により当該資産を譲渡したものとみなされるものと考えられます。

解説

所得税法における法人課税信託は，法人税法第2条第29号の2に規定する法人課税信託をいうと規定しており（所法2①八の三），その範囲を法人税法と同じくしています。

法人税法附則第19の2第2項においては，公益信託法に規定されている公益信託は法人課税信託である受益者等が存しない信託に該当しないものとされていることから，所得税法においても，日本の公益信託法に基づき設立されたものではなく公益信託は法人課税信託である受益者等が存しない信託に該当しないと考えられます。

外国慈善信託は日本の公益信託法に基づき設立されたものではなく，法人税法附則第19の2第2項の適用はなく，日本の税務上，受益者等の存しない信託に該当することになると考えられます。

受益者等の存しない信託の委託者がその資産を信託した場合には，受益者の存しない信託の受託法人に対する贈与により当該資産の移転があったものとみなされます（所法6の3⑦）。

法人に対する贈与により譲渡所得の基因となる資産の移転があった場合には，贈与時の時価により当該資産を譲渡したものとみなされます（所法59）。

第2部
相 続 税

第1章
概　要

一般信託の相続税・贈与税課税の概要

　一般の信託(受益者連続型信託及び受益者の存しない信託以外の信託)の贈与税や相続税の課税の概要について教えてください。

　相続税法では一般信託の課税関係について①信託の効力が発生した場合,②新たな受益者等が存するに至った場合,③一部の受益者等が存しなくなった場合及び④信託が終了した場合の四つの場合に分けてそれぞれの課税関係を規定しています。

解　説

　相続税法では一般信託の課税関係について下記の四つの場合に分けてそれぞれの課税関係を規定しています。

第1章 概　要

一般信託の相続税法上の課税関係

1. 信託の効力が発生した場合（相法9の2①）

2. 新たな受益者等が存するに至った場合（相法9の2②）

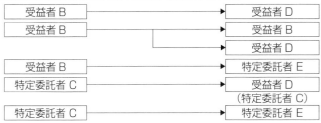

3. 一部の受益者等が存しなくなった場合（相法9の2③）

4. 信託が終了した場合（相法9の2④）

| 受益者 B | → | 残余財産取得者 F |
| 特定委託者 C | → | 残余財産取得者 F |

信託の効力発生時の贈与又は遺贈

信託を設定する場合に贈与税や相続税が課税される場合があると聞きましたが，どのような場合に課税されるのでしょうか。

Point

信託設定時に適正な対価を負担せずに信託の受益者等となる者（個人）がある場合には，受益者等となる者に対して贈与税が課税されます。委託者の死亡に基因して信託の効力が生じた場合には，相続税が課税されます。ただし，退職年金の支給を目的とする信託で一定のものが除かれます。

解 説

信託の効力が生じた場合において，適正な対価を支払わずに当該信託の受益者となる者があるときには，当該信託の効力が生じた時において，当該信託の受益者等となる者（個人）は，当該信託に関する権利を当該信託の委託者から贈与により取得したものとみなされ，贈与税が課税されます。ただし，委託者の死亡に基因して信託の効力が生じた場合には，遺贈により取得したものとみなされ相続税が課税されます（相法9の3①）。

例えばXがその所有する不動産を信託会社Aを受託者，長男Yを受益者として信託設定した場合において，Yが対価を支払わない場合にはYはXから不動産に係る信託受益権を贈与により取得したものとみなされ，Yに贈与税が課税されます。

ただし，退職年金の支給を目的とする信託で一定のものは課税対象から除かれることとされています。これは退職手当金等に適格退職年金信託及び非適格退職金充当信託が含まれることが，昭和46年の改正で明らかにされたことから，法形式としては，本項に該当する退職金信託について設定の段階で信託財産としてのみなし贈与の規定は適用しないことを確定的な意味で明らかにされ

第1章 概　要

贈与又は遺贈時の課税関係

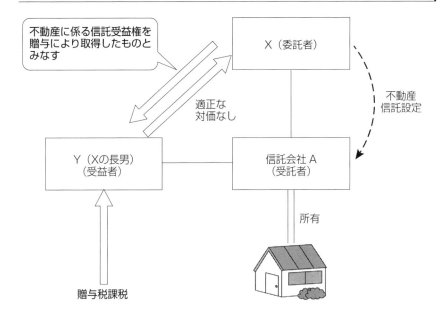

たものとされています。これらは受益（給付）段階で退職手当金等とみなして相続財産として課税されます。

　すなわち，これらの退職金信託については，その信託行為があった場合（契約上，事業主掛金が払い込まれた場合）に，受益者である従業員に対してみなし贈与の規定が適用されないことになっています。

　退職年金の支給を目的とする信託等は下記の①から④までの信託とされています（相令1の6）。

① 　確定給付企業年金法第65条第3項に規定する資産管理運用契約に係る信託
② 　確定拠出年金法第8条第2項に規定する資産管理契約に係る信託
③ 　適格退職年金契約に係る信託
④ 　上記①から③掲げる信託に該当しない退職給付金に関する信託で，その

退職年金の支給を目的とする信託等

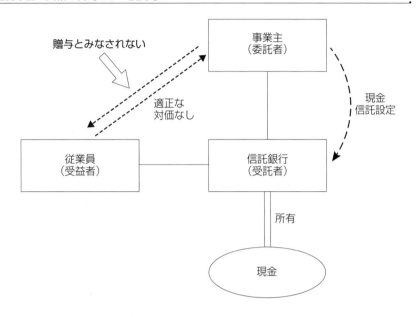

委託者の使用人（法人の役員を含む）又はその遺族を当該信託の受益者とするもの

第1章 概　要

 受益者の定義

相続税法上の受益者等の定義について教えてください。

　相続税法上，受益者等とは「受益者としての権利を現に有する者」及び「特定委託者」をいいます。

解　説

　相続税法上，受益者等とは「受益者としての権利を現に有する者」及び「特定委託者」をいいます（相法9の2①）。

1　受益者としての権利を現に有する者

　受益者とは，信託法第2条第6項及び第7項の規定により，受益権，すなわち①信託行為に基づいて受託者が受益者に負う債務であって信託財産に属する財産の引渡しその他信託財産に係る給付をすべきものに係る債権（以下，「受益債権」という）及び②これらを確保するために信託法の規定に基づいて受託者その他の者に対して一定の行為を求めることができる権利（以下，「受益債権を確保するための権利」という）を有する者をいうこととされています。

　したがって，受益者には信託法第182条第1項第1号に規定される残余財産受益者は含まれますが，次に掲げる者は含まれないものとされています（相基通9の2-1）。

① 信託法第182条第1項第2号に規定する帰属権利者（以下,「帰属権利者」という）（その信託の終了前の期間に限る）

② 委託者の死亡の時に受益権を取得する信託法第90条第1項第1号に掲げる受益者となるべき者として指定された者（委託者の死亡前の期間に限る）

③ 委託者の死亡の時以後に信託財産に係る給付を受ける信託法第90条第1項第2号に掲げる受益者（委託者の死亡前の期間に限る）

243

> **参考** 帰属権利者と残余財産受益者の違い
>
> 　信託行為で，信託終了時に残余財産の給付を受ける権利を持つと定められた者を残余財産受益者といいます（信託法2⑥，2⑦，182①一）。残余財産受益者は受益権が保障されていることから，受益者としての権利を現に有する者として取り扱われます。
> 　一方，信託行為で信託終了時に残余財産が帰属すると定められた者を帰属権利者といいます（信託法182条①二）。帰属権利者は残余財産受益者と異なり，信託が終了するまでは信託法上の権利を有しないため，相続税法上の受益者には含まれないことになります。

　例えば信託法第90条第1項第2号の受益者のように委託者が死亡するまで受益者としての権利を有さないこととされている者は，委託者が死亡するまでは現に権利を有する者とはいえないことから，委託者が死亡するまでは「受益者等」には含まれないこととなります。

　この考えはわが国の信託法に当てはめた場合の考え方であって，外国の信託に対してはその国の信託法に基づいて当てはめる必要があるものと考えれらます。

2　特定委託者

　特定委託者とは信託の変更をする権限（軽微な変更をする権限を除く）を現に有し，かつ，信託の信託財産の給付を受けることとされている者をいうものとされています（相法9の2⑤）。

　軽微な変更をする権限とは信託の目的に反しないことが明らかである場合に限り，信託の変更をすることができる権限とされています。また，信託の変更をする権限には他の者との合意により信託の変更をすることができる権限を含まれます（相令1の7）。

　停止条件が付された信託財産の給付を受ける権利を有する者（例えば，信託が終了した場合に，残余財産の給付を受ける権利を有する者）は，信託財産の給付を受けることとされている者に該当します（相令1の12④）。

　特定委託者には，信託の変更をする権限を現に有している委託者が次に掲げ

る場合であるものが含まれます。
① 当該委託者が信託行為の定めにより帰属権利者として指定されている場合
② 信託法第182条第2項に掲げる信託行為に残余財産受益者若しくは帰属権利者（以下この項において「残余財産受益者等」という）の指定に関する定めがない場合又は信託行為の定めにより残余財産受益者等として指定を受けた者の全てがその権利を放棄した場合

相続税法上の受益者

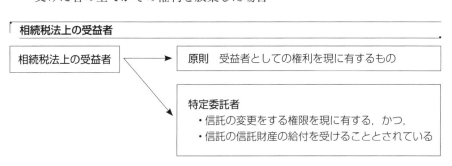

生命保険信託

いわゆる生命保険信託の課税関係について教えてください。

P_{OiNT}

　生命保険信託に関する権利については，財産信託時に受益者に贈与税を課税するのではなく，生命保険契約に関する規定が適用されます。

解　説

　生命保険信託の契約方式には①委託者がその生命保険契約の保険金請求権を一定の目的の下に受託者に信託する原則的方法と，②委託者が金銭又は有価証券を信託し，受託者をして，受託者の名において委託者（又は第三者）を被保険者として生命保険契約を締結せしめ，満期又は保険事故発生時の場合に受託者が保険金請求権を行使して得た保険金を受益者のために一定の目的に従って運用する例外的方法の二つが考えらえるといわれてますが，いずれの場合にも受託者は，信託契約に従い受益者のために受領した生命保険金を管理運用することから，実質的には，受益者がその生命保険金を受け取ったのと異なるところがないため，いわゆる生命保険信託に関する権利については，財産信託時に受益者に贈与税を課税するのではなく，生命保険契約に関する規定が適用されるものとされています（相基通9の2-7）。

第1章 概　要

 受益者等の有する信託に関する権利がその信託に関する権利の全部でない場合

受益者等の有する信託に関する権利がその信託に関する権利の全部でない場合に贈与税・相続税の課税関係はどうなりますか。

　受益者等が一である場合には，当該信託に関する権利の全部を当該受益者等が有するものとし，受益者等が二以上存する場合には，当該信託に関する権利の全部をそれぞれの受益者等がその有する権利の内容に応じて有するものとされます。

解　説

1　信託の受益権

　信託の受益権とは，受益債権（信託行為に基づいて受託者が受益者に対して負う債務であって信託財産に属する財産の引き渡しその他の信託財産に係る給付をすべきものに係る債権をいう）及びこれを確保するために信託法の規定に基づいて受託者その他の者に対して一定の行為を求めることができる権利をいうこととされています（信託法2⑦）。

　信託の受益権は，信託の効力発生と同時に，目的的拘束の反射的効果として当然に発生するもので信託法第88条第1項とは直接関係がないとされています。また，信託の受益権を取得する時期は次のように解されています。

① 　自益信託の場合には，信託の効力発生と同時に委託者自身が受益権を取得すると解されています。

② 　他益信託の場合には，一般の第三者のためにする契約で要求される「受益の意思表示」（民法537②）を要しないで，「当然に受益権を取得する」ものとした（信託法88①）。遺言信託の場合には，民法第985条，第986条の類推規定によりやはり被指定者が当然に信託の利益を享受すると解されています。

　なお，「信託行為に別段の定め」（信託法88①但書）があって，受益者の受益

247

の意思表示を必要としたときは、受益の意思表示の時に受益権が帰属し、受益者の帰属につき特別の条件・期限を定めたときはそれによるべきとされます。

2 受益者等の有する信託に関する権利

　受益者等の有する信託に関する権利がその信託に関する権利の全てでない場合には、次の区分に応じて、それぞれ次に定めるところによるものとされています（相令1の12③）。
　① 当該信託についての受益者等が一である場合には、当該信託に関する権利の全部を当該受益者等が有するものとする。
　② 当該信託についての受益者等が二以上存する場合には、当該信託に関する権利の全部をそれぞれの受益者等がその有する権利の内容に応じて有するものとする。

　なお、この信託に関する権利とは、わが国の信託法第2条第7項に規定する受益権を包含する概念であり、信託から何がしかの利益を得られる全ての権利をいいます。

> **参考　信託法第2条第7項**
>
> 　この法律において「受益権」とは、信託行為に基づいて受託者が受益者に対し負う債務であって信託財産に属する財産の引渡しその他の信託財産に係る給付をすべきものに係る債権（以下「受益債権」という。）及びこれを確保するためにこの法律の規定に基づいて受託者その他の者に対し一定の行為を求めることができる権利をいう。

　相続税法上、受益者等課税信託の受益者とは受益者としての権利を現に有するものに限られますから、例えば、一の受益者が有する受益者としての権利がその信託財産に係る受益者としての権利の一部にとどまる場合であっても、その余の権利を有する者が存しない又は特定されていないときには、当該受益者がその信託の信託財産に属する資産及び負債の全部を有するものとみなされ、かつ、当該信託財産に帰せられる収益及び費用の全部が帰せられるものとみなされることになるものと考えられます（所基通13-1参照）。

第 1 章 概　要

 新たな受益者等が存するに至った場合

　信託の効力が発生した後に新たな受益者等が存するに至った場合の課税関係について教えてください。

　適正な対価を負担せずに新たに信託の受益者等となる者（個人）がある場合には，その受益者等が存するに至った時にその受益者等であった者から贈与により取得したものとみなされて，贈与税が課税されます。その受益者等であった者の死亡に基因して新たな受益者等が存するに至った場合には，遺贈により取得したものとみなされ相続税が課税されます。

解　説

　適正な対価を負担せずに新たに信託の受益者等となる者（個人）がある場合には，その受益者等が存するに至った時にその受益者等であった者から贈与により取得したものとみなされて，贈与税が課税されます。その受益者等であった者の死亡に基因して新たな受益者等が存するに至った場合には，遺贈により取得したものとみなされ相続税が課税されます（相法9の2②）。

　「信託の受益者等が存するに至った場合」とは，例えば，次の図表(1)から(3)に掲げる場合をいうこととされています（相基通9の2-3）。

(1) 信託の受益者等として受益者Aのみが存するものについて受益者Bが存することとなった場合(受益者Aが並存する場合を含む)

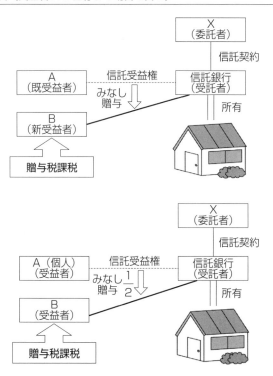

(2) 信託の受益者等として特定委託者Cのみが存するものについて受益者Aが存することとなった場合(特定委託者Cが並存する場合を含む)

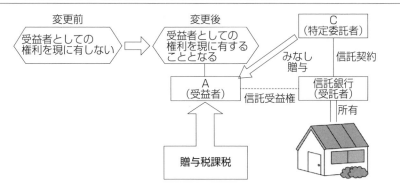

第 1 章 概　要

(3) 信託の受益者等として信託に関する権利を各々半分ずつ有する受益者A及びBが存する信託についてその有する権利の割合が変更された場合

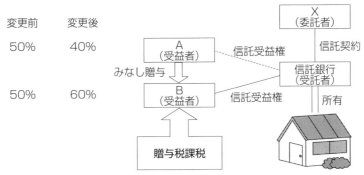

課税時期は新しい受益者が現に受益権を有することとなった時となります。

251

一部の受益者等が存しなくなった場合

信託の効力が発生した後に一部の受益者等が存しなくなった場合の課税関係について教えてください。

適正な対価を負担せずに既に信託の受益者等である者がその信託に関する権利について，新たに利益を受けることとなった場合には，その信託の一部の受益者等が存しなくなった時において，その利益を受ける受益者等である者は，その利益をその信託の一部の受益者等であった者から贈与により取得したものとみなされ，贈与税が課税されることになります。ただし，その受益者等であった者の死亡に基因してその利益を受ける場合には，遺贈により取得したものとみなされ相続税が課税されます。

解　説

適正な対価を負担せずに既に信託の受益者等である者がその信託に関する権利について，新たに利益を受けることとなった場合には，その信託の一部の受益者等が存しなくなった時において，その利益を受ける受益者等である者は，その利益をその信託の一部の受益者等であった者から贈与により取得したものとみなされ，贈与税が課税されることになります。ただし，その受益者等であった者の死亡に基因してその利益を受ける場合には，遺贈により取得したものとみなされ相続税が課税されます（相法9の2③）。

例えば，不動産に関する信託受益権を受益者Aと受益者Bがそれぞれ2分の1ずつ保有していた場合において，受益者Aが死亡したことにより受益権が消滅した場合には，受益者Bが受益者AからAが保有していた2分の1の信託受益権の遺贈を受けたものとみなされます（相基通9の2-4）。

第1章 概　要

一部の受益者等が存しなくなった場合の課税関係

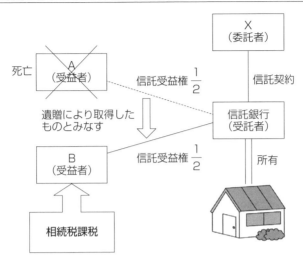

253

信託が終了した場合

受益者等が存する信託について信託が終了した場合の課税関係について教えてください。

P OiNT

適正な対価を負担せずにその信託の残余財産の給付を受けるべき者（帰属すべき者を含む）となった場合において，その信託の残余財産の給付を受けるべき者となった時において，その信託の残余財産の給付を受けるべき者は，その信託の残余財産をその信託の受益者等から贈与により取得したものとみなされ，贈与税が課税されることになります。ただし，その信託の受益者等の死亡に基因してその信託が終了した場合には，遺贈により取得したものとみなされ，相続税が課税されることになります。

解　説

適正な対価を負担せずにその信託の残余財産の給付を受けるべき者（帰属すべき者を含む）となった場合において，その信託の残余財産の給付を受けるべき者となった時において，その信託の残余財産の給付を受けるべき者は，その信託の残余財産をその信託の受益者等から贈与により取得したものとみなされ，贈与税が課税されることになります。

ただし，その信託の受益者等の死亡に基因してその信託が終了した場合には，遺贈により取得したものとみなされ，相続税が課税されることになります（相法9の2④）。

信託が終了した場合には，信託法においては，残余財産の帰属者としては，まず残余財産受益者となるべき者として指定された者又は帰属権利者となるべき者として指定された者が該当することになります。

残余財産受益者とは，信託行為において定められた残余財産の給付を内容と

する受益債権に係る受益者をいい（信託法182①一），帰属権利者とは，信託行為において定められた残余財産の帰属すべき者をいいます（信託法182①二）。

次に信託行為において残余財産受益者及び帰属権利者がいない場合やこれらの者が権利を放棄した場合には，委託者又はその相続人その他の一般承継人に帰属することになります（信託法182②）。

さらに上記でも定まらないときは，信託が終了したとき以後の受託者に帰属することになります（信託法182③）。

残余財産受益者が存在しない場合の残余財産の帰属と課税関係は次のとおりとなります。

第2部　相続税

残余財産受益者が存在しない場合の残余財産の帰属と課税関係

信託終了直前の受益者等 → 信託の終了（信託法182①）→ 残余財産受益者等（残余財産受益者・帰属権利者）→ 定めなし又は放棄（信託法182②）→ 委託者・相続人等 一般承継人（信託法182③）→ 帰属先不確定 → 清算受託者

	事例		課税関係		
			残余財産受益者等	委託者・相続人等	清算受託者
①	残余財産受益者	定めがない		—	課税（法9の2④）
	委託者・相続人等	存在しない			
	贈与者等				直前受益者
②	残余財産受益者	定めがない		—	課税（法9の2④）
	委託者・相続人等	放棄（非課税）			
	贈与者等				直前受益者
③	残余財産受益者	定めがない		課税（法9の2④）	課税（法9）
	委託者・相続人等	放棄（課税）			
	贈与者等			直前受益者	委託者・相続人等
④	残余財産受益者	定めがない		課税（法9の2④）	
	委託者・相続人等	取得			
	贈与者等			直前受益者	
⑤	残余財産受益者	放棄（非課税）		—	課税（法9の2④）
	委託者・相続人等	存在しない			
	贈与者等				直前受益者
⑥	残余財産受益者	放棄（非課税）		—	課税（法9の2④）
	委託者・相続人等	放棄（非課税）			
	贈与者等				直前受益者
⑦	残余財産受益者	放棄（非課税）		課税（法9の2④）	課税（法9）
	委託者・相続人等	放棄（課税）			
	贈与者等			直前受益者	委託者・相続人等
⑧	残余財産受益者	放棄（非課税）		課税（法9の2④）	
	委託者・相続人等	取得			
	贈与者等			直前受益者	
⑨	残余財産受益者	放棄（課税）	課税（法9の2④）	—	課税（法9）
	委託者・相続人等	存在しない			
	贈与者等		直前受益者		残余財産受益者等
⑩	残余財産受益者	放棄（課税）	課税（法9の2④）	—	課税（法9）
	委託者・相続人等	放棄（非課税）			
	贈与者等		直前受益者		残余財産受益者等
⑪	残余財産受益者	放棄（課税）	課税（法9の2④）	課税（法9）	課税（法9）
	委託者・相続人等	放棄（課税）			
	贈与者等		直前受益者	残余財産受益者等	委託者・相続人等
⑫	残余財産受益者	放棄（課税）	課税（法9の2④）	課税（法9）	
	委託者・相続人等	取得			
	贈与者等		直前受益者	残余財産受益者等	
⑬	残余財産受益者	取得	課税（法9の2④）		
	委託者・相続人等				
	贈与者等		直前受益者		

第 1 章 概　要

 公益信託の委託者の地位が異動した場合

公益信託の委託者の地位が異動した場合の課税関係について教えてください。

P OiNT

　公益信託の委託者の地位が異動した場合には，それに伴い当該公益信託に関する権利も異動することになります。ただし，所得税法施行令第217条の2第1項各号に掲げる特定公益信託の要件を満たししている場合には，当該権利の価額は零として取り扱われます。

　公益信託に関する法律第1条に規定する公益信託の委託者は特定委託者(Q105参照)に該当するものとして相続税法の規定を適用するものとされています(相法附則24)。公益信託の委託者の地位が異動した場合には，それに伴い当該公益信託に関する権利も異動することになります。

　公益信託のうち所得税法施行令第217条の2第1項各号に掲げる特定公益信託の要件を満たししている場合には，合意により終了できないものであり，かつ，当該公益信託が終了した場合において信託財産が国若しくは地方公共団体に帰属し，又は当該公益信託と類似の目的のための公益信託として継続することから，特定委託者の有する当該公益信託に関する権利は極めて弱いものであるため，その場合の公益信託の権利の価額は零として取り扱われます(相基通9の2-6)。

> **参考** 特定公益信託の要件等（所得税法施行令第217の2）

第217条の2　法第78条第3項（特定公益信託）に規定する政令で定める要件は，次に掲げる事項が信託行為において明らかであり，かつ，受託者が信託会社（金融機関の信託業務の兼営等に関する法律 により同法第1条第1項（兼営の認可）に規定する信託業務を営む同項 に規定する金融機関を含む。）であることとする。
一　当該公益信託の終了（信託の併合による終了を除く。次号において同じ。）の場合において，その信託財産が国若しくは地方公共団体に帰属し，又は当該公益信託が類似の目的のための公益信託として継続するものであること。
二　当該公益信託は，合意による終了ができないものであること。
三　当該公益信託の受託者がその信託財産として受け入れる資産は，金銭に限られるものであること。
四　当該公益信託の信託財産の運用は，次に掲げる方法に限られるものであること。
　イ　預金又は貯金
　ロ　国債，地方債，特別の法律により法人の発行する債券又は貸付信託の受益権の取得
　ハ　イ又はロに準ずるものとして財務省令で定める方法
五　当該公益信託につき信託管理人が指定されるものであること。
六　当該公益信託の受託者がその信託財産の処分を行う場合には，当該受託者は，当該公益信託の目的に関し学識経験を有する者の意見を聴かなければならないものであること。
七　当該公益信託の信託管理人及び前号に規定する学識経験を有する者に対してその信託財産から支払われる報酬の額は，その任務の遂行のために通常必要な費用の額を超えないものであること。
八　当該公益信託の受託者がその信託財産から受ける報酬の額は，当該公益信託の信託事務の処理に要する経費として通常必要な額を超えないものであること。

第 1 章 概 要

 受益者連続型信託とは

相続税法上の受益者連続型信託とはどのような信託をいうのでしょうか。

P OiNT
信託法第91条に規定されるいわゆる後継ぎ遺贈型受益者連続信託その他一定の信託をいいます。

相続税法上，受益者連続型信託とは以下の信託をいうものとされています（相法9の3①，相令1の8）。

① 信託法第91条の規定により受益者の死亡により他の者が新たに受益権を取得する定めのある信託（いわゆる後継ぎ遺贈型受益者連続信託）
② 信託法第89条第1項に規定する受益者指定権等を有する定めのある信託
③ 受益者等の死亡その他の事由により，受益者等の有する信託に関する権利が消滅し，他の者が新たな信託に関する権利を取得する旨の定め（受益者等の死亡その他の事由により順次他の者が信託に関する権利を取得する旨の定めを含む）のある信託
④ 受益者等の死亡その他の事由により，その受益者等の有する信託に関する権利が他の者に移転する定め（受益者等の死亡その他の事由により順次他の者が信託に関する権利を移転する旨の定めを含む）のある信託
⑤ ①から⑤までの信託に類する信託

1 後継ぎ遺贈型受益者連続信託（信託法91）

後継ぎ遺贈型受益者連続信託とは，現受益者の有する信託受益権が当該受益者の死亡により，あらかじめ指定された者に順次承継される旨の定めのある信

託のことをいいます。受益権の承継回数に制限はなく，順次受益者が指定されていても構わないこととされています。

ただし，信託期間は，信託の設定から30年を経過した時点以降に最初に受益権を取得した受益者が死亡するまで又は当該受益権が消滅するまでとされています。

信託設定時において，受益者が現存している必要はなく，信託設定時に産まれていない孫等を受益者として定めておくことも可能です。

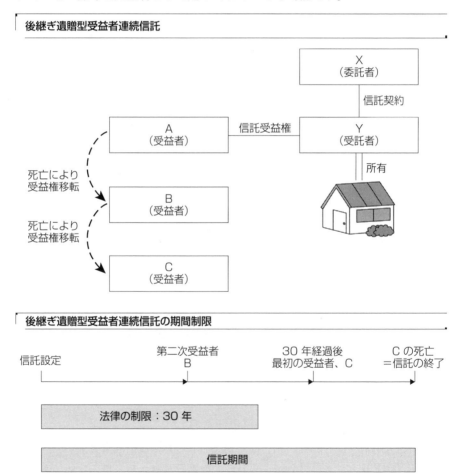

2 受益者指定権等を有する定めのある信託

受益者指定権等とは，受益者を指定し，又はこれを変更する権利をいいます（信託法89①）。

受益者指定権等は信託行為により委託者に留保され，あるいは受託者やその他の者に付与されます。

受益者指定権等の行使は意思表示や遺言により行われ，受益者指定権が行使された場合には，受益者として指定された者は，信託行為により別段の定めがない限り，受益の意思表示なくして当然に受益権を取得することになります。

受益者連続型信託の課税の概要

受益者連続型信託の課税の概要について教えてください。

最初の受益者は委託者から贈与又は遺贈により取得したものとみなされ，それ以降の受益者は前の受益者から贈与又は遺贈により取得したものとみなされ課税関係が発生します。

解　説

受益者連続型信託に関する権利を受益者（受益者が存しない場合にあっては，特定委託者）が適正な対価を負担せずに取得した場合において，以下のような課税が行われます（相法9の2①～③，9の3）。

① 最初の受益者は，委託者から贈与により取得したものとみなされる。ただし，その委託者であった者の死亡に基因して最初の受益者が存するに至った場合には，遺贈により取得したものとみなされる。

② ①の最初の受益者の次に受益者となる者は，最初の受益者から贈与により取得したものとみなされる。ただし，その最初の受益者であった者の死亡に基因して次に受益者となる者が存するに至った場合には，遺贈により取得したものとみなされる。

③ ②の次に受益者となる者以後に受益者となる者についても②と同様の課税を受けることになる。

受益者連続型信託の課税

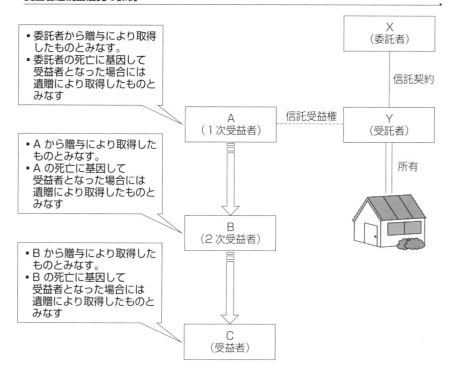

信託財産責任負担債務の帰属

信託財産責任負担債務の帰属についての留意点を教えてください。

P OiNT

　受益権が複層化された受益者連続型信託の収益受益権又は受益権の一部の受益者等が存しない信託の受益権を取得した者は，その取得した受益権に帰属する債務及びその取得したものとみなされた部分に帰属する債務を取得又は承継したものとみなされることとなります。

 解　説

　信託財産責任負担債務とは，受託者が信託財産に属する財産をもって履行する責任を負う債務をいいます（信託法2⑨）。

　相続税法第9条の2第6項では，信託に関する権利又は利益を贈与又は遺贈により取得したものとみなされた場合において，当該信託に関する権利又は利益を取得した者は，当該信託財産に属する資産及び負債を取得し，又は承継したものとみなされて相続税法の規定が適用することとされています。

　受益権が複層化された受益者連続型信託の収益受益権を取得した場合には，元本受益権の価額に相当する部分について取得したものとみなされます（相法9の3①），また，一の受益者が有する受益者としての権利がその信託財産に係る受益者としての権利の一部にとどまる場合であっても，その余の権利を有する者が存しない又は特定されていないときには，当該受益者がその余の権利を取得したものとみなされます（相令1の12③）。

　それにより，当該収益受益権又は当該受益権の一部の受益者等が存しない信託の受益権（当該受益者等が存しない受益権を除く）を取得した者は，その取得した受益権に帰属する債務及びその取得したものとみなされた部分に帰属する債務を取得又は承継したものとみなされることとなります（相基通9の3-3）。

なお，信託財産責任負担債務であっても，相続開始の時において確実と認められないものについては，相続税の債務控除の対象にならないので留意が必要です。

第2章
一般信託
（クロスボーダー）

相続税・贈与税の納税義務者と課税財産の範囲

相続税・贈与税の納税義務者と課税財産の範囲について教えてください。

P_{OiNT}

相続税及び贈与税の課税財産の範囲は日本における住所の有無及び日本国籍の有無により異なります。

解　説

次のいずれかに該当する者が，相続税又は贈与税の納税義務者になります。

1 無制限納税義務者

① 居住無制限納税義務者

相続・遺贈又は贈与により財産を取得した個人でその財産を取得した時において日本国内に住所を有するもの。

② 非居住無制限納税義務者

次の (1) 又は (2) のいずれかに該当する者

(1) 相続・遺贈又は贈与により財産を取得した日本国籍を有する個人でその財産を取得した時において日本国内に住所を有していないもの(その個人又はその相続・遺贈に係る被相続人若しくは贈与者がその相続・遺贈又は贈与に係る相続の開始又は贈与前5年以内のいずれかの時において日本国内に住所を有していたことがある場合に限る)。

(2) 相続・遺贈又は贈与により財産を取得した日本国籍を有しない個人でその財産を取得した時において日本国内に住所を有していないもの(その相続・遺贈に係る被相続人若しくは贈与者がその相続・遺贈又はに係る相続の開始の時又は贈与の時において日本国内に住所を有していた場合に限る)。(2)については平成25年4月1日以後に相続・遺贈又は贈与により取得する財産に係る相続税又は贈与税に適用されます。

2 制限納税義務者

相続・遺贈又は贈与により日本国内にある財産を取得した個人でその財産を取得した時において日本国内に住所を有していないもの(非居住無制限納税義務者に該当する人を除く)。

3 相続税の納税義務者別の課税財産の範囲について

① 無制限納税義務者(居住無制限納税義務者又は非居住無制限納税義務者)の場合
　→国内財産,国外財産
② 制限納税義務者の場合
　→国内財産

納税義務者と課税財産の範囲

被相続人贈与者 \ 相続人受贈者	国内に住所あり	国内に住所なし		
		日本国籍あり		日本国籍なし
		5年以内に国内に住所あり	5年を超えて国内に住所なし	
国内に住所あり	居住無制限納税義務者(国内財産及び国外財産に課税)	非居住無制限納税義務者(国内財産及び国外財産に課税)		制限納税義務者(国内財産のみに課税)
国内に住所なし / 5年以内に国内に住所あり	居住無制限納税義務者(国内財産及び国外財産に課税)	非居住無制限納税義務者(国内財産及び国外財産に課税)		
国内に住所なし / 5年を超えて国内に住所なし				制限納税義務者(国内財産のみに課税)

財産の所在の判定

制限納税義務者の相続税・贈与税の課税財産の範囲は財産が国内財産か国外財産かによって異なるそうですが,信託受益権については国内財産又は国外財産のいずれかに該当するのかの判定はどのように行うのでしょうか。

集団投資信託又は法人課税信託に関する権利については,これらの信託の引受けをした営業所,事務所その他これらに準ずるものの所在地によって判定するものとされています。

受益者等課税信託については信託財産ごとに内容に応じて判定することになります。

解 説

制限納税義務者の相続税・贈与税の課税財産の範囲は財産が国内財産か国外財産かによって異なりますが,国内財産又は国外財産のいずれかに該当するのかの判定は下記に基づいて行います(相法10)。

財産の所在の判定表

	財産の種類	所在の判定
1	動産若しくは不動産又は不動産の上に存する権利	その動産又は不動産の所在
2	1のうち,船舶又は航空機	船籍又は航空機の登録をした機関の所在
3	鉱業権若しくは租鉱権又は採石権	鉱区又は採石場の所在
4	漁業権又は入漁権	漁場に最も近い沿岸の属する市町村又はこれに相当する行政区
5	金融機関に対する預金,貯金,積金又は寄託金	その預金等の受入れをした営業所又は事業所の所在

	財産の種類	所在の判定
6	保険金（保険の契約に関する権利を含む）	その保険の契約に係る保険会社等の本店等又は主たる事務所の所在
7	退職手当金，功労金その他これらに準ずる給与（一定の年金又は一時金に関する権利を含む）	その給与を支払った者の住所又は本店若しくは主たる事務所の所在
8	貸付金債権	その債務者の住所又は本店若しくは主たる事務所の所在
9	社債若しくは株式（株式に関する権利（株式を無償又は有利な価額で取得することができる権利その他これに類する権利を含む）が含まれる），法人に対する出資又は外国預託証券	その社債若しくは株式の発行法人，その出資のされている法人又は外国預託証券に係る株式の発行法人の本店又は主たる事務所の所在
10	集団投資信託又は法人課税信託に関する権利	これらの信託の引受けをした営業所，事務所その他これらに準ずるものの所在
11	特許権，実用新案権，意匠権若しくはこれらの実施権で登録されているもの，商標権又は回路配置利用権，育成者権若しくはこれらの利用権で登録されているもの	その登録をした機関の所在
12	著作権，出版権又は著作隣接権でこれらの権利の目的物が発行されているもの	これを発行する営業所又は事業所の所在
13	上記財産以外の財産で，営業上又は事業上の権利（売掛金等のほか営業権，電話加入権等）	その営業所又は事業所の所在による
14	国債，地方債	国債及び地方債は，法施行地（日本国内）に所在するものとする。外国又は外国の地方公共団体その他これに準ずるものの発行する公債は，その外国に所在するものとする。
15	その他の財産	その財産の権利者であった被相続人の住所による

　集団投資信託又は法人課税信託に関する権利については，これらの信託の引受けをした営業所，事務所その他これらに準ずるものの所在地によって判定するものとされています（相法10九）。
　受益者等課税信託については信託財産ごとに上記の表に応じて判定することになるものと考えられます。

住所の判定

相続税・贈与税の課税財産の範囲は被相続人・贈与者，相続人又は受贈者の住所によって異なるということですが，住所の判定はどのように行うのでしょうか。

住所とは生活の本拠をいい，生活の本拠であるかどうかは，客観的事実によって判定されます。

解　説

1　「住所」の意義

「住所」とは，各人の生活の本拠をいい，生活の本拠であるかどうかは，客観的事実によって判定するものとされています。この場合において，同一人について同時に法施行地に2箇所以上の住所はないものとされています（相基通1の3・1の4共－5）。

客観的事実には，例えば，住居，職業，資産の所在，親族の居住状況，国籍などが挙げられます。

2　国外勤務者等の住所の判定

日本の国籍を有している者又は出入国管理及び難民認定法別表第二に掲げる永住者については，その者が相続若しくは遺贈又は贈与により財産を取得した時において法施行地を離れている場合であっても，その者が次に掲げる者に該当する場合（1の3・1の4共－5によりその者の住所が明らかに法施行地外にあると認められる場合を除く）は，その者の住所は，法施行地にあるものとして取り扱うものとする（相基通1の3・1の4共－6）。

①　学術，技芸の習得のため留学している者で法施行地にいる者の扶養親族

となっている者
② 国外において勤務その他の人的役務の提供をする者で国外における当該人的役務の提供が短期間（おおむね1年以内である場合をいうものとする）であると見込まれる者（その者の配偶者その他生計を一にする親族でその者と同居している者を含む）

(注) その者が相続若しくは遺贈又は贈与により財産を取得した時において法施行地を離れている場合であっても，国外出張，国外興行等により一時的に法施行地を離れているに過ぎない者については，その者の住所は法施行地にあることとなります。

重国籍者の場合

日本と米国の国籍を有する子供を受益者として信託を設定する予定ですが、この場合の課税関係はどのようになるのでしょうか。

日本国籍と外国国籍の重国籍者についても日本国籍を有するものとして課税関係が決定されます。

解　説

1　納税義務者

次のいずれかに該当する者が、相続税又は贈与税の納税義務者になります。

① 無制限納税義務者

(1) 居住無制限納税義務者

相続・遺贈又は贈与により財産を取得した個人でその財産を取得した時において日本国内に住所を有するもの。

(2) 非居住無制限納税義務者

次のa又はbのいずれかに該当する者

a　相続・遺贈又は贈与により財産を取得した日本国籍を有する個人でその財産を取得した時において日本国内に住所を有していないもの（その個人又はその相続・遺贈に係る被相続人若しくは贈与者がその相続・遺贈又は贈与に係る相続の開始又は贈与前5年以内のいずれかの時において日本国内に住所を有していたことがある場合に限る）。

b　相続・遺贈又は贈与により財産を取得した日本国籍を有しない個人でその財産を取得した時において日本国内に住所を有していないもの（その相続・遺贈に係る被相続人若しくは贈与者がその相続・遺贈又はに係る相続の開始の時又は贈与の時において日本国内に住所を有していた場合に限る）。

bについては平成25年4月1日以後に相続・遺贈又は贈与により取得する財産に係る相続税又は贈与税に適用されます。
② 制限納税義務者
相続・遺贈又は贈与により日本国内にある財産を取得した個人でその財産を取得した時において日本国内に住所を有していないもの（非居住無制限納税義務者に該当する人を除く）。

2 相続税の納税義務者別の課税財産の範囲について
① 無制限納税義務者（居住無制限納税義務者又は非居住無制限納税義務者）の場合
　→国内財産及び国外財産
② 制限納税義務者の場合
　→国内財産

この場合，日本国籍と外国国籍とを併有する重国籍者も「日本国籍がある者」に含まれることとなります（相基通1の3・1の4共－7）。
例えば，下記の図のように親子ともに日本の非居住者（ただし，子は5年以内に日本に居住）で子が日本国籍と米国国籍を有する場合で米国株式を信託財産，子を受益者として信託設定した場合，子は日本の贈与税の対象となります。

重国籍者の課税関係

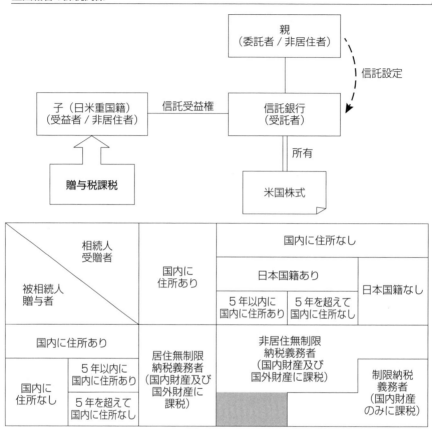

第2章　一般信託（クロスボーダー）

 米国Rovocable Living Trust（撤回可能生前信託）

米国のRevocable Living Trustとはどのような信託でしょうか。また，日本の税務上の取扱いはどうなりますか。

　Revocable Living Trustは米国でプロベート回避のために委託者の生前に設定される契約内容の変更が可能な信託をいいます。
　Rovacable Living Trustの税務上の取扱いは契約の内容によって異なります。

解　説

　米国では人が死亡した場合，遺言の有無にかかわらず死亡した者の遺産を整理・鑑定し相続人分配するためにプロベート（検認裁判）という手続をとることになっていいます。
　プロベートのおおまかな流れは下記のとおりとなっています。
① プロベートの開始を裁判所に申請する。
② 裁判所が遺言執行人を指名する。
③ 新聞に死亡通知を出す。
④ 請求書や負債の支払が行われる。
⑤ 財産の査定が行われる。
⑥ 財産が分配される。
⑦ 会計報告や財産目録が裁判所へ提出される。
⑧ プロベート終了書類が提出される。

　プロベートは非常に煩雑な手続で通常は弁護士等に依頼して手続を進めていくことになりますが，順調に進んだとしても6カ月はかかり長ければ3年ほどかかるような場合もあります。

このプロベートを回避するための方法として財産を共有名義化するという方法のほか，Revobable Living Trust（撤回可能生前信託）を設定するという方法があります。

Revocable（撤回可能）とは，委託者が生前にいつでも変更，修正する事が可能である意味で"Living Trust"と呼ばれるのは委託者の生存中に設定される信託であるためです。

Revocable Living Trustが日本の税務上どのように取り扱われるかは，信託契約の内容（自益信託か否か，裁量信託（Discretionary Trust）か否か等）次第となりますが，通常は委託者は信託契約を終了させて自分に財産を戻すことができるようになっていることから信託契約上受益者となっていなくとも「みなし受益者」として取り扱われ，自益信託として取り扱われるか，他に現に受益者としての権利を有する者がいる場合には当該受益者に対する贈与があったものとされると考えられ，信託が「受益者の存しない信託」として取り扱われることはないものと考えられます。

第3章
受益者等の存しない信託

受益者の存しない信託の効力発生

受益者の存しない信託の効力が生ずる場合において相続税・贈与税の課税関係が発生する場合ついて教えてください。

受益者等が存しない信託の効力が生ずる場合において，その信託の受益者等となる者がその信託の委託者の一定の親族である場合には，その信託の効力が生ずる時において，その信託の受託者は，その委託者からその信託に関する権利を贈与により取得したものとみなされ，贈与税が課税されることとなります。ただし，その信託の委託者の死亡に基因してその信託の効力が生ずる場合には，遺贈により取得ものとみなされて，相続税が課税されることになります。

解　説

1　制度の概要

受益者等が存しない信託の効力が生ずる場合において，その信託の受益者等となる者がその信託の委託者の一定の親族である場合には，その信託の効力が生ずる時において，その信託の受託者は，その委託者からその信託に関する権利を贈与により取得したものとみなされ，贈与税が課税されることとなります。ただし，その信託の委託者の死亡に基因してその信託の効力が生ずる場合には，遺贈により取得ものとみなされて，相続税が課税されることになります（相法9の4①）。また，この場合において受託者が個人以外の者である場合には，当該受託者を個人とみなして相続税法を適用するものとされています（相法9の4③）。

2 制度の背景

　受益者等が存しない信託については受託者に対して法人課税信託として法人税が課税されますが，これはその後存することとなる受益者等に代わって受託者に法人税を課税するというものです。

| 受益者等の存しない信託に課税が発生する場合 |

受益者等の存しない信託
- 受益者としての権利を現に有する者
- 特定委託者が存しない信託

＋

受益者等となる者がその信託と一定の親族

⇒
受託者に相続税・贈与税課税

　その後において受益者が存することとなった場合には，受益者が受託者の課税関係を引き継ぐことになり，この段階で特に課税関係は生じさせないこととされています。

　そこでこのような仕組みを使った相続税等の租税回避策としては，例えば，相続人Aに半年後に受益権が生ずる停止条件を付した信託をすることにより，相続税（最高税率：55％）ではなく，法人税（実効税率：約35％）の負担で済ませてしまうことが考えられます。

　課税の公平を確保する観点からこのような課税回避に対応するため，受託者への受贈益が生じる時において，将来，受益者となる者が委託者の親族であることが判明している場合等において，受託者に課される法人税等に加えて相続税又は贈与税が課税されることとされたものです。

　なお，本規定は受益者等が存しない信託の受益者等となる者が明らかでない場合にあっては，その信託が終了した場合にその信託の委託者の一定の親族がその信託の残余財産の給付を受けることとなるときにも適用されます。

受益者の存しない信託の課税関係

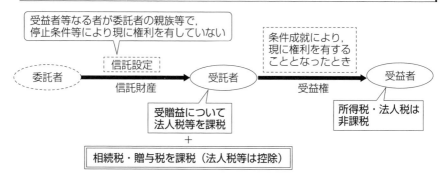

出所:青木孝徳『改正税法のすべて(平成19年版)』(大蔵財務協会・2007)

第3章 受益者等の存しない信託

受益者の存しない信託（一定の親族の範囲）

受益者の存しない信託に係る受益者が委託者の一定の親族である場合，受託者に相続税又は贈与税が課税されるそうですが，この場合の一定の親族の範囲について教えてください。

民法第725条各号に掲げる6親等内の血族，配偶者，3親等内の姻族及びその他一定の者をいいます。

解　説

　受益者等が存しない信託の効力が生ずる場合において，その信託の受益者等となる者がその信託の委託者の一定の親族である場合には，その信託の効力が生ずる時において，その信託の受託者は，その委託者からその信託に関する権利を贈与により取得したものとみなされ，贈与税が課税されることとなります。ただし，その信託の委託者の死亡に基因してその信託の効力が生ずる場合には，遺贈により取得ものとみなされて，相続税が課税されることになります（相法9の4①）。また，この場合において受託者が個人以外の者である場合には，当該受託者を個人とみなして相続税法を適用するものとされています（相法9の4③）。

　この場合の一定の親族とは次の①から⑨までに掲げる者をいいます（相令1の9）。

① 民法第725条各号に掲げる6親等内の血族，配偶者，3親等内の姻族
② 信託の受益者等となる者が信託の効力が生ずる時において存しない場合には，その者が存するものとした場合において，その委託者の上記①に掲げる者に該当する者
③ 信託が終了した場合においてその信託の残余財産の給付を受けることと

なる者が，信託の効力が生じた時において存しない場合には，その者が存するものとした時において，その信託の委託者が上記①に掲げる者に該当する者

④ 信託の受益者等が存しないこととなった場合に受益者等の次に受益者等となる者が，受益者等が存しないこととなった時において存しないときは，その者が存するものとした時において，その信託の委託者又はその次に受益者等となる者の前の受益者等の上記①に掲げる者に該当する者

⑤ 信託が終了した場合においてその信託の残余財産の給付を受けることとなる者が，その信託の受益者等が存しないこととなった時において存しない場合には，その者が存するものとしたときにおいて，その信託の委託者又はその信託の次に受益者等となる者の前の受益者等の上記①に掲げる者に該当する者

⑥ 信託の受益者等となる者が，その信託契約の締結時（信託契約の締結の時，遺言者の死亡のとき，公正証書の作成の時等をいう）において存しない場合には，その者が存するものとしたときにおいて，その信託の委託者の上記①に掲げる者に該当する者

⑦ 信託の委託者が，その信託の効力が生じた時において存しない場合には，その者が存するものとしたときにおいて，その信託の受益者等となる者又は残余財産の給付を受けることとなる者の上記①に掲げる者に該当する者

⑧ 信託の効力が生じたときの信託の委託者又は信託の受益者等の次に受益者等となる者の前の受益者等が，信託の受益者等が存しないこととなった時において存しない場合には，その者が存するものとしたときにおいて，その信託の受益者等の次に受益者等となる者又は残余財産の給付を受けることとなる者の上記①に掲げる者に該当する者

⑨ 信託の委託者が，その信託契約の締結時等（遺言者の死亡の時，受益者となるべき者への通知の時等をいう）において存しない場合には，その者が存するものとしたときにおいて，その信託の受益者等となる者の上記①に掲げる者に該当する者

Q122 受益者等の存しない信託の受益者等となる者が複数存する場合

受益者等の存しない信託について委託者の親族と親族以外の者が受益者となっている場合の課税関係について教えてください。

Point

信託の受益者等となる者が複数存する場合において，そのうちに1人でも信託の委託者の一定の親族が存する時は受託者に対するみなし贈与・遺贈の規定が適用されます。

解 説

受益者等が存しない信託の効力が生ずる場合において，その信託の受益者等となる者がその信託の委託者の一定の親族である場合には，その信託の効力が生ずる時において，その信託の受託者は，その委託者からその信託に関する権利を贈与により取得したものとみなされ，贈与税が課税されることとなります。ただし，その信託の委託者の死亡に基因してその信託の効力が生ずる場合には，遺贈により取得ものとみなされて，相続税が課税されることになります（相法9の4①）。また，この場合において受託者が個人以外の者である場合には，当該受託者を個人とみなして相続税法を適用するものとされています（相法9の4③）。

信託の受益者等となる者が複数存する場合において，そのうちに1人でも信託の委託者の一定の親族が存する時は上記の規定が適用されます（相基通9の4-3）。

受益者が複数いる場合

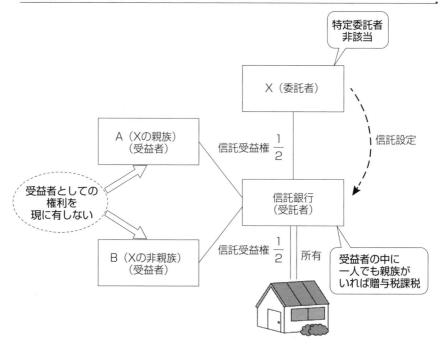

第 3 章　受益者等の存しない信託

 受益者等の存しない信託の委託者が死亡した場合

受益者等の存しない信託の委託者が死亡した場合の課税関係について教えてください。

P OiNT

　受益者等の存しない信託の委託者が死亡した場合，信託の受託者がその信託に関する権利を遺贈によって取得したものとみなされる場合を除き，当該死亡した委託者の相続税の課税財産を構成しません。

　受益者等が存しない信託の効力が生ずる場合において，その信託の受益者等となる者がその信託の委託者の一定の親族である場合には，その信託の効力が生ずる時において，その信託の受託者は，その委託者からその信託に関する権利を贈与により取得したものとみなされ，贈与税が課税されることとなります。ただし，その信託の委託者の死亡に基因してその信託の効力が生ずる場合には，遺贈により取得ものとみなされて，相続税が課税されることになります（相法9の4①）。また，この場合において受託者が個人以外の者である場合には，当該受託者を個人とみなして相続税法を適用するものとされています（相法9の4③）。

　受益者等が存しない信託の委託者が死亡した場合，上記の但書の規定により，当該信託の受託者が当該信託に関する権利を遺贈によって取得したものとみなされる場合を除き，当該信託に関する権利については，当該死亡した委託者の相続税の課税財産を構成しないものとされています（相基通9の4-2）。

受益者の存しない信託の委託者の死亡

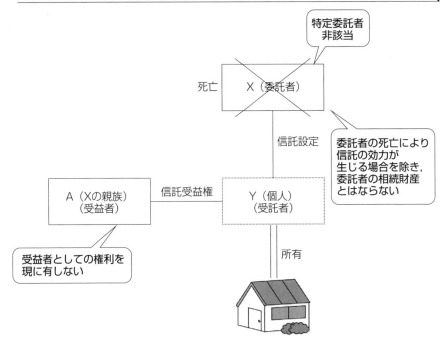

第3章　受益者等の存しない信託

 受益者等の存しない信託の受託者が死亡した場合

受益者等の存しない信託について贈与又は遺贈を受けたものとみなされた受託者が死亡した場合の課税関係について教えてください。

Point

　受益者等の存しない信託について贈与又は遺贈を受けたものとみなされた受託者が死亡した場合において当該贈与又は遺贈を受けたものとされた信託に関する権利については、当該死亡した受託者の相続税の課税財産を構成しません。

解　説

　受益者等が存しない信託の効力が生ずる場合において、その信託の受益者等となる者がその信託の委託者の一定の親族である場合には、その信託の効力が生ずる時において、その信託の受託者は、その委託者からその信託に関する権利を贈与により取得したものとみなされ、贈与税が課税されることとなります。ただし、その信託の委託者の死亡に基因してその信託の効力が生ずる場合には、遺贈により取得ものとみなされて、相続税が課税されることになります（相法9の4①）。また、この場合において受託者が個人以外の者である場合には、当該受託者を個人とみなして相続税法を適用するものとされています（相法9の4③）。

　この場合において信託に関する権利を贈与又は遺贈により取得したものとみなされた受託者が死亡した場合であっても、当該信託に関する権利については、当該死亡した受託者の相続税の課税財産を構成しないものとされています（相基通9の4-4）。

　これは信託法では、受託者の死亡によってその任務は終了し（信託法56①）、信託財産は法人とみなす旨の規定（信託法74①）が設けられており、信託財産が受託者の相続財産を構成しないことは明らかであることから留意的に示されたものです。

289

受益者の存しない信託の受託者の死亡

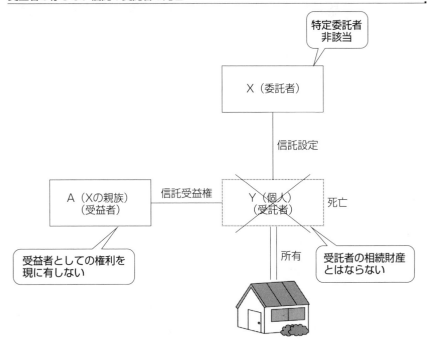

第3章 受益者等の存しない信託

 受益者等の存しない信託の贈与税額計算

受益者等の存しない信託について贈与税が課税される場合の計算方法について教えてください。

　信託の受託者として贈与により取得したものとみなされる財産とそれ以外の贈与により取得した財産をそれぞれ別の者とみなして贈与税額を計算します。
　受託者課税の適用を受ける信託が2以上あり，かつ，その受託者も2以上ある場合には，これらの受託者を一の者とみなして贈与税額を計算した上で，それぞれの受託者の課税価格の割合に応じて贈与税額を按分して納めることとなります。

解　説

　受益者等が存しない信託の効力が生ずる場合において，その信託の受益者等となる者がその信託の委託者の一定の親族である場合には，その信託の効力が生ずる時において，その信託の受託者は，その委託者からその信託に関する権利を贈与により取得したものとみなされ，贈与税が課税されることとなります。
　ただし，その信託の委託者の死亡に基因してその信託の効力が生ずる場合には，遺贈により取得ものとみなされて，相続税が課税されることになります（相法9の4①）。
　また，この場合において受託者が個人以外の者である場合には，当該受託者を個人とみなして相続税法を適用するものとされています（相法9の4③）。
　信託の受託者として贈与により取得したものとみなされる財産とそれ以外の贈与により取得した財産をそれぞれ別の者とみなして贈与税額を計算します。また，委託者が異なる信託を受託している場合には，それぞれの信託ごとに別の者とみなすこととされています（相令1の10①，②）。
　この受託者課税の適用を受ける信託が2以上あり，かつ，その受託者も2

以上ある場合には，これらの受託者を一の者とみなして贈与税額を計算した上で，それぞれの受託者の課税価格の割合に応じて贈与税額を按分して納めることとなります（相令1の10③）。

これらの信託の信託財産責任負担債務の額は，上記により一の者とみなされて計算された贈与税額に各信託に関する権利に係る課税価格の割合を乗じて算出した額となります（相令1の10③）。

(注) 信託財産責任債務とは受託者が信託財産に属する財産をもって履行する責任を負う債務をいいます（信託法2⑨）。

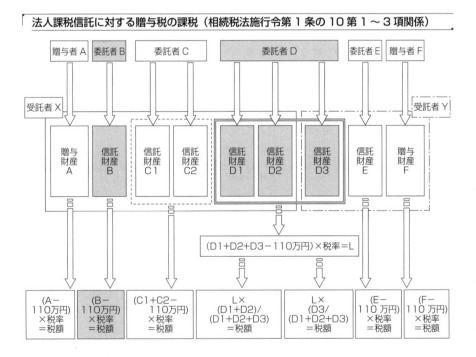

2以上の受託者に贈与税が課税された場合の明細書の添付

2以上の信託に係る受託者に贈与税が課税された場合に贈与税の申告書に明細書等を添付する必要がありますか。

2以上の信託に係る受託者に贈与税が課税された場合には贈与税の申告書に一定の事項を記載した明細書等を添付する必要があります。

解 説

　受益者等が存しない信託の効力が生ずる場合において，その信託の受益者等となる者がその信託の委託者の一定の親族である場合には，その信託の効力が生ずる時において，その信託の受託者は，その委託者からその信託に関する権利を贈与により取得したものとみなされ，贈与税が課税されることとなります。
　ただし，その信託の委託者の死亡に基因してその信託の効力が生ずる場合には，遺贈により取得ものとみなされて，相続税が課税されることになります（相法9の4①）。
　受益者等の存しない信託について受託者課税の適用を受ける信託が2以上あり，かつ，その受託者も2以上ある場合には，これらの受託者を一の者とみなして贈与税額を計算した上で，それぞれの受託者の課税価格の割合に応じて贈与税額を按分して納めることとなります（相令1の10③）。
　2以上の信託に関する権利が一の者の贈与税額として計算される場合，贈与税の申告書には次の事項を記載した明細書を添付しなければならないものとされています（相令1の10⑨，相規1の4①）。
　①　各信託の信託財産の種類及び課税価格に算入すべき価額
　②　各信託の信託財産について外国税額控除の規定の適用がある場合には，控除すべき金額

③ 各信託に係る信託財産責任負担債務[注]の額

(注) 信託財産責任債務とは受託者が信託財産に属する財産をもって履行する責任を負う債務をいいます(信託法2⑨)。

第3章 受益者等の存しない信託

 一の信託について2以上の受託者がいる場合

信託の受託者が贈与税や相続税を納める場合において、2以上の信託に係る受託者がいる場合の納税義務はどうなるのでしょうか。

信託の受託者が贈与税又は相続税を納める場合において、一の信託について2以上の受託者がいる場合には、その信託の事務を主宰する受託者が納税義務者として贈与税又は相続税を納めることとされています。

解　説

　信託の受託者が贈与税又は相続税を納める場合において、一の信託について2以上の受託者がいる場合には、その信託の事務を主宰する受託者が納税義務者として贈与税又は相続税を納めることとされています（相令1の12⑥）。

　この場合において、信託の事務を主宰する受託者がその信託に関する権利を有するものとみなすこととされています（相令1の12⑦）。

　また、信託の事務を主宰する受託者が納めるものとされている贈与税又は相続税については、信託の事務を主宰する受託者以外の受託者は連帯納税義務を負うこととなります（相令1の12⑧）。

　さらに信託の事務を主宰する受託者については相続税法第34条第1項又は第2項（連帯納付の義務）の規定により、一定の範囲で他の相続人等が納付すべき贈与税又は相続税について連帯納付責任を負うことになりますが、この信託の事務を主宰する受託者以外の受託者についても同様に連帯納付責任を負うこととなります（相令1の12⑨）。

295

第2部 相続税

 受益者等の存する信託の受益者等が存しないこととなった場合

> 受益者等の存する信託の受益者等が存しないこととなった場合で，その次に受益者等となる者がその信託の効力が生じた時の委託者又はその次に受益者等となる者の前の受益者等の一定の親族である場合，どのような課税関係になりますでしょうか。

PoiNT

　当該信託の受託者は受益者等となる者の前の受益者等からその信託に関する権利を贈与又は遺贈により取得したものとみなされて課税関係が発生します。

解　説

　受益者等が存する信託について，その信託の受益者等が存しないこととなった場合においてその受益者等の次に受益者等となる者がその信託の効力が生じた時の委託者又はその次に受益者等となる者の前の受益者等の一定の親族であるときは，受益者等が存しないこととなった場合に該当することとなった時において，その信託の受託者は，その次に受益者等となる者の前の受益者等からその信託に関する権利を贈与により取得したものとみなされ，贈与税が課税されることになります。

　ただし，その次に受益者等となる者の前の受益者等の死亡に基因してその次に受益者等となる者の受益者等が存しないこととなった場合には，遺贈により取得したものとみなされ，相続税が課税されることになります（相法9の4②）。

　また，この場合において受託者が個人以外の者である場合には，当該受託者を個人とみなして相続税法を適用するものとされています（相法9の4③）。

　受益者等が存しないこととなった信託の次に受益者等となる者が明らかでない場合にあっては，その信託が終了した場合にその信託の委託者又はその次に受益者等となる者の前の受益者等の一定の親族がその信託の残余財産の給付を

受けることとなるときにもこの規定の適用があります。

一定の親族とは一定の親族とは次の者をいいます（相令1の9）。

① 民法第725条各号に掲げる6親等内の血族，配偶者，3親等内の姻族
② 信託の受益者等となる者が信託の効力が生ずる時において存しない場合には，その者が存するものとした場合において，その委託者の上記①に掲げる者に該当する者
③ 信託が終了した場合においてその信託の残余財産の給付を受けることとなる者が，信託の効力が生じた時において存しない場合には，その者が存するものとした時において，その信託の委託者が上記①に掲げる者に該当する者
④ 信託の受益者等が存しないこととなった場合に受益者等の次に受益者等となる者が，受益者等が存しないこととなった時において存しないときは，その者が存するものとした時において，その信託の委託者又はその次に受益者等となる者の前の受益者等の上記①に掲げる者に該当する者
⑤ 信託が終了した場合においてその信託の残余財産の給付を受けることとなる者が，その信託の受益者等が存しないこととなった時において存しない場合には，その者が存するものとしたときにおいて，その信託の委託者又はその信託の次に受益者等となる者の前の受益者等の上記①に掲げる者に該当する者
⑥ 信託の受益者等となる者が，その信託契約の締結時（信託契約の締結の時，遺言者の死亡のとき，公正証書の作成の時等をいう）において存しない場合には，その者が存するものとしたときにおいて，その信託の委託者の上記①に掲げる者に該当する者
⑦ 信託の委託者が，その信託の効力が生じた時において存しない場合には，その者が存するものとしたときにおいて，その信託の受益者等となる者又は残余財産の給付を受けることとなる者の上記①に掲げる者に該当する者
⑧ 信託の効力が生じたときの信託の委託者又は信託の受益者等の次に受益者等となる者の前の受益者等が，信託の受益者等が存しないこととなった

時において存しない場合には，その者が存するものとしたときにおいて，その信託の受益者等の次に受益者等となる者又は残余財産の給付を受けることとなる者の上記①に掲げる者に該当する者

⑨ 信託の委託者が，その信託契約の締結時等（遺言者の死亡の時，受益者となるべき者への通知の時等をいう）において存しない場合には，その者が存するものとしたときにおいて，その信託の受益者等となる者の上記①に掲げる者に該当する者

受益者等の次に受益者等となる者が複数存する場合で，そのうちに1人でも信託の「委託者」又は「次の受益者等となる者の前の受益者等」の一定の親族が存する時は，本規定の適用があります。

受益者が存しないこととなった場合の課税関係

```
                          特定委託者
                          非該当
                            │
  受益者としての権利を        ┌─────┐
  現に有する               │  X  │
        │                 │(委託者)│
        ▼                 └─────┘
    ┌─────┐                  │
死亡│ A(Xの親族)│              │信託設定
    │ (受益者) │              │
    └─────┘   信託受益権    ┌─────┐
        ╳ ──────────────→│ Y(個人)│
                          │(受託者)│
                          └─────┘
    ┌─────┐   信託受益権      │      ┌──────────┐
    │ B(Xの親族)├──────────→│      │Aより贈与により│
    │ (受益者) │              │      │所得したものとみなす│
    └─────┘                  │      └──────────┘
        │                    ▼
  受益者としての権利を        🏠
  現に有しない
```

第 3 章 受益者等の存しない信託

 受益者等の存しない信託について受益者が存することになった場合（受益者が締結時に存しない者である場合）

受益者の存しない信託について受益者が存することになった場合で当該受益者が信託契約締結時に存しない者である場合の課税関係について教えてください。

P_{OiNT}

当該受益者が個人から贈与を受けたものとみなして課税関係を決定します。

解説

1 制度の概要

受益者等が存しない信託について，その信託の契約締結時等において存しない者がその信託の受益者等となる場合において，その信託の受益者等となる者がその信託の契約締結時における委託者の一定の親族であるときは，その存しない者がその信託の受益者等となる時において，その信託の受益者等となる者は，その信託に関する権利を個人から贈与により取得したものとみなされ，贈与税が課税されます（相法9の5）。本規定の適用にあたり，相続税法第9条の4第1項又は第2項の適用の有無は関係ありません（相基通9の5−1）。

受益者が存することになった場合の課税関係

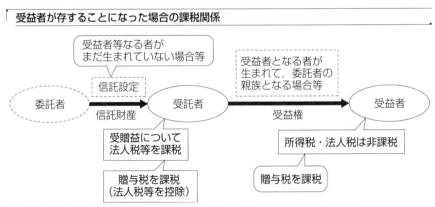

出所：青木孝徳『改正税法のすべて（平成19年版）』（大蔵財務協会・2007）

2 契約締結時

契約締結時とは，下記の区分に応じて下記に定める時をいいます。

① 契約によってされる信託　信託契約の締結の時
② 遺言によってされる信託　遺言者の死亡の時
③ 自己信託　公正証書等の作成の時又は受益者となるべき者として指定された第三者に対する確定日付のある証書による通知の時

3 一定の親族

① 民法第725条各号に掲げる6親等内の血族，配偶者，3親等内の姻族
② 信託の受益者等となる者が信託の効力が生ずる時において存しない場合には，その者が存するものとした場合において，その委託者の上記①に掲げる者に該当する者
③ 信託が終了した場合においてその信託の残余財産の給付を受けることとなる者が，信託の効力が生じた時において存しない場合には，その者が存するものとした時において，その信託の委託者が上記①に掲げる者に該当する者
④ 信託の受益者等が存しないこととなった場合に受益者等の次に受益者等となる者が，受益者等が存しないこととなった時において存しないときは，その者が存するものとした時において，その信託の委託者又はその次に受益者等となる者の前の受益者等の上記①に掲げる者に該当する者
⑤ 信託が終了した場合においてその信託の残余財産の給付を受けることとなる者が，その信託の受益者等が存しないこととなった時において存しない場合には，その者が存するものとしたときにおいて，その信託の委託者又はその信託の次に受益者等となる者の前の受益者等の上記①に掲げる者に該当する者
⑥ 信託の受益者等となる者が，その信託契約の締結時（信託契約の締結の時，遺言者の死亡のとき，公正証書の作成の時等をいう）において存しない場合には，その者が存するものとしたときにおいて，その信託の委託者の上記①

に掲げる者に該当する者
⑦ 信託の委託者が，その信託の効力が生じた時において存しない場合には，その者が存するものとしたときにおいて，その信託の受益者等となる者又は残余財産の給付を受けることとなる者の上記①に掲げる者に該当する者
⑧ 信託の効力が生じたときの信託の委託者又は信託の受益者等の次に受益者等となる者の前の受益者等が，信託の受益者等が存しないこととなった時において存しない場合には，その者が存するものとしたときにおいて，その信託の受益者等の次に受益者等となる者又は残余財産の給付を受けることとなる者の上記①に掲げる者に該当する者
⑨ 信託の委託者が，その信託契約の締結時等（遺言者の死亡の時，受益者となるべき者への通知の時等をいう）において存しない場合には，その者が存するものとしたときにおいて，その信託の受益者等となる者の上記①に掲げる者に該当する者

4　存しない者の意義

「存しない者」とは，契約締結時において出生していない者のほか，養子縁組前の者，受益者として指定されていない者などが含まれ単に条件が成就していないため受益者としての地位を有していない者などは除かれます。

5　贈与をする個人の住所

本規定では贈与者を特定する必要がないことから，個人から贈与を受けたものとみなすと規定していますが，この場合の個人の住所は，その信託の委託者の住所にあるものとされます（相令1の12）。

受益者の存しない信託（委託者の通知義務）

受託者に対して相続税又は贈与税が課税される信託（以下，特定信託という）について委託者に通知義務が課される場合があると聞きましたがその概要について教えてください。

Point

特定信託をする委託者は，当該特定信託以外の特定信託をしている場合には，当該特定信託をする際に，当該特定信託の受託者に対して，一定の事項を通知しなければならないものとされています。

受託者に対して相続税又は贈与税が課税される信託（以下，「特定信託」という）をする委託者は，当該特定信託以外の特定信託（以下，「従前特定信託」という）をしている場合には，当該特定信託をする際に，当該特定信託の受託者に対して，下記の事項を通知しなければならないものとされています（相令1の10⑥，相規1の3①）。

① 特定信託の委託者の氏名及び住所又は居所
② 従前特定信託の受託者の名称又は氏名，本店若しくは主たる事務所の所在地又は住所若しくは居所及び信託の引受けをした営業所，事務所その他これらに準ずるものの所在地
③ 従前特定信託の信託財産の価額
④ 従前特定信託の効力が生じた日又は生ずる日（これらの日が明らかでない場合には，当該従前特定信託の効力が生ずる条件その他の事項）
⑤ 従前特定信託の受益者等が存しないこととなる要件

この場合において，その委託者は従前特定信託の受託者に対しても遅滞なく

次に掲げる事項を通知しなければならないものとされています(相令1の10⑦,相規1の3②)。

① 特定信託の委託者の氏名及び住所又は居所
② 特定信託の受託者の名称又は氏名,本店若しくは主たる事務所の所在地又は住所若しくは居所及び信託の引受けをした営業所,事務所その他これらに準ずるものの所在地
③ 特定信託の信託財産の価額
④ 特定信託の効力が生じた日又は生ずる日(これらの日が明らかでない場合には,当該特定信託の効力が生ずる条件その他の事項)
⑤ 特定信託の受益者等が存しないこととなる要件

第4章
受益者等の存しない信託
（クロスボーダー）

受益者の存しない信託の受託者が非居住者又は外国法人である場合

受益者の存しない信託の受託者が非居住者や外国法人である場合の相続税及び贈与税の課税関係について教えてください。

Point

受益者の存しない信託について受託者が非居住者又は外国法人である受託者の住所は，その信託の引き受けをした営業所，事務所その他これらに準ずるものの所在地にあるものとされます。また，受託者は日本国籍を有するものとみなされます。

 解 説

受益者等が存しない信託の効力が生ずる場合において，その信託の受益者等となる者がその信託の委託者の一定の親族である場合には，その信託の効力が生ずる時において，その信託の受託者は，その委託者からその信託に関する権利を贈与により取得したものとみなされ，贈与税が課税されることとなります。ただし，その信託の委託者の死亡に基因してその信託の効力が生ずる場合には，遺贈により取得ものとみなされて，相続税が課税されることになります（相法9の4①）。

上記の規定の適用を受ける信託の受託者について相続税又は贈与税の課税をする場合において課税財産の範囲を確定する場合には以下によるものとされています（相令1の12①）。

① 受託者の住所は，その信託の引き受けをした営業所，事務所その他これらに準ずるものの所在地にあるものとする。
② 受託者は日本国籍を有するものとみなす。

例えば，下記を前提として X がその保有する日本株式と米国株式を信託財産としてシンガポールの信託会社に信託するものとした場合のケースを検討し

てみます。
　① X（委託者）
　　外国国籍 / シンガポール居住者 / 2年前まで日本に居住
　② Y（Xの長男 / 受益者）
　　外国国籍 / シンガポール居住者 / 2年前までXとともに日本に居住
　③ 信託契約の内容
　　委託者：X（特定委託者に該当しないものとする）
　　受益者：Y（受益者としての権利を現に有しないものとする）
　　受託者：シンガポール信託会社
　　信託財産：日本株式，米国株式

　この場合，本件信託は受益者等が存しない信託に該当するため，信託設定時に委託者であるXからシンガポールの信託会社に対して日本株式及び米国株式の贈与があったものとみなされます。また，シンガポール信託会社は個人とみなされ，シンガポールに住所を有するものとされ，日本国籍を有するものとみなされます。
　Xは5年以内に日本に住所を有していたことから日本株式及び米国株式ともに日本の贈与税の対象となります。シンガポール信託会社に対して日本の贈与税の申告納付義務が発生します。

受託者が非居住者の場合の課税関係

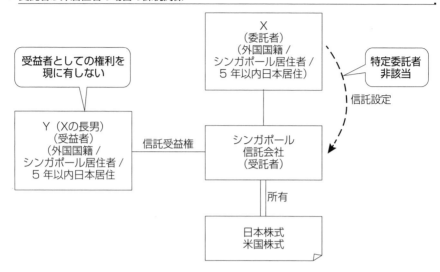

第4章 受益者等の存しない信託（クロスボーダー）

 米国取消不可能生命保険信託
（Irrevocable Life Insurance Trust）

　米国の取消不能生命保険信託に関する判例があるそうですがどのような内容でしょうか。また，現行相続税法上ではこのような信託の税務上の取扱いについて教えてください。

　米国の取消不能生命保険信託が旧相続税法第4条第1項の「受益者」に該当するか否かが争われたものです。現行相続税法では本件の受益者は受益者とは取り扱われず，本件の信託は受益者の存しない信託として取り扱われるものと考えられます。

解　説

1　取消不能生命保険信託（ILIT）とは

　取消不能生命保険信託（ILIT）は米国のエステートプランニングで最も利用されているスキームでトラストを通じて生命保険を購入するもので生命保険金を米国遺産税の課税対象から外し，遺産税を節税するというのが主な目的です。

　基本的なスキームは以下のとおりです。

取消不可能生命保険信託のスキーム

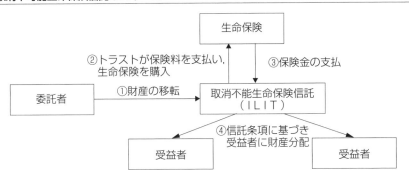

① 取消不能信託を設定して財産を信託に移転する。
② 取消不能信託は受託した財産で保険料を支払い生命保険を購入し，取消不能生命保険信託（ILIT）になる。
③ 委託者の死亡後 ILIT に保険金が支払われる。ILIT は遺産税対象外となるため，保険金は非課税となる。
④ ILIT は信託条項に基づいて財産を受益者へ分配する。
出所：宮本佐知子・中村仁「信託と生命保険を活用した資産移転スキーム―米国富裕層に活用されるエステートプランニング―」（野村資本市場研究所研究レポート・2009）

2 取消不能生命保険信託（ILIT）に関する贈与税の判例

　ILIT を用いたスキームに関し，旧相続税法の規定に関してですが，以下の名古屋高裁の判例があります（最高裁は平成 26 年 7 月 15 日に上告受理申立を受理しない決定をしている）。

① 事案の概要

　原告 X の祖父（委託者）は，平成 16 年 8 月に，米国ニュージャージー州法に準拠して，券面額 500 万ドルの米国債を信託財産，米国籍のみを有する X を受益者とする信託を設定した。

　本件信託契約書には，受託者 G が，自己の裁量により，X が生存する限りにおいて，X の教育，生活費，健康，慰安及び安寧のために妥当と思われる金額を，元本及び収益から支払うことが記載されていた。

　また，同契約書には，委託者は，本件信託の目的を満たすための適切な投資戦略は生命保険証券への投資であると信ずる旨及び投資顧問として X の父である A を指名する旨が記載されていた。

　これを受けて，A は受託者に対して，本件生命保険の契約締結を指示し，受託者は，同年 9 月 15 日に A を被保険者とする総額 8,000 万ドルの生命保険契約を締結し，440 万ドルを一時払保険料として支払った。

　本件信託行為につき，X は贈与税の申告をしていなかったところ，課税庁は，旧相続税法 4 条 1 項を適用して贈与税の決定処分及び無申告加算税の賦課決定処分をしたので，X がその取り消しを求めた。

② 争　点

　本件の主な争点は次のとおりでした。

第4章 受益者等の存しない信託（クロスボーダー）

事案の概要

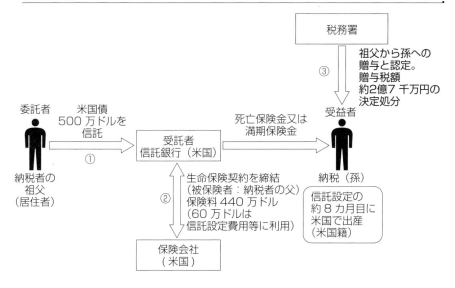

(1) Xは旧相続税法4条1項にいう「受益者」に該当するか。

(2) 本件信託は生命保険信託に該当するか。

(3) Xは日本国内に住所を有しないものとして、相続税法上の制限納税義務者に該当するか。

③ **判決の要旨**

(1) Xは旧相続税法4条1項にいう「受益者」に該当するか。

旧相続税法4条1項所定の「受益者」については、同法には定義規定が置かれていないため、これについても「信託行為」と同様に、信託法における「受益者」を意味すると解すべきである。旧相続税法4条1項（平成19年法律6号改正前）の規定は、課税の公平の観点から、課税の繰延べや超過累進課税の回避などの相続税及び贈与税の回避が行われる事態を防止するために、受託者が他人に信託受益権を与えたときは、例えば、期限附受益権の設定がなされている場合など現実に信託の利益の配分を受けなくても、その時において信託受益権を贈与したものとみなして課税するも

のと解される。

　本件信託契約4条1項は，受託者は，自己の裁量により，納税者が生存する限りにおいて，納税者の教育，生活費，健康，慰安及び安寧のために妥当と思われる金額を，元本及び収益から支払うとしているのであるから，本件信託の設定時において，納税者は，信託受給権を有するものとされていたと認められ，また，同契約5条8項によれば，受託者は，受益者の合理的な要請に対して，本件信託の財産，負債，収入及び支出に関する情報等の受益者の利益に関連する本件信託の管理に関する詳細事項を受益者に提供するものとされているほか，受託者は，最低限1年に1度の頻度で会計報告を行うものとされていることなどが認められ，これによって納税者は，信託監督的機能を有していたと認められるから，相続税法（平成19年法律6号改正前）第4条第1項にいう受益者に当たると認められる。
(2)　本件信託は生命保険信託に該当するか。

　生命保険信託の契約方式としては，委託者がその生命保険契約の保険金請求権を一定の目的の下に受託会社に信託する原則的方式と，委託者が金銭又は有価証券を信託し，受託者をして，受託者の名において委託者又は第三者を被保険者として生命保険契約を締結せしめ，満期又は保険事故発生の場合に受託者が保険金請求権を行使して得た保険金を受益者のために一定の目的に従って運用する例外的方法の二つが考えられるところ，生命保険信託は，いずれの方式であっても，受託者が信託契約に従い受益者のために受領した生命保険金を管理運用するところから，実質的には，受益者がその生命保険金を受け取ったのと異なることがないため，このような生命保険信託に関する権利は，信託財産として取り扱わないで，生命保険契約に関する規定を適用することと取り扱われたものと考えられ，これに照らせば，前記例外的方法に当たるためには，委託者が生命保険契約を締結したのと実質的に同視できることを要するというべきであるから，信託契約において受託者に信託財産の運用方法についての裁量がなく，生命保険契約の締結が義務付けられているか，又は委託者の指図に基づいて生命

保険契約を締結する場合に限られると解すべきである。

　本件信託契約においては，受託者の権限は制限を受けず，受託者の合理的な裁量において行使することができるとされ，受託者はあらゆる種類の投資対象に投資できるとされており，受託者は信託財産の運用に関して広範な権限が認められていたということができ，本件信託契約においては，本件信託の設定者は生命保険証券への投資が目的を満たすための適切な投資戦略であると信ずる旨記載されているに過ぎず，受託者は生命保険証券を購入するなどの権限を有するが，これらは指示されるものでも義務でもないと記載されている上，受託者は生命保険契約の解約返戻金を自己の裁量によって運用することができる旨も定められているから，本件生命保険契約は，受託者が委託者Aの意思に沿って締結したものではあるが，委託者の指示に基づいて締結したものではなく，信託財産の運用方法の一つとして締結したものであり，したがって，本件信託は，生命保険信託には当たらないとされた。

(3)　Xは日本国内に住所を有しないものとして，相続税法上の制限納税義務者に該当するか。

　納税者は，本件信託行為当時，生後約8カ月の乳児であって，両親に養育されていたのであるから，その住所を判断するに当たっては，その両親の生活の本拠が異ならない限り，その生活の本拠がどこにあるかを考慮して総合的に判断すべきであるところ，納税者の母が渡米した際には，いずれの時も父親Bが役員を務める会社所有のコンドミニアムで生活していたのに対し，Bは，納税者が出生する前から長久手の自宅建築に係る請負契約を締結しており，長久手の自宅の完成後は，B及びDは，日本にいる際には，ほぼ長久手の自宅において生活を続けており，納税者も長久手の自宅で同居していて，前記3名の住所や居住地を長久手の自宅とする各種の登録等をしていたこと，Bは日本に本社を置くG社の代表取締役ほか日本国内における複数の法人の取締役等の重要な地位に就いていたのに対し，米国においては役職もなく，給与も受領しておらず，具体的な就労実

態も明らかではないこと、Dはいわゆる専業主婦であって、米国において就労していたものではないこと、Dは子供の出産にあわせて渡米していたものであって、単に子供に米国籍を取得させるために渡米していたに過ぎないことなどが認められるところ、これらの事実にB及びDの日本と米国における居住期間を併せ考慮すると、納税者が本件信託利益を取得した時におけるBの生活の本拠が長久手の自宅にあったことは明らかであり、Dについても、夫と離れて暮らすことは考えていない旨証言していることをも斟酌すると、米国での生活はいずれも一時的なものであって、居住の継続性、安定性からすれば、前記時点における生活の本拠は長久手の自宅にあったものと認めるのが相当であり、両親に監護養育されていた納税者についても、前記時点における生活の本拠は長久手の自宅であると認めるのが相当であるとされた。

3　本件信託の現行相続税法上の取扱い

現行相続税法では受益者とは「受益者としての権利を現に有する者」と定義されており、本件の受益者は受託者の裁量によっては受益者がかならず分配を受けるとは限らないため、現行法相続税法上の「受益者」には該当しないものと考えられます。

また本件信託は変更・修正ができず（Irrevocable）、委託者は信託財産の給付を受けることもないこと考えられ、「みなし受益者」として取り扱われることはないものと考えられます。

したがって、本件信託は現行相続税法上「受益者の存しない信託」に該当するものと考えられます。

第 **5** 章

その他

Q133 教育資金の一括贈与非課税制度の概要

教育資金の一括贈与非課税制度の概要について教えてください。

Point

平成25年4月1日から平成31年12月31日までの間に，30歳未満の子や孫等の教育資金として，その直系尊属が一括して贈与した金銭等について，信託銀行等の金融機関との間で契約を締結し，口座開設等した場合，受贈者1人につき1,500万円（学校等以外に係る教育資金については500万円）までは，贈与税を課さないこととする制度です。

解 説

平成25年4月1日から平成31年12月31日までの間に，個人(注1)が，教育資金に充てるため，①その直系尊属と信託会社との間の教育資金管理契約に基づき信託の受益権を取得した場合，②その直系尊属からの書面による贈与により取得した金銭を教育資金管理契約に基づき銀行等の営業所等において預金若しくは貯金として預入をした場合又は③教育資金管理契約に基づきその直系尊属からの書面による贈与により取得した金銭等(注2)で証券会社の営業所等において有価証券を購入した場合には，その信託受益権，金銭又は金銭等の価額のうち1,500万円までの金額(注3)に相当する部分の価額については，贈与税の課税価格に算入しないという制度です（措法70の2の2）。

(注1) 租税特別措置法第70条の2の2第2項第2号に規定する教育資金管理契約（以下「教育資金管理契約」という）を締結する日において30歳未満の者に限ります。
(注2) 「金銭等」とは，金銭又は公社債投資信託の受益証券のうち一定のもの（いわゆるMRF又はMMFをいう）をいいます。
(注3) 既にこの「教育資金の非課税」の特例の適用を受けて贈与税の課税価格に算入しなかった金額がある場合には，その算入しなかった金額を控除した残額

教育資金の一括贈与非課税制度

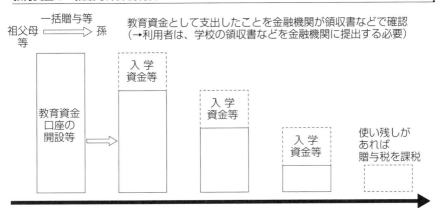

教育資金の範囲

教育資金の一括贈与非課税制度の対象となる教育資金の範囲について教えてください。また，外国の学校に係る教育資金についても含まれますか。

Point

学校等に対して支払われる授業料に加え，学校等以外の者（学習塾，ピアノ等）に関する役務適用の対価として支払われるもののうち社会通念上相当と認められるものも含まれます。また，外国の学校に係る教育資金についても含まれます。

解説

教育資金とは，次の (1) 又は (2) に掲げる金銭をいうこととされています（措法70の2の2②一）。

(1) 学校等に直接支払われる入学金，授業料その他の金銭で一定のもの[注1]

(2) 学校等以外の者に，教育に関する役務の提供として直接支払われる金銭その他の教育のために直接支払われる金銭で一定のもの[注2]

学校等とは，次に掲げる施設を設置する者をいいます。

① 学校教育法第1条に規定する学校，同法第124条に規定する専修学校，同法134条第1項に規定する各種学校

② 児童福祉法第39条第1項に規定する保育所その他これに類するものとして租税特別措置法施行規則第23条の5の3第2項に規定するもの

③ 就学前の子どもに関する教育，保育等の総合的な提供の推進に関する法律第7条第1項に規定する認定こども園（学校教育法第1条に規定する幼稚園及び児童福祉法第39条第1項に規定する保育所を除く）

④ 学校教育法第1条に規定する学校若しくは同法第124条に規定する専修学校に相当する外国の教育施設又はこれらに準ずる外国の教育施設とし

て租税特別措置法施行規則第23条の5の3第3項に規定するもの^(注3)
⑤ 独立行政法人水産大学校,独立行政法人海技教育機構の施設(海技大学校,海上技術短期大学校,海上技術学校),独立行政法人航空大学校及び独立行政法人国立国際医療研究センターの施設(国立看護大学校)
⑥ 職業能力開発総合大学校,職業能力開発大学校,職業能力開発短期大学校,職業能力開発校,職業能力開発促進センター及び障害者職業能力開発校(職業能力開発総合大学校及び障害者職業能力開発校以外は,国若しくは地方公共団体又は職業訓練法人が設置するものに限る)

(注1) (1)の一定のものとは,次に掲げる金銭をいいます。
　① 入学金,授業料,入園料及び保育料並びに施設設備費
　② 入学又は入園のための試験に係る検定料
　③ 在学証明,成績証明その他学生等の記録に係る手数料及びこれに類する手数料
　④ 学用品の購入費,修学旅行費又は学校給食費その他学校等における教育に伴って必要な費用に充てるための金銭
(注2) (2)の一定のものとは,次に掲げる金銭であって,教育のために支払われるものとして社会通念上相当と認められるものをいいます。
　① 教育に関する役務の提供の対価
　② 施設の使用料
　③ スポーツ又は文化芸術に関する活動その他教養の向上のための活動に係る指導への対価として支払われる金銭
　④ ①の役務の提供又は③の指導において使用する物品の購入に要する金銭であって,その役務の提供又は指導を行う者に直接支払われるもの
　⑤ (注1)④の金銭であって,学生等の全部又は大部分が支払うべきものと学校等が認めたもの
(注3) ④に該当する外国の教育施設には下記のようなものがあります。
　〔外国にあるもの〕
　① その国の学校教育制度に位置づけられている学校(日本の幼稚園,小学校,中学校,高等学校,特別支援学校,大学,大学院,高等専門学校,専修学校に相当する学校)

② 日本の小学校，中学校又は高等学校と同等であると文部科学大臣が認定したもの
　・日本人学校
　・私立在外教育施設
〔国内にあるもの〕
③ インターナショナルスクール（国際的な認証機関に認証されたもの）
④ 国内にある外国の教育施設で，日本の学校への入学資格が得られるもの
　・外国人学校（文部科学大臣が高校相当として示したもの）
　・外国大学の日本校
⑤ 国際連合大学

教育資金の一括贈与時の非課税制度の手続

教育資金の一括贈与時の非課税制度の適用を受けるための手続について教えてください。

　非課税制度の適用を受けようとする受贈者が，教育資金非課税申告書を取扱金融機関の営業所等を経由して，預入等期限までに，その受贈者の納税地の所轄税務署長に提出する必要があります。

解　説

1　非課税の適用を受けるための手続（措法70の2の2③）

「教育資金の非課税」の特例の適用を受けるためには，その適用を受けようとする受贈者が，教育資金非課税申告書をその教育資金非課税申告書に記載した取扱金融機関の営業所等を経由して，信託がされる日，預金若しくは貯金の預入をする日又は有価証券を購入する日までに，その受贈者の納税地の所轄税務署長に提出しなければなりません。

また，教育資金非課税申告書が取扱金融機関の営業所に受理された場合には，その受理された日にその受贈者の納税地の所轄税務署長に提出されたものとみなされます。

2　教育資金の払出し及び教育資金の支払

教育資金の非課税の特例の適用を受ける受贈者は，教育資金の支払に充てた金銭に係る領収書その他の書類又は記録でその支払の事実を証するもの（以下「領収書等」という）を，受贈者が選択した方法ごとに定められた次の①又は②の提出期限までに，取扱金融機関の営業所等に提出しなければならないものとされています（措法70の2の2⑦）。

ただし，教育資金管理契約が終了した日において取扱金融機関の営業所等に対してまだ提出していない領収書等については，その教育資金管理契約が終了する日の属する月の翌月末日までにその領収書等を取扱金融機関の営業所等に対して提出しなければならないものとされています。

① 教育資金を支払った後にその実際に支払った金額を教育資金管理契約に係る口座から払い出す方法（のみ）をその口座からの払出方法として選択した場合
→領収書等に記載された支払年月日から1年を経過する日

② ②以外の方法を教育資金管理契約に係る口座の払出方法として選択した場合
→領収書等に記載された支払年月日の属する年の翌年3月15日

(注1)　上記②の場合で，その年中に払い出した金銭の合計額が，金融機関等に提出された領収書等で教育資金の支払に充てたことを金融機関等が確認した金額の合計額を下回るときは，金融機関等が教育資金支出額として記録する金額は，その払い出した金銭の合計額が限度となります。

(注2)　領収書等には，「教育資金の非課税」の規定により最初に信託がされる日，預金若しくは貯金の預入をする日又は有価証券を購入する日前に支払われた教育資金に係るものや教育資金管理契約が終了する日後に支払われた教育資金に係るものは含まれないものとされています。

(注3)　上記①又は②の選択をした後は，その後において選択の変更はできないものとされています。

第 5 章　その他

別表第十一㈠

教育資金非課税申告書

税務署長殿　　　　　　　　　　　　　　　　　平成　年　月　日

受贈者	ふりがな 氏　名	㊞
	住所又は居所	
	生年月日（年齢）	昭・平　．．　（　　歳）
受贈者の代理人	ふりがな 氏　名	㊞
	住所又は居所	

下記の信託受益権、金銭又は金銭等について租税特別措置法第70条の2の2第1項の規定の適用を受けたいので、この旨申告します。

贈与者	贈与者から取得をしたもの			左のうち非課税の適用を受ける信託受益権、金銭又は金銭等の価額
	信託受益権、金銭又は金銭等の別	信託受益権、金銭又は金銭等の価額	金銭又は金銭等の取得年月日	
ふりがな 氏　名	信託受益権			
住所又は居所	金銭			
続柄	金銭等			
ふりがな 氏　名	信託受益権			
住所又は居所	金銭			
続柄	金銭等			

取扱金融機関の営業所等	名　称	
	所在地	

既に教育資金非課税申告書又は追加教育資金非課税申告書を提出したことがある場合	非課税拠出額	取扱金融機関の営業所等		提出先の税務署
		名称	所在地	
				税務署

（摘要）

取扱金融機関の営業所等の受理年月日

（用紙　日本工業規格　A 4）

教育資金管理契約が終了した場合の課税関係

教育資金管理契約が終了した場合の課税関係ついて教えてください。

　教育資金管理契約が終了した場合において，その教育資金管理契約に係る非課税拠出額から教育資金支出額を控除した残額があるときは，その残額については贈与税の課税価格に算入されます。

解　説

　次の①又は②の事由に該当したことにより教育資金管理契約が終了した場合において，その教育資金管理契約に係る非課税拠出額(注1)から教育資金支出額(注2)を控除した残額があるときは，その残額については，①又は②に該当する日の属する年の贈与税の課税価格に算入されます（措法70の2の2⑩⑪）。

① 　受贈者が30歳に達したこと
② 　教育資金管理契約に係る信託財産の価額が零となった場合，教育資金管理契約に係る預金若しくは貯金の額が零となった場合又は教育資金管理契約に基づき保管されている有価証券の価額が零となった場合において受贈者と取扱金融機関との間でこれらの教育資金管理契約を終了させる合意があったことによりその教育資金管理契約が終了したこと

(注1)　「非課税拠出額」とは，教育資金非課税申告書又は追加教育資金非課税申告書に「教育資金の非課税」の特例の適用を受けるものとして記載された金額を合計した金額をいいます（1,500万円を限度とする）。学校等以外の者に，教育に関する役務の提供として直接支払われる金銭その他の教育のために直接支払われる金銭で一定のものに係る教育資金については500万円を限度とします。
(注2)　「教育資金支出額」とは，取扱金融機関（受贈者の直系尊属又は受贈者と教育資金管理契約を締結した金融機関等をいう。以下同じ）の営業所等において教育

資金の支払の事実が確認され，かつ，記録された金額を合計した金額をいいます。

　残額がある場合において贈与税の申告義務がある場合には，その年の翌年3月15日までに贈与税の申告書を納税地の所轄税務署長に提出する必要があります。
　なお，教育資金管理契約が終了した日において取扱金融機関の営業所等に対してまだ提出していない領収書等については，その教育資金管理契約が終了する日の属する月の翌月末日までにその領収書等を取扱金融機関の営業所等に対して提出しなければならないものとされています。

(注)　受贈者の死亡により教育資金管理契約が終了した場合には，その残額は贈与税の課税価格に算入されないこととされています。

結婚・子育て資金の一括贈与に係る贈与税の非課税

結婚・子育て資金の一括贈与に係る贈与税の非課税の制度の概要について教えてください。

　個人の結婚・子育て資金の支払に充てるためにその直系尊属が金銭等を拠出し，金融機関に信託等をした場合には，信託受益権の価額又は拠出された金銭等の額のうち受贈者1人につき1,000万円（結婚に際して支出する費用については300万円）までの金額に相当する部分の価額については，平成27年4月1日から平成31年3月31日までの間に拠出されるものに限り，贈与税を課さないこととする制度です。

解　説

　結婚・子育て資金の一括贈与に係る贈与税の非課税の制度とは個人（20歳以上50歳未満の者に限る。以下「受贈者」という）の結婚・子育て資金の支払に充てるためにその直系尊属（以下「贈与者」という）が金銭等を拠出し，金融機関（信託会社（信託銀行を含む），銀行等及び金融商品取引業者（第一種金融商品取引業を行う者に限る）をいう）に信託等をした場合には，信託受益権の価額又は拠出された金銭等の額のうち受贈者1人につき1,000万円（結婚に際して支出する費用については300万円を限度とする）までの金額に相当する部分の価額については，平成27年4月1日から平成31年3月31日までの間に拠出されるものに限り，贈与税を課さないこととする制度です（措法70の2の3）。

結婚・子育て資金の一括贈与に係る贈与税の非課税制度

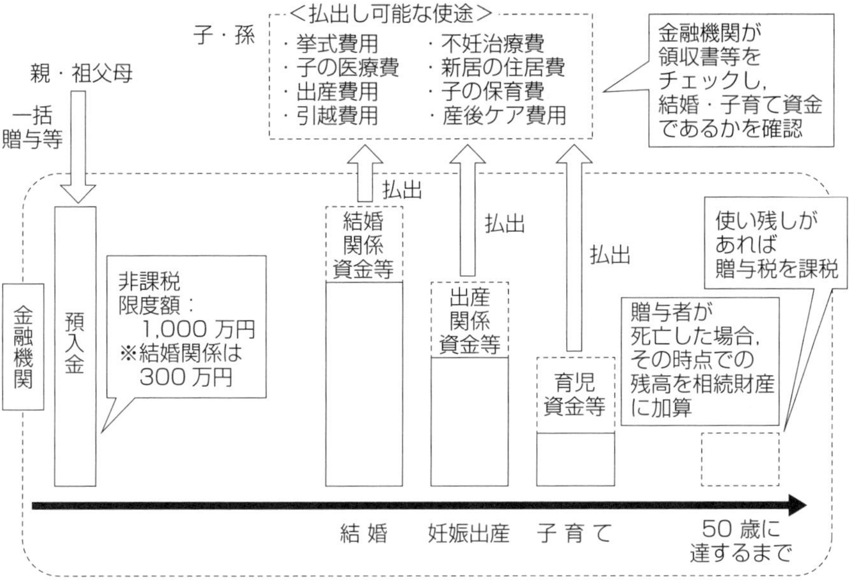

親・祖父母 → 一括贈与等 → 金融機関

子・孫

＜払出し可能な使途＞
- 挙式費用
- 子の医療費
- 出産費用
- 引越費用
- 不妊治療費
- 新居の住居費
- 子の保育費
- 産後ケア費用

金融機関が領収書等をチェックし，結婚・子育て資金であるかを確認

預入金

非課税限度額：1,000万円
※結婚関係は300万円

結婚関係資金等 → 払出 → 結婚

出産関係資金等 → 払出 → 妊娠出産

育児資金等 → 払出 → 子育て

使い残しがあれば贈与税を課税

贈与者が死亡した場合，その時点での残高を相続財産に加算

50歳に達するまで

結婚・子育て資金の範囲

結婚・子育て資金の一括贈与に係る贈与税の非課税の対象となる結婚・子育て資金の範囲について教えてください。

Point

結婚・子育て資金の一括贈与に係る贈与税の非課税の対象となる結婚・子育て資金の範囲は受贈者の結婚に際して支出する費用及び受贈者の妊娠、出産又は育児に要する費用です。

解説

結婚・子育て資金の一括贈与に係る贈与税の非課税の対象となる結婚・子育て資金とは、次に掲げる費用に充てるための金銭をいいます（措法70の2の3②一）。

① 結婚に際して支出する婚礼（結婚披露を含む）に要する費用、住居に要する費用及び引越に要する費用のうち一定のもの
  (1) 挙式や結婚披露宴を開催するために要する挙式代、会場費など（入籍日の1年前後に支払われたものに限る）
  (2) 結婚を機に移り住むものとして、新たに借りた物件にかかる家賃、敷金、共益費、礼金、仲介手数料、契約更新料（入籍日の1年前後以内に締結した賃貸借契約に関するものに限る。また、当該契約締結日から3年を経過する日までに支払われたものが対象となる）
  (3) 結婚を機に移り住む住居先に転居するための引っ越し代（入籍日の1年前後以内に行ったものに限る）
② 妊娠に要する費用、出産に要する費用、子の医療費及び子の保育料のうち一定のもの
  (1) 妊娠に要する費用

a　人工授精など不妊治療に要する費用
　　b　妊婦健診に要する費用
(2)　出産に要する費用
　　a　分娩費，入院費，新生児管理保育料，検査・薬剤料，処置・手当料及び産科医療補償制度掛金など出産のための入院から退院までに要する費用
　　b　出産後1年以内に支払われた産後ケアに要する費用（6泊分又は7回分に限る）
(3)　育児に要する費用
　　a　未就学児の子の治療，予防接種，乳幼児健診，医薬品（処方箋に基づくものに限る）に要する費用
　　b　保育園，幼稚園，認定こども園，ベビーシッター業者等へ支払う入園料，保育料，施設設備費，入園試験の検定料，行事への参加や食事の提供など育児に伴って必要となる費用

結婚・子育て資金の一括贈与に係る贈与税の非課税制度の手続

結婚・子育て資金の一括贈与に係る贈与税の非課税制度の適用を受けるための手続について教えてください。

非課税制度の適用を受けようとする受贈者が，結婚・子育て資金非課税申告書を取扱金融機関の営業所等を経由して，その受贈者の納税地の所轄税務署長に提出する必要があります。

解　説

1　非課税を受けるための手続

受贈者は，本特例の適用を受けようとする旨等を記載した非課税申告書を，金融機関を経由し，信託がされる日，預金若しくは貯金の預入をする日又は有価証券を購入する日までに受贈者の納税地の所轄税務署長に提出しなければならないものとされています（措法70の2の3③）。

2　払出しの確認等（措法70の2の3⑦）

受贈者は，払い出した金銭を結婚・子育て資金の支払に充当したことを証する書類を金融機関に提出しなければならないものとされています。

金融機関は，提出された書類により払い出された金銭が結婚・子育て資金の支払に充当されたことを確認し，その確認した金額を記録するとともに，その書類及び記録を結婚・子育て資金を管理するための契約の終了の日の翌年3月15日後6年を経過する日まで保存しなければならないものとされています。

第5章　その他

別表第十二㈠

結婚・子育て資金非課税申告書

税務署長殿　　　　　　　　　　　　　　　　　　平成　年　月　日

受贈者	ふりがな	
	氏　名	㊞
	住所又は居所	
	個人番号	
	生年月日（年齢）	昭・平　．　．　（　　歳）

下記の信託受益権、金銭又は金銭等について租税特別措置法第70条の2の3第1項の規定の適用を受けたいので、この旨申告します。

贈与者	贈与者から取得をしたもの			左のうち非課税の適用を受ける信託受益権、金銭又は金銭等の価額
	信託受益権、金銭又は金銭等の別	信託受益権、金銭又は金銭等の価額	金銭又は金銭等の取得年月日	
ふりがな	信託受益権			
氏　名				
住所又は居所	金銭			
生年月日　明・大・昭・平　．．	金銭等			
続柄				
ふりがな	信託受益権			
氏　名				
住所又は居所	金銭			
生年月日　明・大・昭・平　．．	金銭等			
続柄				

取扱金融機関の営業所等	名　称		法人番号	
	所在地			

既に結婚・子育て資金非課税申告書又は追加結婚・子育て資金非課税申告書を提出したことがある場合（摘要）	非課税拠出額	取扱金融機関の営業所等		提出先の税務署
		名称	所在地	
				税務署
				取扱金融機関の営業所等の受理年月日

（用紙　日本工業規格　A4）

結婚・子育て資金管理契約が終了した場合の課税関係

結婚・子育て資金管理契約が終了した場合の課税関係ついて教えてください。

結婚・子育て資金管理契約が終了した場合において，その結婚・子育て資金管理契約に係る非課税拠出額から結婚・子育て資金支出額を控除した残額があるときは，その残額については贈与税の課税価格に算入されます。

解説

1 結婚・子育て資金管理契約の終了（措法70の2の3⑪）

次に掲げる事由に該当した場合には，結婚・子育て資金管理契約は終了します。

① 受贈者が50歳に達した場合
② 受贈者が死亡した場合
③ 信託財産等の価額が零となった場合において終了の合意があったとき

2 終了時の取扱い

① 調書の提出

金融機関は，本特例の適用を受けて信託等がされた金銭等の合計金額（以下「非課税拠出額」という）及び結婚・子育て資金管理契約の期間中に結婚・子育て資金として払い出した金額の合計金額（結婚に際して支出する費用については300万円を限度とする。以下「結婚・子育て資金支出額」という）その他の事項を記載した調書を受贈者の納税地の所轄税務署長に提出しなければならないものとされています。

② 残額の取扱い（措法70の2の3⑫⑬）

上記1①又は③に掲げる事由に該当したことにより結婚・子育て資金管理

契約が終了した場合において非課税拠出額から結婚・子育て資金支出額を控除した残額があるときは，これらの事由に該当した日に当該残額の贈与があったものとして受贈者に贈与税を課税します。

なお，上記1②に掲げる事由に該当したことにより結婚・子育て資金管理契約が終了した場合には，非課税拠出額から結婚・子育て資金支出額を控除した残額については，贈与税を課さないこととなります。

3 期間中に贈与者が死亡した場合の取扱い

信託等があった日から結婚・子育て資金管理契約の終了の日までの間に贈与者が死亡した場合には，当該死亡の日における非課税拠出額から結婚・子育て資金支出額を控除した残額については，受贈者が贈与者から相続又は遺贈により取得したものとみなして，当該贈与者の死亡に係る相続税の課税価格に加算します。この場合において，当該残額に対応する相続税額については相続税額の2割加算の対象となりません。

なお，当該残額は，結婚・子育て資金支出額とみなされます。

Q141 信託財産である居住用不動産についての贈与税の配偶者控除の適用

信託財産である居住用不動産についての贈与税の配偶者控除の適用関係について教えてください。

受贈配偶者の取得した信託に関する権利で，当該信託の信託財産に属する資産が①当該信託の信託財産に属する土地等又は家屋が居住用不動産に該当するもの又は②当該信託の委託者である受贈配偶者が信託した金銭により，当該信託の受託者が，信託財産として取得した土地等又は家屋が居住用不動産に該当するものある場合には，当該信託に関する権利は，贈与税の配偶者控除の適用対象となる居住用不動産に該当します。

解　説

1　贈与税の配偶者控除の特例の概要

贈与税の配偶者控除とは婚姻期間が20年以上の夫婦の間で，居住用不動産又は居住用不動産を取得するための金銭の贈与が行われた場合，基礎控除110万円のほかに最高2,000万円まで控除（配偶者控除）できるというものです（相法21の6）。

2　特例を受けるための要件

贈与税の配偶者控除の適用を受けるためには以下の要件を満たす必要があります（相法21の6①）。

① 夫婦の婚姻期間が20年を過ぎた後に贈与が行われたこと
② 配偶者から贈与された財産が，自分が住むための国内の居住用不動産であること又は居住用不動産を取得するための金銭であること
③ 贈与を受けた年の翌年3月15日までに，贈与により取得した国内の居

住用不動産又は贈与を受けた金銭で取得した国内の居住用不動産に、贈与を受けた者が現実に住んでおり、その後も引き続き住む見込みであること

(注) 配偶者控除は同じ配偶者からの贈与については一生に一度しか適用を受けることができません。

3 適用を受けるための手続（相法21の6②）。
次の書類を添付して、贈与税の申告をすることが必要です。
① 財産の贈与を受けた日から10日を経過した日以後に作成された戸籍謄本又は抄本
② 財産の贈与を受けた日から10日を経過した日以後に作成された戸籍の附票の写し
③ 居住用不動産の登記事項証明書
④ その居住用不動産に住んだ日以後に作成された住民票の写し

4 信託財産である居住用不動産についての適用

受贈配偶者の取得した信託に関する権利[注1]で、当該信託の信託財産に属する資産が次に掲げるいずれかのものである場合には、当該信託に関する権利（次に掲げるいずれかのものに対応する部分に限る）は、贈与税の配偶者控除の適用対象となる居住用不動産に該当します（相基通21の6-9）。
① 当該信託の信託財産に属する土地等又は家屋が居住用不動産に該当するもの
② 当該信託の委託者である受贈配偶者が信託した金銭により、当該信託の受託者が、信託財産として取得した土地等又は家屋[注2]が居住用不動産に該当するもの

この場合において、受贈配偶者が贈与税の申告書に添付すべき上記3③の居住用不動産に関する登記事項証明書については、当該土地等又は家屋に係る信託目録が含まれたものが必要となります。

(注1) 集団投資信託，法人課税信託又は退職年金等信託及び受益者等の存しない信託の受託者として贈与により取得したものとみなされる信託に関する権利を除きます。
(注2) 当該信託の委託者である受贈配偶者が信託した金銭により取得したもので，かつ，当該金銭に対応する部分に限ります。

第5章 その他

 信託財産である宅地等への小規模宅地等についての相続税の課税価格の計算の特例の適用

信託財産である宅地等についての小規模宅地等についての相続税の課税価格の計算の特例の適用関係について教えてください。

特例対象宅地等には，個人が相続又は遺贈により取得した信託に関する権利で，当該信託の目的となっている信託財産に属する宅地等が，当該相続の開始の直前において当該相続又は遺贈に係る被相続人又は被相続人と生計を一にしていたその被相続人の親族の事業の用又は居住の用に供されていた宅地等であるものが含まれます。

解　説

1　小規模宅地等についての相続税の課税価格の計算の特例（小規模宅地等の特例）の概要

個人が，相続又は遺贈により取得した財産のうち，その相続の開始の直前において被相続人等の事業の用に供されていた宅地等又は被相続人等の居住の用に供されていた宅地等のうち，一定の選択をしたもので限度面積までの部分（以下「小規模宅地等」という）については，相続税の課税価格に算入すべき価額の計算上，一定の割合を減額するという制度です（措法69の4）。

なお，相続開始前3年以内に贈与により取得した宅地等や相続時精算課税に係る贈与により取得した宅地等については，この特例の適用を受けることはできません。

（注1）　被相続人等とは，被相続人又は被相続人と生計を一にしていた被相続人の親族をいいます。
（注2）　宅地等とは，土地又は土地の上に存する権利で，一定の建物又は構築物の敷地の用に供されているものをいいます。ただし，棚卸資産及びこれに準ずる資産に該当しないものに限られます。

2 特例を受けるための手続

この特例の適用を受けるためには、相続税の申告書に、この特例を受けようとする旨を記載するとともに、小規模宅地等に係る計算の明細書や遺産分割協議書の写しなど一定の書類を添付する必要があります。

3 減額割合等

① 相続の開始のあった日が「平成26年12月31日まで」の場合

平成22年4月1日以後平成26年12月31日までに相続の開始のあった被相続人に係る相続税について、小規模宅地等については、相続税の課税価格に算入すべき価額の計算上、次の表に掲げる区分ごとに一定の割合を減額します。

相続開始の直前における宅地等の利用区分				要件	限度面積	減額される割合
被相続人等の事業の用に供されていた宅地等	貸付事業以外の事業用の宅地等		①	特定事業用宅地等に該当する宅地等	400㎡	80%
	貸付事業用の宅地等	一定の法人に貸し付けられ、その法人の事業(貸付事業を除く)用の宅地等	②	特定同族会社事業用宅地等に該当する宅地等	400㎡	80%
			③	貸付事業用宅地等に該当する宅地等	200㎡	50%
		一定の法人に貸し付けられ、その法人の貸付事業用の宅地等	④	貸付事業用宅地等に該当する宅地等	200㎡	50%
		被相続人等の貸付事業用の宅地等	⑤	貸付事業用宅地等に該当する宅地等	200㎡	50%
被相続人等の居住の用に供されていた宅地等			⑥	特定居住用宅地等に該当する宅地等	240㎡	80%

1 「貸付事業」とは、「不動産貸付業」、「駐車場業」、「自転車駐車場業」及び事業と称するに至らない不動産の貸付けその他これに類する行為で相当の対価を得て継続的に行う「準事業」をいいます。

2 「一定の法人」とは、相続開始の直前において被相続人及び被相続人の親族等が法人の発行済株式の総数又は出資の総額の50%超を有している場合におけるその法人

（相続税の申告期限において清算中の法人を除く）をいいます。

3 「限度面積」については，「特定事業用宅地等」，「特定同族会社事業用宅地等」，「特定居住用宅地等」及び「貸付事業用宅地等」のうちいずれか2以上についてこの特例の適用を受けようとする場合は，次の算式を満たす面積がそれぞれの宅地等の限度面積になります。

$A + (B \times 5/3) + (C \times 2) \leq 400$

A：「特定事業用宅地等」，「特定同族会社事業用宅地等」の面積の合計（①＋②）
B：「特定居住用宅地等」の面積の合計（⑥）
C：「貸付事業用宅地等」の面積の合計（③＋④＋⑤）

② 相続の開始のあった日が「平成27年1月1日以後」の場合

平成27年1月1日以後に相続の開始のあった被相続人に係る相続税について，小規模宅地等については，相続税の課税価格に算入すべき価額の計算上，次の表に掲げる区分ごとに一定の割合を減額します。

相続開始の直前における宅地等の利用区分				要件	限度面積	減額される割合
被相続人等の事業の用に供されていた宅地等	貸付事業以外の事業用の宅地等		①	特定事業用宅地等に該当する宅地等	400㎡	80%
	貸付事業用の宅地等	一定の法人に貸し付けられ，その法人の事業(貸付事業を除く)用の宅地等	②	特定同族会社事業用宅地等に該当する宅地等	400㎡	80%
			③	貸付事業用宅地等に該当する宅地等	200㎡	50%
		一定の法人に貸し付けられ，その法人の貸付事業用の宅地等	④	貸付事業用宅地等に該当する宅地等	200㎡	50%
		被相続人等の貸付事業用の宅地等	⑤	貸付事業用宅地等に該当する宅地等	200㎡	50%
被相続人等の居住の用に供されていた宅地			⑥	特定居住用宅地等に該当する宅地等	330㎡	80%

特例の適用を選択する宅地等が以下のいずれに該当するかに応じて，限度面積を判定します。

1 特定事業用等宅地等（①又は②）を選択する場合又は特定居住用宅地等（⑥）を選択する場合

（①＋②）≦400であること。また，⑥≦330であること。
2　貸付事業用宅地等（③，④又は⑤）及びそれ以外の宅地等（①，②又は⑥）を選択する場合
　　（①＋②）×200/400＋⑥×200/330＋（③＋④＋⑤）≦200であること。

4　特例の対象となる宅地等

　特定事業用宅地等，特定居住用宅地等，特定同族会社事業用宅地等及び貸付事業用宅地等のいずれかに該当する宅地等がこの特例の対象となります。

①　特定事業用宅地等

　相続開始の直前において被相続人等の事業（貸付事業を除く。以下同じ）の用に供されていた宅地等で，次の表の区分に応じ，それぞれに掲げる要件の全てに該当する被相続人の親族が相続又は遺贈により取得したものをいいます（次の表の区分に応じ，それぞれに掲げる要件の全てに該当する部分で，それぞれの要件に該当する被相続人の親族が相続又は遺贈により取得した持分の割合に応ずる部分に限られる）。

区分	特例の適用要件	
被相続人の事業の用に供されていた宅地等	事業承継要件	その宅地等の上で営まれていた被相続人の事業を相続税の申告期限までに引き継ぎ，かつ，その申告期限までその事業を営んでいること
	保有継続要件	その宅地等を相続税の申告期限まで有していること
被相続人と生計を一にしていた被相続人の親族の事業の用に供されていた宅地等	事業継続要件	相続開始の直前から相続税の申告期限まで，その宅地等の上で事業を営んでいること
	保有継続要件	その宅地等を相続税の申告期限まで有していること

② 特定居住用宅地等

　相続開始の直前において被相続人等の居住の用に供されていた宅地等で，次の区分に応じ，それぞれに掲げる要件に該当する被相続人の親族が相続又は遺贈により取得したものをいいます（次表の区分に応じ，それぞれに掲げる要件に該当する部分で，それぞれの要件に該当する被相続人の親族が相続又は遺贈により取得した持分の割合に応ずる部分に限られる）。なお，その宅地等が2以上ある場合には，主としてその居住の用に供していた一の宅地等に限ります。

　また，平成26年1月1日以後に相続開始があった場合には，特定居住用宅地等の取扱いについて，次の事項の改正が行われています。

(A)　二世帯住宅に居住していた場合

　被相続人と親族が居住するいわゆる二世帯住宅の敷地の用に供されている宅地等について，二世帯住宅が構造上区分された住居であっても，区分所有建物登記がされている建物を除き，一定の要件を満たすものである場合には，その敷地全体について特例の適用ができるようになりました。

(B)　老人ホームなどに入居又は入所していた場合

　次のような理由により，相続開始の直前において被相続人の居住の用に供されていなかった宅地等について，一定の要件を満たす場合には，特例の適用ができるようになりました。ただし，被相続人の居住の用に供さなくなった後に事業の用又は被相続人等以外の者の居住の用とした場合を除きます。

　　イ　要介護認定又は要支援認定を受けていた被相続人が次の住居又は施設に入居又は入所していたこと

　　　A　認知症対応型老人共同生活援助事業が行われる住居，養護老人ホーム，特別養護老人ホーム，軽費老人ホーム又は有料老人ホーム

　　　B　介護老人保健施設

　　　C　サービス付き高齢者向け住宅

　　ロ　障害支援区分の認定を受けていた被相続人が障害者支援施設などに入所又は入居していたこと

区分		特例の適用要件（取得者等ごとの要件）
被相続人の居住の用に供されていた宅地等	被相続人の配偶者	「取得者ごとの要件」はありません。
	被相続人と同居していた親族	相続開始の時から相続税の申告期限まで、引き続きその家屋に居住し、かつ、その宅地等を相続税の申告期限まで有している人
	被相続人と同居していない親族	①から③の全てに該当する場合で、かつ、次の④及び⑤の要件を満たす人 ①相続開始の時において、被相続人若しくは相続人が日本国内に住所を有していること、又は、相続人が日本国内に住所を有しない場合で日本国籍を有していること ②被相続人に配偶者がいないこと ③被相続人に、相続開始の直前においてその被相続人の居住の用に供されていた家屋に居住していた親族でその被相続人の相続人（相続の放棄があった場合には、その放棄がなかったものとした場合の相続人）である人がいないこと ④相続開始前3年以内に日本国内にあるその人又はその人の配偶者の所有する家屋（相続開始の直前において被相続人の居住の用に供されていた家屋を除く）に居住したことがないこと ⑤その宅地等を相続税の申告期限まで有していること
被相続人と生計を一にする被相続人の親族の居住の用に供されていた宅地等	被相続人の配偶者	「取得者ごとの要件」はありません。
	被相続人と生計を一にしていた親族	相続開始の直前から相続税の申告期限まで引き続きその家屋に居住し、かつ、その宅地等を相続税の申告期限まで有している人

③ 特定同族会社事業用宅地等

相続開始の直前から相続税の申告期限まで一定の法人の事業（貸付事業を除く。以下同じ）の用に供されていた宅地等で、次表の要件の全てに該当する被相続人の親族が相続又は遺贈により取得したものをいいます（一定の法人の事業の用に供されている部分で、次表に掲げる要件の全てに該当する被相続人の親族が相続又は遺贈により取得した持分の割合に応ずる部分に限られる）。

なお，一定の法人とは，相続開始の直前において被相続人及び被相続人の親族等が法人の発行済株式の総数又は出資の総額の50％超を有している場合におけるその法人（相続税の申告期限において清算中の法人を除く）をいいます。

区分		特例の適用要件
一定の法人の事業の用に供されていた宅地等	法人役員要件	相続税の申告期限においてその法人の役員（法人税法第2条第15号に規定する役員（清算人を除く）をいう）であること
	保有継続要件	その宅地等を相続税の申告期限まで有していること

④ 貸付事業用宅地等

相続開始の直前において被相続人等の貸付事業の用に供されていた宅地等で，次表の区分に応じ，それぞれに掲げる要件の全てに該当する被相続人の親族が相続又は遺贈により取得したものをいいます（次表の区分に応じ，それぞれに掲げる要件の全てに該当する部分で，それぞれの要件に該当する被相続人の親族が相続又は遺贈により取得した持分の割合に応ずる部分に限られる）。

区分		特例の適用要件
被相続人の貸付事業の用に供されていた宅地等	事業承継要件	その宅地等に係る被相続人の貸付事業を相続税の申告期限までに引き継ぎ，かつ，その申告期限までその貸付事業を行っていること
	保有継続要件	その宅地等を相続税の申告期限まで有していること
被相続人と生計を一にしていた被相続人の親族の貸付事業の用に供されていた宅地等	事業継続要件	相続開始の直前から相続税の申告期限まで，その宅地等に係る貸付事業を行っていること
	保有継続要件	その宅地等を相続税の申告期限まで有していること

⑤ 日本郵便株式会社に貸し付けれれている一定の郵便局舎の敷地の用に供されている宅地等

　平成19年9月30日以前に被相続人又は被相続人の相続人と旧日本郵政公社との間の賃貸借契約に基づき郵便局の用に供するために貸し付けられていた一定の建物の敷地の用に供されていた宅地等のうち，平成19年10月1日から相続の開始の直前までの間において，その賃貸借契約の契約事項に一定事項以外の事項の変更がない賃貸借契約に基づき，引き続き，平成19年10月1日から平成24年9月30日までの間にあっては郵便局の用に供するため郵便局株式会社に，平成24年10月1日から相続開始の直前までの間にあっては郵便局の用に供するため日本郵便株式会社に対し貸し付けられていた一定の建物（以下「郵便局舎」という）の敷地の用に供されていた宅地等で，その宅地等を取得した相続人から相続の開始の日以後5年以上その郵便局舎を日本郵便株式会社が引き継ぎ借り受けることにより，その宅地等を同日以後5年以上郵便局舎の敷地の用に供する見込みであることについて総務大臣の証明がなされた宅地等については，特定事業用宅地等に該当するものとして，この特例の適用を受けることができます。

4　信託財産である宅地等についての適用

　特例対象宅地等には，個人が相続又は遺贈により取得した信託に関する権利(注)で，当該信託の目的となっている信託財産に属する宅地等が，当該相続の開始の直前において当該相続又は遺贈に係る被相続人又は被相続人と生計を一にしていたその被相続人の親族の事業の用又は居住の用に供されていた宅地等であるものが含まれます（措通69の4―1の2）。

（注）　集団投資信託，法人課税信託又は退職年金等信託及び受益者等の存しない信託の受託者として贈与により取得したものとみなされる信託に関する権利を除く）

第5章　その他

Q143　財産評価（貸付信託受益証券の評価）

貸付信託受益権の評価について教えてください。

Point

その証券を受託者が課税時期において受益者から買い取る場合におけるその買取価額を基礎として評価します。

解説

貸付信託の受益証券の価額は，次に掲げるところにより評価します（財基通198）。

① 課税時期において貸付信託設定日（その貸付信託の信託契約取扱期間終了の日をいう）から1年以上を経過している貸付信託の受益証券
→その証券の受託者が課税時期においてその証券を買い取るとした場合における次の算式により計算した金額

元本の額 ＋ 既経過収益の額 － 既経過収益の額につき源泉徴収されるべき所得税の額に相当する金額 － 買取割引料

② ①掲げる貸付信託の受益証券以外の貸付信託の受益証券
→①の算式に準じて計算した金額

貸付信託の受益証券とは，貸付信託法第2条に規定する受益証券をいいます。株式のように流通性がなく，その取引市場もないため，時価を市場価格に求めることができないため，その証券を受託者が課税時期において受益者から買い取る場合におけるその買取価額を基礎として評価するものとされています。

貸付信託の受益証券について受託者による買取りの制度があるのは，受益証券の発行の日から1年以上経過しているものに限られていますが（貸付信託法11），課税時期において信託設定日から1年を経過していないものについても，1年を経過しているものに準じて評価するものとされています。

Q144 財産評価(証券投資信託受益証券の評価)

証券投資信託受益権の評価について教えてください。

Point

課税時期において解約請求又は買取請求をするとした場合に証券会社等から支払を受けることができる価額により評価します。

解 説

証券投資信託の受益証券の評価は,次に掲げる区分に従い,それぞれ次に掲げるところにします。(財基通199)

① 中期国債ファンド,MMF(マネー・マネージメント・ファンド)等の日々決算型の証券投資信託の受益証券の場合には,課税時期において解約請求又は買取請求(以下この項において「解約請求等」という)により,証券会社等から支払を受けることができる価額として,次の算式により計算した金額によって評価する。

1口当たりの基準価額 × 口数 + 再投資されていない未収入分配金(A) − (A)につき源泉徴収されるべき所得税の額に相当する金額 − 信託財産留保額及び解約手数料(消費税額に相当する額を含む)

② 上記①以外の証券投資信託の受益証券の場合には,課税時期において解約請求等により,証券会社等から支払を受けることができる価額として,次の算式により計算した金額によって評価する。この場合において,例えば,1万口当たりの基準価額が公表されているものについては,次の算式の「課税時期の1口当たりの基準価額」を「課税時期の1万口当たりの基準価額」と,「口数」を「口数を1万で除して求めた数」と読み替えて計算した金額とする。

なお，課税時期の基準価額がない場合には，課税時期前の基準価額のうち，課税時期に最も近い日の基準価額を課税時期の基準価額として計算する。

課税時期の　　　　　　　課税時期において解約請求等した　　信託財産留保額及び
1口当たり　×　口数　－　場合に源泉徴収されるべき　　　　－　解約手数料（消費税額
基準価額　　　　　　　　所得税の額に相当する金額　　　　　　に相当する額を含む）

(注) 金融商品取引所に上場されている証券投資信託の受益証券については，上場株式の評価の定めに準じて評価します。また，証券投資信託証券に係る金銭分配期待権の価額は，配当期待権の評価に準じて評価します。

不動産投資信託証券等及び受益証券発行信託の評価

不動産投資信託証券等及び受益証券発行信託の評価について教えてください。

不動産投資信託証券等及び受益証券発行信託のうち上場されているものについては上場株式の評価に準じて評価します。

解　説

不動産投資信託証券等及び受益証券発行信託のうち上場されているものについては上場株式の評価に準じて評価するものとされています（財基通213，213-2）。

つまり，上場されている不動産投資信託証券等及び受益証券発行信託の価額は下記の①を原則とするが，評価上の斟酌を行い，次の①から④のうち最も低い金額によって評価するものとされています。

① 課税時期の最終価格
② 課税時期の属する月の毎日の最終価格の月平均額
③ 課税時期の属する前月の毎日の最終価格の月平均額
④ 課税時期の属する前々月の毎日の最終価格の月平均額

第5章　その他

 受益者等課税信託の受益権の評価

受益者等課税信託の受益権の評価について教えてください。

　元本の受益者と収益の受益者が同一の場合には信託財産の価額が受益権の評価額となり，元本の受益者と収益の受益者が異なる場合には収益受益権の評価額を算出し，元本受益権の評価額は信託財産の評価額から収益受益権の評価額を控除した金額となります。

解　説

　受益者等課税信託の信託の利益を受ける権利の評価は，次に掲げる区分に従い，それぞれ次に掲げるところにより評価します（財基通202）。

① 　元本と収益との受益者が同一人である場合においては，この通達に定めるところにより評価した課税時期における信託財産の価額によって評価する。

② 　元本と収益との受益者が元本及び収益の一部を受ける場合においては，この通達に定めるところにより評価した課税時期における信託財産の価額にその受益割合を乗じて計算した価額によって評価する。

③ 　元本の受益者と収益の受益者とが異なる場合においては，次に掲げる価額によって評価する。

　(1) 　元本を受益する場合は，この通達に定めるところにより評価した課税時期における信託財産の価額から，(2)により評価した収益受益者に帰属する信託の利益を受ける権利の価額を控除した価額

　(2) 　収益を受益する場合は，課税時期の現況において推算した受益者が将来受けるべき利益の価額ごとに課税時期からそれぞれの受益の時期までの期間に応ずる基準年利率による複利現価率を乗じて計算した金

額の合計額

　信託の利益を受ける権利には，信託財産の管理及び運用によって生じる利益を受ける権利と，信託終了の場合の信託財産の帰属の権利，すなわち，信託財産自体を受ける権利とがあり，前者を収益の受益権，後者を元本の受益権といい，両者を含めて信託受益権といいます。
　元本の受益者と収益の受益者が同一である場合には，信託財産そのものを所有しているのと何ら異なるところがないため，信託受益権の評価額は信託財産の評価額としています。
　一方，元本の受益者と収益の受益者が異なる場合には，収益の受益権の評価額の算出し，原本の受益権の評価額は信託財産の価額から当該収益受益権の評価額を控除した金額となります。

第5章　その他

 受益者連続型信託に関する権利の評価

受益者連続型信託に関する権利の評価について教えてください。

PoiNT

　受益者連続型信託に関する権利については，受益者連続型信託の利益を受ける期間の制限その他の受益者連続型信託に関する権利の価値に作用する要因としての制約が付されているものについては，その制約は付されていないものとみなして権利の価額を計算するものとされています。

　受益者連続型信託に関する権利については，受益者連続型信託の利益を受ける期間の制限その他の受益者連続型信託に関する権利の価値に作用する要因としての制約が付されているものについては，その制約は付されていないものとみなして権利の価額を計算するものとされています（相法9の3①）。

　ただし，異なる受益者が性質の異なる受益者連続型信託に関する権利をそれぞれ有している場合で，かつ，その権利の一方に収益に関する権利が含まれている場合には，収益に関する権利が含まれている受益者連続型信託に関する権利について上記の規定が適用されることになります。

　したがって，例えば，受益者連続型信託の受益権が信託の収益に関して受益する受益権と信託財産そのものを受益する元本受益権の二種類であった場合に，受益者連続型信託の課税にあたっては，収益に関する受益権の価値は，信託財産そのものの価値と等しいとして計算されることになる。これにより元本受益権の価値はこの時点では零ということになります。

　ただし，この規定は，この規定の対象となる受益者連続型信託に関する権利を有することとなる者が法人である場合には，適用されないこととされており，例えば法人が収益受益者で個人が元本受益者となる場合には元本受益権の価額

351

は零とはなりません。

なお，当該信託が終了した場合において，当該元本受益権を有する者が，当該信託の残余財産を取得したときは，相続税法第9条の2第4項の規定の適用により贈与税又は相続税が課税されることになります。

受益者連続型信託の課税関係

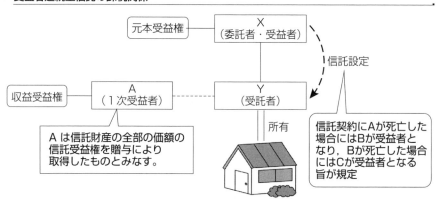

受益者連続型信託の権利の評価

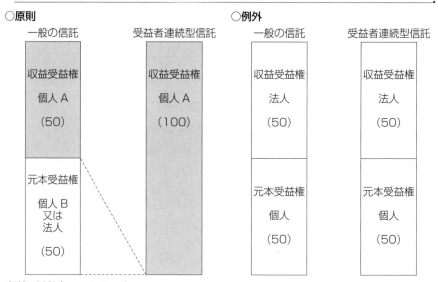

出所：国税庁ホームページ

第 5 章　その他

受益権が複層化された受益者連続型信託に関する元本受益権の全部又は一部を法人が有している場合の当該法人の株式の評価額

受益権が複層化された受益者連続型信託に関する収益受益権を個人が有し，元本受益権の全部又は一部を法人が有している場合の当該法人の株式の評価額の留意点について教えてください。

　元本受益権の全部又は一部を法人が有している場合の当該法人の株式の評価額の算定上，元本受益権の価額を零とします。

解　説

　受益権が複層化された受益者連続型信託については，原則として収益受益者が受益権の全てを有しているものとみなされることとされています（相法9の3①）。したがって，例えば，被相続人である個人（以下この項において「被相続人」という）がその収益受益権の全部を，法人がその元本受益権の全部をそれぞれ有しており，かつ，当該収益受益権を有する被相続人が，当該元本受益権を有する当該法人の株式を有している場合において，被相続人の相続税の課税価格に算入される元本受益権を有する法人の株式の価額には，当該元本受益権の価額が算入されるが，相続税法第9条の3第1項の規定により，当該元本受益権の価額は，収益受益権の価額（当該信託の信託財産そのものの価額）に折込済みであることから，二重課税の問題が生ずる。

　そこで，二重課税の問題を解消するために，上記のような元本受益権を有する法人の株式の評価にあたっては，当該法人の資産として計上されている元本受益権の価額を零として取り扱うこととされています（相基通9の3-2）。

353

受益権が複層化された受益者連続型信託の評価額

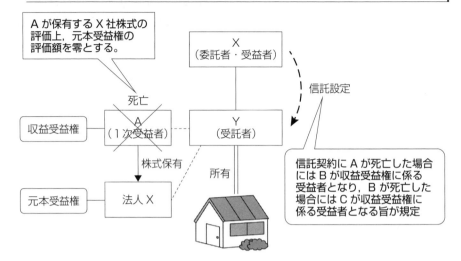

第 5 章　その他

 国外財産調書制度

国外財産調書制度の概要について教えてください。

　その年の 12 月 31 日においてその価額の合計額が 5,000 万円を超える国外財産を保有する居住者は，翌年の 3 月 15 日までに当該国外財産の種類，数量及び価額その他必要な事項を記載した「国外財産調書」を，所轄税務署長に提出しなければならないという制度です。

解　説

1　制度導入の背景

　国外財産調書の提出制度は，近年，国外財産の保有が増加傾向にある中で，国外財産に係る課税の適正化が喫緊の課題となっていることなどを背景として，国外財産を保有する者がその保有する国外財産について申告する仕組みとして，平成 24 年度の税制改正により導入されたものです。

2　国外財産調書制度の概要

　その年の 12 月 31 日においてその価額の合計額が 5,000 万円を超える国外財産を保有する居住者（非永住者を除く）は，翌年の 3 月 15 日までに当該国外財産の種類，数量及び価額その他必要な事項を記載した「国外財産調書」を，所轄税務署長に提出しなければならないこととされています（国外送金等調書法 5 ①）。

　なお，国外財産調書の提出期限までの間（その年の翌年の 3 月 15 日までの間）に，国外財産調書を提出しないで死亡し，又は所得税法第 2 条第 1 項第 42 号に規定する出国をしたときは，国外財産調書の提出を要しないこととされています（国外送金等調書法 5 ①但書）。

所得税法に定める「居住者」とは，国内に住所を有し，又は現在まで引き続いて1年以上居所を有する個人をいい，「非永住者」とは，居住者のうち，日本の国籍を有しておらず，かつ，過去10年以内において国内に住所又は居所を有していた期間の合計が5年以下である個人をいいます（所法2①三，四）。

(注1) 「住所」とは各人の生活の本拠をいい，生活の本拠であるかどうかは客観的事実によって判定することになります。
　　　　なお，国の内外にわたって居住地が異動する方の住所が国内にあるかどうかの判定にあたっては，所得税法施行令第14条《国内に住所を有する者と推定する場合》及び第15条《国内に住所を有しない者と推定する場合》の規定があることに留意する必要があります（所基通2-1）。
(注2)　国内に居所を有していた方が国外に赴き再び入国した場合において，国外に赴いていた期間（以下この注において「在外期間」という）中，国内に，配偶者その他生計を一にする親族を残し，再入国後起居する予定の家屋若しくはホテルの一室等を保有し，又は生活用動産を預託している事実があるなど，明らかにその国外に赴いた目的が一時的なものであると認められるときは，当該在外期間中も引き続き国内に居所を有するものとして，所得税法第2条第1項第3号及び第4号の規定を適用することになります（所基通2-2）。

3　国外財産調書の提出先

　所得税の確定申告をする必要がある者は，その納税地を所轄する税務署長に，所得税の確定申告をする必要がない者は，住所地（国内に住所がない場合は居所地）を所轄する税務署長に提出することとされています（国外送金等調書法5①一，二）。

　なお，上記の提出先の判定は，国外財産調書を提出する際に行うこととされています（国外財産調書関係通達5-2(1)）。

第5章　その他

| 番号 | |

平成　　年12月31日分　国外財産調書

提出用	国外財産を有する者	住　所（又は事業所、事務所、居所など）						
		氏　名					（電話）	

国外財産の区分	種類	用途	所　　　　在	数量	価　　額	備考
		合　計　額				
（摘要）						

（　）枚のうち（　）枚目

第２部　相続税

FA5001

_____税務署長
____年____月____日

平成　　年12月31日分　国外財産調書合計表

提出用

住所又は事業所事務所居所など	〒		フリガナ				
			氏名			印	
			性別 男 女	職業		電話番号	(自宅・勤務先・携帯)
			生年月日			財産及び債務の明細書の提出有	
						番号	

（単位は円）

	財産の区分	価額（百万　千　円）		財産の区分	価額（百万　千　円）
1	土　　地			保険の契約に関する権利	
2	建　　物			株式に関する権利	
3	山　　林		12	預託金等	
4	現　　金		そ	組合等に対する出資	
5	預 貯 金		の	信託に関する権利	
6	有価証券		他	無体財産権	
7	貸 付 金		の		
8	未収入金		財		
9	書画骨とう美術工芸品		産		
10	貴金属類			その他の財産（上記以外）	
11	動　　産（上記4、9、10以外）			合　計　額	

備考

税理士署名押印　　　印
電話番号　　－　　－

整理欄	区　分	A	B	C	D	E	F	G	H	I
	異動		年		月		日			
	通信日付印（年月日）	(　．　．　)								

358

第5章 その他

国外財産調書制度（国内財産・国外財産の判定）

国外財産調書制度の対象となる国外財産か国内財産かの判定はどのように行うのでしょうか。

基本的に相続税法第10条の規定により判定しますが，国外送金等調書法により一定の調整が加えられています。

解 説

国外財産調書の対象となる「国外財産」とは，「国外にある財産をいう」こととされており（国外送金等調書法2十四），財産が「国外にある」かどうかの判定については，基本的には財産の所在の判定について定める相続税法第10条の規定によることとされ，同条第1項及び第2項に掲げる財産については，これらの規定の定めるところによることとされています（国外送金等調書法5③，国外送金等調書令10①）。

ただし，有価証券等（注1）が，金融商品取引業者等の営業所等に開設された口座に係る振替口座簿（注2）に記載等がされているものである場合等におけるその有価証券等の所在については，相続税法第10条第1項及び第2項等の規定にかかわらず，その口座が開設された金融商品取引業者等の営業所等の所在によることとされています（国外送金等調書法5③，国外送金等調書令10②）。

(注1)　「有価証券等」とは具体的には次のものをいいます。
　① 　貸付金債権（相続税法第10条第1項第7号に掲げる財産）に係る有価証券
　② 　社債若しくは株式，法人に対する出資又は外国預託証券（相続税法第10条第1項第8号に掲げる財産）
　③ 　集団投資信託又は法人課税信託に関する権利（相続税法第10条第1項第9号に掲げる財産）に係る有価証券

359

第2部　相続税

　　④　国債又は地方債（相続税法第10条第2項に規定する財産）
　　⑤　外国等の発行する公債（相続税法第10条第2項に規定する財産）
　　⑥　抵当証券又はオプションを表示する証券若しくは証書（国外送金等調書規則第12条第3項第2号に規定する財産）
　　⑦　組合契約等に基づく出資（国外送金等調書規則第12条第3項第3号に規定する財産）に係る有価証券
　　⑧　信託に関する権利（国外送金等調書規則第12条第3項第4号に規定する財産）に係る有価証券

（注2）　「金融商品取引業者等の営業所等に開設された口座に係る振替口座簿」とは，社債，株式等の振替に関する法律に規定する振替口座簿をいい，外国におけるこれに類するものを含みます。

その年の12月31日において保有する各財産が「国外にある」かどうかの具体的な判定については，その財産の現況により，下記の表により判定します。

財産の所在の判定表

	財産の種類	所在の判定	
1	動産若しくは不動産又は不動産の上に存する権利	その動産又は不動産の所在	
2	1のうち，船舶又は航空機	船籍又は航空機の登録をした機関の所在（注1）	
3	鉱業権若しくは租鉱権又は採石権	鉱区又は採石場の所在	
4	漁業権又は入漁権	漁場に最も近い沿岸の属する市町村又はこれに相当する行政区	
5	金融機関に対する預金，貯金，積金又は寄託金（注2）	その預金等の受入れをした営業所又は事業所の所在	
6	保険金（保険の契約に関する権利を含む）（注3）	その保険の契約に係る保険会社等の本店等又は主たる事務所の所在	
7	退職手当金，功労金その他これらに準ずる給与（一定の年金又は一時金に関する権利を含む）（注4）	その給与を支払った者の住所又は本店若しくは主たる事務所の所在	
8	貸付金債権	その債務者の住所又は本店若しくは主たる事務所の所在（注5）	口座が開設された金融商品取引業者等の営業所等の所在（注8）

第5章　その他

	財産の種類	所在の判定	
9	社債若しくは株式（株式に関する権利（株式を無償又は有利な価額で取得することができる権利その他これに類する権利を含む）が含まれる），法人に対する出資又は外国預託証券(注6,7)	その社債若しくは株式の発行法人，その出資のされている法人又は外国預託証券に係る株式の発行法人の本店又は主たる事務所の所在	口座が開設された金融商品取引業者等の営業所等の所在(注8)
10	集団投資信託又は法人課税信託に関する権利	これらの信託の引受けをした営業所，事務所その他これらに準ずるものの所在	
11	特許権，実用新案権，意匠権若しくはこれらの実施権で登録されているもの，商標権又は回路配置利用権，育成者権若しくはこれらの利用権で登録されているもの	その登録をした機関の所在	
12	著作権，出版権又は著作隣接権でこれらの権利の目的物が発行されているもの	これを発行する営業所又は事業所の所在	
13	1から12までの財産を除くほか，営業所又は事業所を有する者の営業上又は事業上の権利	営業所又は事業所の所在	
14	国債又は地方債	この法律の施行地（国内）	口座が開設された金融商品取引業者等の営業所等の所在(注8)
15	外国又は外国の地方公共団体その他これに準ずるものの発行する公債	その外国	
16	預託金又は委託証拠金その他の保証金（5に該当する財産を除く）	左記の預託金等の受入れをした営業所又は事務所の所在	
17	抵当証券又はオプションを表示する証券若しくは証書	左記の有価証券の発行者の本店又は主たる事務所の所在	
18	組合契約等に基づく出資	左記の組合契約等に基づいて事業を行う主たる事務所，事業所その他これらに準ずるものの所在	口座が開設された金融商品取引業者等の営業所等の所在(注8)
19	信託に関する権利	その信託の引受けをした営業所，事務所その他これらに準ずるものの所在	
20	1から19までに掲げる財産以外の財産	その財産を有する者の住所（住所を有しない場合は居所）	

第 2 部　相続税

(注 1)　船籍のない船舶については，相続税法基本通達 10 － 1 に基づき，動産としてその所在により国外財産であるかどうかを判定します。

(注 2)　「金融機関に対する預金，貯金，積金又は寄託金」とは，相続税法施行令第 1 条の 13 に規定するものをいいます。

(注 3)　「保険の契約に関する権利」の所在については，国外送金等調書規則第 12 条第 2 項の規定の適用があります。

(注 4)　「一定の年金又は一時金に関する権利」とは，相続税法施行令第 1 条の 3 に定める年金又は一時金に関する権利（これらに類するものを含む）をいいます。

(注 5)　債務者が 2 以上ある場合には，主たる債務者とし，主たる債務者がないときは，相続税法施行令第 1 条の 14 により判定した一の債務者となります。

(注 6)　「外国預託証券」とは，相続税法施行令第 1 条の 15《有価証券》に規定する外国預託証券をいいます。

(注 7)　「株式に関する権利（株式を無償又は有利な価額で取得することができる権利その他これに類する権利を含む）」の所在については，国外送金等調書規則第 12 条第 2 項の規定の適用があります。

(注 8)　左記の財産に係る有価証券が，金融商品取引業者等の営業所等に開設された口座に係る振替口座簿に記載等がされているものである場合の取扱いです。

第5章　その他

 **国外財産調書制度
（信託受益権に係る国外財産の判定）**

　信託受益権については国外財産であるか否かの判定はどのように行うのでしょうか。

POiNT

　原則としてその信託の引受けをした営業所，事務所その他これらに準ずるものの所在により判定します。

　国外財産調書の対象となる「国外財産」の所在の判定については基本的に相続税法第10条の規定によることとされ，同条第1項及び第2項に掲げる財産については，これらの規定の定めるところによることとされています（国外送金等調書法5③）。

　相続税法第10条第1項第9号で集団投資信託及び法人課税信託に係る権利についてはその信託の引受けをした営業所，事務所その他これらに準ずるものの所在により判定する旨が規定されています。

　集団投資信託及び法人課税信託以外のいわゆる受益者等課税信託（パススルー信託）については相続税法上の国外財産か否かは個々の信託財産の内容に応じて判定されるものと考えられますが，国外財産調書の対象となる「国外財産」の所在の判定に関し，集団投資信託及び法人課税信託以外のいわゆるパススルーとなる信託についてはその信託の引受けをした営業所，事務所その他これらに準ずるものの所在により判定するものとされています（国外送金等調書規則12③四）。

　したがって，日本法人が発行した株式であっても当該株式が外国の信託会社に信託（パススルー信託）された場合には，相続税法では国内財産として取り扱われますが，国外財産調書制度上は「国外財産」として取り扱われることに

363

なる一方，例えば外国法人が発行した社債であっても当該社債が日本の信託会社に信託（パススルー信託）された場合には相続税法では国外財産として取り扱われますが，国外財産調書制度上は「国内財産」として取り扱われることになります。

　ただし，集団投資信託，法人課税信託又は受益者等課税信託に係る受益権が金融商品取引業者等の営業所等に開設された口座に係る振替口座簿に記載等がされているものである場合等におけるその受益権等の所在については，その口座が開設された金融商品取引業者等の営業所等の所在によることになります（国外送金等調書法5③，国外送金等調書令10②）。

第5章　その他

 国外財産調書制度（信託受益権の価額）

　国外財産調書に記載すべき財産の信託受益権の価額は，どのような方法で算定すればよいのでしょうか。

　基本的に財産評価基本通達により評価した価額を国外財産調書に記載することができます。

解　説

　国外財産調書に記載する国外財産の価額は，その年の12月31日における「時価」又は時価に準ずるものとして「見積価額」によることとされています（国外送金等調書法5③，国外送金等調書令10④，国外送金等調書規12⑤）。

　これは，国外財産の価額について，その年の12月31日における「時価」の算定が困難な場合等も考えられることから，国外財産調書を提出される方の事務負担等を軽減する観点から時価に準ずるものとして「見積価額」によることを認めることとしているものです。

　国外財産の「時価」とは，その年の12月31日における国外財産の現況に応じ，不特定多数の当事者間で自由な取引が行われる場合に通常成立すると認められる価額をいいます（国外財産調書関係通達5－7前段）。

　その価額は，国外財産の種類に応じて，動産及び不動産等については専門家による鑑定評価額，上場株式等については，金融商品取引所等（注）の公表する同日の最終価格等となります。

（注）　「金融商品取引所等」とは，金融商品取引所のほか，店頭登録等の公表相場があるものを指します。

国外財産の「見積価額」とは，その国外財産の種類等に応じて，次の方法で算定した価額をいいます（国外送金等調書規12⑤，国外財産調書関係通達5－7後段，5－9(2)）。

① 事業所得の基因となる棚卸資産
　　その年の12月31日における「棚卸資産の評価額」
② 不動産所得，事業所得，山林所得又は雑所得に係る減価償却資産
　　その年の12月31日における「減価償却資産の償却後の価額」
③ 上記①及び②以外の財産
　　その年の12月31日における「国外財産の現況に応じ，その財産の取得価額や売買実例価額などを基に，合理的な方法により算定した価額」

　財産評価基本通達では，相続税及び贈与税の課税価格計算の基礎となる各財産の評価方法に共通する原則や各種の財産の評価単位ごとの評価の方法を定めています。
　国外財産調書に記載する国外財産の価額についても，財産評価基本通達で定める方法により評価した価額として差し支えないものとされています。
　したがって，信託受益権についても財産評価基本通達で定める方法により評価した価額を国外財産調書に記載することができます（信託受益権の財産評価基本通達による評価についてはQ143-148参照）。

Q153 国外財産調書制度 (過少申告加算税等の特例措置)

国外財産調書を提出等している場合の，過少申告加算税等の特例措置について教えてください。

Point

国外財産調書を提出期限内に提出しているか否かにより過少申告加算税等が軽減又は加重することとされています。

解 説

国外財産調書の提出制度は，保有する国外財産の種類，数量及び価額等の情報の提出をその財産を保有する者から求めるもので，国外財産調書の適正な提出に向けたインセンティブとして，過少申告加算税及び無申告加算税（以下「過少申告加算税等」という）の特例措置が設けられています（国外送金等調書法6）。

1 過少申告加算税等の軽減措置

国外財産調書を提出期限内に提出した場合には，国外財産調書に記載がある国外財産に関する所得税及び復興特別所得税（以下「所得税等」という）又は相続税の申告漏れが生じたときであっても，その国外財産に関する申告漏れに係る部分の過少申告加算税等について，5％減額されます。

2 過少申告加算税等の加重措置

国外財産調書の提出が提出期限内にない場合又は提出期限内に提出された国外財産調書に記載すべき国外財産の記載がない場合（重要な事項の記載が不十分と認められる場合を含む）に，その国外財産に関する所得税等の申告漏れ（死亡した者に係るものを除く）が生じたときは，その国外財産に関する申告漏れに係る部分の過少申告加算税等について，5％加重されます。

第2部 相続税

(注)　「過少申告加算税等の加重措置」は，相続税及び死亡した者の所得税等についての適用はありません。

第5章 その他

 国外財産調書制度（罰則）

国外財産調書を提出しなかった場合等の罰則について教えてください。

　一定の行為をした場合には，1年以下の懲役又は50万円以下の罰金に処することとされています

解　説

　国外財産調書の提出制度においては，以下の行為をした場合には，1年以下の懲役又は50万円以下の罰金に処することとされています（国外送金等調書法10①②本文）。

　①　偽りの記載をして国外財産調書を提出した場合
　②　正当な理由がなく提出期限内に国外財産調書を提出しなかった場合

（注）上記のほか，以下の行為が認められた場合にも，同様の罰則が課されることとされています（国外送金等調書法⑨三,四）。
　▶ 国外財産調書の提出に関する調査について行う当該職員の質問に対して答弁せず，若しくは偽りの答弁をし，又は検査を拒み，妨げ，若しくは忌避したとき
　▶ 国外財産調書の提出に関する調査について行う物件の提示又は提出の要求に対し，正当な理由がなくこれに応じず，又は偽りの記載若しくは記録をした帳簿書類その他の物件（その写しを含む）を提示し，若しくは提出したとき

　なお，上記②については，情状により，刑を免除することができることとされています（国外送金等調書法10②但書）。

第3部
消費税

受益者等課税信託の概要

消費税法上、受益者等課税信託とはどのような信託でしょうか。

Point

受益者等課税信託とは消費税法上いわゆるパススルーとして取り扱われる信託をいいます。

 解 説

受益者等課税信託とは集団投資信託、法人課税信託又は退職年金等信託に該当しない信託で税務上いわゆるパススルーとして取り扱われる信託をいいます。

受益者等課税信託の受益者は当該信託の信託財産に属する資産を有するものとみなし、かつ、当該信託財産に係る資産取引等（資産の譲渡等、課税仕入れ及び課税貨物の保税地域からの引取りをいう）は当該受益者の資産等取引とみなして課税関係が決定されます（消法14）。

受益者等課税信託とは

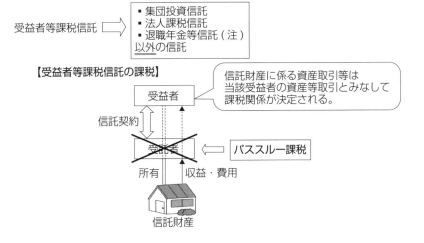

(注) 退職年金等信託とは法人税法第84条第1項に規定する確定給付年金資産管理運用契約、確定給付年金基金資産運用契約、確定拠出年金資産管理契約、勤労者財産形成給付契約若しくは勤労者財産形成基金給付契約、国民年金基金若しくは国民年金基金連合会の締結した国民年金法第128条第3項若しくは第137条の15第4項に規定する契約又はこれらに類する退職年金に関する契約で下記に定めるものに係る信託をいいます。

① 法人税法附則第20条第3項に規定する適格退職年金契約
② 法人税法施行令第156条の2第10号に規定する厚生年金基金契約

Q156 消費税法の信託の「受益者」の定義

消費税法上の信託の「受益者」の定義を教えてください。

消費税法上の受益者は受益者としての権利を現に有するものに限られ、一定の者を受益者とみなすものとされています。

解説

1 原則

消費税法上、受益者とは受益者としての権利を現に有するものに限るものとされます（消法14①）。

したがって、受益者には信託法第182条第1項第1号に規定される残余財産受益者は含まれますが、次に掲げる者は含まれないものとされています（消基通4-3-4）。

① 信託法第182条第1項第2号に規定する帰属権利者（以下、「帰属権利者」という）（その信託の終了前の期間に限る）

② 委託者の死亡の時に受益権を取得する信託法第90条第1項第1号に掲げる受益者となるべき者として指定された者（委託者の死亡前の期間に限る）

③ 委託者の死亡の時以後に信託財産に係る給付を受ける信託法第90条項第2号に掲げる受益者（委託者の死亡前の期間に限る）

例えば信託法第90条項第2号の受益者のように委託者が死亡するまで受益者としての権利を有さないこととされている者は、委託者が死亡するまでは現に権利を有する者とはいえないことから、委託者が死亡するまでは「受益者等」には含まれないこととなります。

> **参考** 帰属権利者と残余財産受益者の違い
>
> 　信託行為で，信託終了時に残余財産の給付を受ける権利を持つと定められた者を残余財産受益者といいます（信託法2⑥，2⑦，182①一）。残余財産受益者は受益権が保障されていることから，受益者としての権利を現に有する者として取り扱われます。
> 　一方，信託行為で信託終了時に残余財産が帰属すると定められた者を帰属権利者といいます（信託法182条①二）。帰属権利者は残余財産受益者と異なり，信託が終了するまでは信託法上の権利を有しないため，相続税法上の受益者には含まれないことになります。

2　みなし受益者

　信託の変更をする権限（軽微な変更をする権限を除く）を現に有し，かつ，信託の信託財産の給付を受けることとされている者は受益者とみなされます（消法14②）。

　軽微な変更をする権限とは信託の目的に反しないことが明らかである場合に限り，信託の変更をすることができる権限とされています（消令26①）。また，信託の変更をする権限には他の者との合意により信託の変更をすることができる権限を含まれます（消令26②）。

　停止条件が付された信託財産の給付を受ける権利を有する者は，信託財産の給付を受けることとされている者に該当します（消令26③）。

　みなし受益者には，信託の変更をする権限を現に有している委託者が次に掲げる場合であるものが含まれます（消基通4－3－5）。

① 　当該委託者が信託行為の定めにより帰属権利者として指定されている場合
② 　信託法第182条第2項に掲げる信託行為に残余財産受益者若しくは帰属権利者（以下この項において「残余財産受益者等」という）の指定に関する定めがない場合又は信託行為の定めにより残余財産受益者等として指定を受けた者の全てがその権利を放棄した場合

消費税法上の受益者

| 消費税法上の受益者 | → | 原則　受益者としての権利を現に有するもの |

みなし受益者
- 信託の変更をする権限を現に有する，かつ，
- 信託の信託財産の給付を受けることとされている

受益者等課税信託（信託契約に基づく財産の移転）

受益者等課税信託について信託行為に基づき，委託者から受託者へ資産を移転した場合，消費税の課税関係は発生しますでしょうか。

受益者等課税信託について信託行為に基づき，委託者から受託者へ資産を移転した場合の当該移転は消費税法上の「資産の譲渡等」には該当しません。

解　説

消費税の課税の対象となる取引は，国内において事業者が事業として対価を得て行う資産の譲渡等です。

「資産の譲渡等」とは，事業として有償で行われる資産の譲渡，資産の貸付け及び役務の提供をいいます。

受益者等課税信託について，信託行為に基づき，その信託の委託者から受託者へ信託する資産の移転は消費税法上の「資産の譲渡等」には該当しないことことされています（消基通4－2－1(1)）。

受益者等課税信託における消費税の課税関係

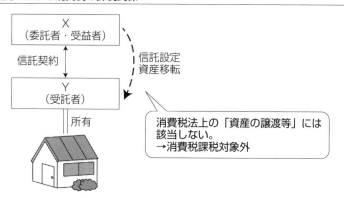

Q158 受益者等課税信託（信託終了に伴う財産の移転）

受益者等課税信託について信託の終了に伴い，受託者から受益者又は委託者への残余財産の給付として資産を移転した場合，消費税の課税関係は発生しますでしょうか。

受益者等課税信託について信託の終了に伴い，受託者から受益者又は委託者への財産給付として資産を移転した場合の当該移転は消費税法上の「資産の譲渡等」には該当しません。

解 説

消費税の課税の対象となる取引は，国内において事業者が事業として対価を得て行う資産の譲渡等です。

「資産の譲渡等」とは，事業として有償で行われる資産の譲渡，資産の貸付け及び役務の提供をいいます。

受益者等課税信託について，信託の終了に伴い，受託者から受益者又は委託者への財産給付として資産を移転した場合の当該移転は消費税法上の「資産の譲渡等」には該当しないこととされています（消基通4－2－1 (2)）。

受益者等課税信託終了時の消費税の課税関係

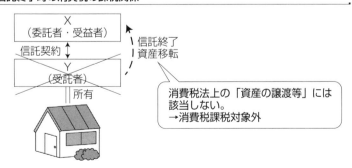

Q159 受益者等課税信託の信託受益権の譲渡

受益者等課税信託の受益者等が信託受益権を譲渡した場合の課税関係について教えてください。

受益者等課税信託の受益者等がその有する権利の譲渡又は取得が行われた場合には，その権利の目的となっている信託財産に属する資産及び負債が譲渡又は取得されたこととなります。

解説

受益者等課税信託の受益者は当該信託の信託財産に属する資産を有するものとみなし，かつ，当該信託財産に係る資産取引等（資産の譲渡等，課税仕入れ及び課税貨物の保税地域からの引取りをいう）は当該受益者の資産等取引とみなして課税関係が決定されます（消法14）。

したがって，受益者等課税信託の受益者等が有する権利の譲渡が行われた場合には，その権利の目的となる信託財産の譲渡が行われたこととなります（消基通4-3-3）。

受益者等課税信託における消費税の課税関係

Q160 受益者が2以上いる場合

受益者等課税信託について受益者が2以上いる場合の留意点について教えてください。

Point

受益者等課税信託について受益者が2以上いる場合，信託の信託財産に属する資産及び負債の全部をそれぞれの受益者がその有する権利の内容に応じて有するものとし，当該信託財産に帰せられる収益及び費用の全部がそれぞれの受益者にその有する権利の内容に応じて帰せられるものとされます。

解説

　受益者等課税信託の受益者は当該信託の信託財産に属する資産を有するものとみなし，かつ，当該信託財産に係る資産取引等（資産の譲渡等，課税仕入れ及び課税貨物の保税地域からの引取りをいう）は当該受益者の資産等取引とみなして課税関係が決定されます（消法14）。

　受益者等課税信託について受益者が2以上いる場合，当該信託の信託財産に属する資産の全部をそれぞれの受益者がその有する権利の内容に応じて有するものとみなし，当該信託財産に係る資産等取引の全部をそれぞれの受益者がその有する権利の内容に応じて行ったものとするものとされています（消令26④）。

　例えば，その信託財産に属する資産が，その構造上区分された数個の部分を独立して住居，店舗，事務所又は倉庫その他建物としての用途に供することができるものである場合において，その各部分の全部又は一部が2以上の受益者の有する受益権の目的となっているときは，当該目的となっている部分（以下，「受益者共有独立部分」という）については，受益者共有独立部分ごとに，当該受益者共有独立部分につき受益権を有する各受益者が，各自の有する受益権

の割合に応じて有しているものとして取り扱われます（消基達4-3-2）。

　消費税法上，受益者等課税信託における受益者は，受益者としての権利を現に有するものに限られるのであるから，例えば，一の受益者が有する受益者としての権利がその信託財産に係る受益者としての権利の一部にとどまる場合であっても，その余の権利を有する者が存しない又は特定されていないときには，当該受益者がその信託財産に属する資産の全部を有するものとみなされ，かつ，資産等取引の全部が帰せられるものとみなされることになります（消基達4-3-1）。

Q161 集団投資信託等の信託財産に係る消費税

集団投資信託等に係る消費税の取扱いについて教えてください。

Point

集団投資信託、法人課税信託等一定の信託については受託者が信託財産に係る消費税の納税義務者となります。

解 説

受益者等課税信託については受益者が当該信託の信託財産に属する資産を有するものとみなし、かつ、当該信託財産に係る資産取引等（資産の譲渡等、課税仕入れ及び課税貨物の保税地域からの引取りをいう）は当該受益者の資産等取引とみなして課税関係が決定されます（消法14）が、下記の信託財産に属する資産の資産等取引について、課税資産の譲渡等である場合には、受託者を納税義務者として消費税が課税されることになっています（消法14①但書）（消基通4－2－2）。

① 法人税法第2条第29号に規定する集団投資信託
② 法人税法第2条第29号の2に規定する法人課税信託
③ 法人税法第12条第4項第1号に規定する退職年金等信託
④ 法人税法第12条第4号第2号に規定する特定公益信託

法人課税信託の受託者の納税義務

法人課税信託の受託者の納税義務の留意点について教えてください。

法人課税信託の受託者の納税義務の有無は固有資産等が帰属する受託者の納税義務の有無によって判定することになります。

解　説

　法人課税信託の受託者は，当該受託者の固有資産等及びその法人課税信託の信託資産等ごとにそれぞれ別の者とみなして消費税法が適用される（消法15①）ことから，固有事業者及び受託事業者の納税義務の有無の判定はそれぞれの課税期間ごとに判定することとされていますが，受託事業者の「基準期間の課税売上高」は当該受託事業者のその課税期間の初日において，当該初日の属する固有事業者の課税期間の基準期間における課税売上高とされています（消法15⑥）。したがって，当該初日の属する固有事業者の課税期間において，当該固有事業者が課税事業者であれば，当該受託事業者も消費税の納税義務者となります。

　また，当該初日の属する固有事業者の課税期間の基準期間における課税売上高が1,000万円以下である場合であっても，当該固有事業者が課税事業者選択届出書を提出する等により，当該課税期間につき消費税の免税事業者にならない場合には，当該受託事業者も免税事業者にならないことになります（消基通4-4-1）。

不動産を信託設定した場合の登録免許税・不動産取得税

不動産を信託設定した時に不動産取得税・登録免許税は課税されますでしょうか。

P OiNT

　不動産の信託設定に関しては登記が必要となり，一定の税率により登録免許税が課税されますが，不動産取得税は課税されません。

解　説

1　信託設定時の登録免許税

　不動産の信託についてはその旨の登記をしなければ，当該不動産が信託財産に属することを第三者に対抗することができないものとされています（信託法14）。

　不動産の信託の登記については，その価格（固定資産税評価額）を課税標準として以下の税率により登録免許税が課税されます（登免法9，別表第一，措法72）。

　　家屋の信託登記　　　0.4％
　　土地の信託登記　　　0.3％

　なお，信託を原因とする不動産の移転登記に関しては，登録免許税は課税されません（登免法7①一）。

2　信託設定時の不動産取得税

　受託者は，信託財産である不動産を私法上取得したことになりますが，受託者には不動産取得税は課税されません（地法73の7）。

信託設定時の課税関係

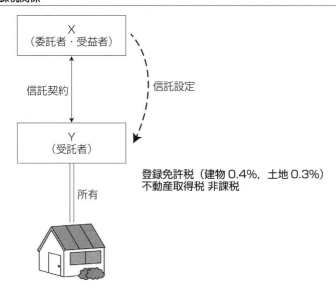

Q164 不動産信託終了時の登録免許税・不動産取得税

不動産信託終了時の不動産取得税・登録免許税の課税関係について教えてください。

信託の終了時に受託者から当初の委託者に信託財産が移転する場合には原則として登録免許税・不動産取得税は課税されません。

解　説

1　信託終了時の登録免許税

信託の効力が生じた時から引き続き委託者のみが信託財産の元本の受益者である信託の信託財産を受託者から当該受益者（当該信託の効力が生じた時から引き続き委託者である者に限る）に移す場合における財産権の移転の登記又は登録については登録免許税は課税されません（登免法7①）。

2　信託終了時の不動産取得税

信託が信託契約に定める終了事由の発生（あるいは合意解除等）により終了した場合，当該信託不動産の名義は，受託者から契約書の中で指定された者（残余財産の帰属先）名義に変更になりますが，残余財産の帰属先と当初委託者（信託設定前の所有者）が，同一人物であれば不動産取得税はかかりません。

一方，残余財産の帰属先と当初委託者が異なる場合には，財産権が新たに移動したことになり，この残余財産の帰属先の者に不動産取得税が課税されます。

信託終了時の課税関係

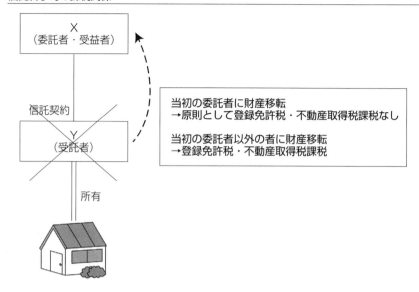

不動産信託受益権を取得した場合の登録免許税・不動産取得税

不動産信託受益権を取得した場合，登録免許税や不動産取得税は課税されますでしょうか。

1筆あたり1,000円の登録免許税が課税されますが，不動産取得税については課税されません。

解説

1 登録免許税

受益者の変更登記が必要となり，登録免許税が1筆あたり1,000円課税されます。

2 不動産取得税

不動産取得税は課税されません。

不動産信託受益権を取得した場合の課税関係

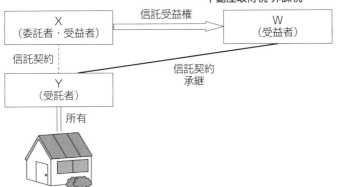

不動産信託の受託者が変更した場合の
登録免許税・不動産取得税

不動産信託の受託者が変更した場合，登録免許税や不動産取得税は課税されますか。

登録免許税や不動産取得税は課税されません。

解　説

1　登録免許税

受託者の変更に伴い受託者であった者から新たな受託者に信託財産を移す場合における財産権の移転については登録免許税は課税されません（登免法7①三）。

2　不動産取得税

不動産取得税は課税されません。

受託者が変更となった場合の課税関係

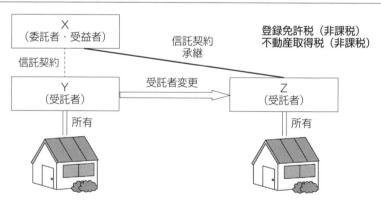

Q167 責任限定信託に係る登録免許税

責任限定信託の設定には登記が必要だそうですが、登録免許税はいくらでしょうか。

Point

限定責任信託の定めの登記に係る登録免許税は1件につき3万円とされています。

解説

限定責任信託とは、受託者が当該信託の全ての信託財産責任債務（受託者が信託財産に属する財産をもって履行する責任を負う債務（信託法2⑨））について、信託財産のみをもってその履行の責任を負う信託をいいます（信託法2⑫）。

受託者の信託事務処理上の不法行為による権利に基づく場合を除き、受託者の固有財産に強制執行等できないものとされています（信託法21②二, 217）。

限定責任信託を設定するためには、信託行為において限定責任である旨の定めをし、かつ、その登記をすることが効力発生要件とされています（信託法216, 232〜247）。

限定責任信託の定めの登記に係る登録免許税は1件につき3万円とされています。

第3部　消費税

 信託契約書に係る印紙税

信託契約書は印紙税は課税対象となりますでしょうか。

信託行為に関する契約書は印紙税（200円）の対象となります。

解　説

信託行為に関する契約書は印紙税の対象となります。印紙税額は200円です。

「信託行為に関する契約書」とは，信託法第3条第1号《信託の方法》に規定する信託契約を証する文書をいいます。

担保付社債信託法その他の信託に関する特別の法令に基づいて締結する信託契約を証する文書は，第12号文書（信託行為に関する契約書）に該当します。

信託法第3条第2号の遺言信託を設定するための遺言書及び同条第3号の自己信託を設定するための公正証書その他の書面は，第12号文書には該当しません。

また，国外で契約が締結された信託契約書は印紙税は課税されません。

信託受益証券に係る印紙税

信託受益証券は印紙税の課税対象となりますでしょうか。

P_OiNT
　一定の信託受益証券は印紙税の課税対象となります。

　投資信託の受益証券，貸付信託の受益証券，特定目的信託の受益証券，受益証券発行信託の受益証券は印紙税の課税対象となります（印法別表１四）。

　印紙税額は記載された券面金額に応じて下記のとおりとなります。

　500万円以下のもの 200円

　500万円を超え1,000万円以下のもの 1,000円

　1,000万円を超え5,000万円以下のもの 2,000円

　5,000万円を超え1億円以下のもの 1万円

　1億円を超えるもの 2万円

受託者の納税義務（受託者の変更）

受託者が変更した場合，納税義務はどのようななるのでしょうか。

受託者が変更した場合，前受託者の信託に関する権利義務は新受託者に承継されます。

解　説

1　受託者の変更

　納税者について相続や合併があった場合には，私法上の権利義務と同様，国税の納付義務についても相続人又は合併法人に承継されます（通則法5，6）。

　信託の受託者について，死亡，破産，解散，辞任等により任務が終了し（信託法56①），新たな受託者が就任した場合には，前受託者の信託に関する権利義務は新受託者に承継されます（信託法75①，②）。このような受託者の変更により信託に関する権利義務が承継される場合，受託者の負う信託財産責任負担債務となる国税の納付義務も，新受託者が承継することになります（通則法7の2①）。

　これは，信託財産責任負担債務となる国税の納付義務は，一義的に信託財産に属する財産を引き当てとし，受託者の変更によって信託財産の帰属が新受託者に移転することから，その納付義務についても信託に係る権利義務と同様に新受託者に承継させることが担税力の観点から適当であるからであるとされています。

　新受託者に承継される納付義務は，前受託者に課されるべき，又は前受託者が納付し，若しくは徴収されるべき国税を納付する義務とされています。この「課されるべき国税」とは，納付義務は成立しているもののいまだ具体的に確定していない国税をいいます。また，「納付し，若しくは徴収されるべき国税」

は，既に納税義務が確定しているもののいまだ納付又は源泉徴収がされていない国税をいいます。

納付義務の承継によって，新受託者は前受託者の有していた税法上の地位を承継するため，前受託者の国税に係る申告，申請等の手続の主体となり，また，更正決定処分，滞納処分等の対象となるほか，前受託者の国税についてされていた納税の猶予等の効果についても承継することとなります。

2 前受託者及び新受託者の責任

前受託者又は任務終了受託者は，信託に係る債務が新受託者に承継された場合であっても，引き続き自己の固有財産をもってその承継された債務を履行する責任を負うこととされています（信託法76①）。この場合，その債務が信託財産に属する財産のみをもって履行する責任を負うもの（信託財産限定責任負担債務）であるときは，任務が終了する以前と同様，前受託者又は任務終了受託者は自己の固有財産をもってその債務を履行する責任を負うことはありません（同項但書）。

また，新受託者にとって，承継した信託に係る債務は自ら信託事務を処理したことに基づくものではないことから，新受託者は，信託財産に属する財産のみをもってその債務を履行する責任を負うこととされています（信託法76②）。

受託者の変更において承継される信託財産責任負担債務となる国税の納付義務について，前受託者，任務終了受託者又は新受託者は，上記の信託法における場合と同様の責任を負うこととされています（通則法7の2⑤，⑥）。

第3部 消費税

 受託者の納税義務（複数の受託者が就任している信託について，そのうちの一人の任務が終了した場合）

複数の受託者が就任している信託について，そのうちの一人の任務が終了した場合，任務終了受託者が負う信託財産責任負担債務となる国税の納付義務はどのようななるのでしょうか。

任務終了受託者が負う信託財産責任負担債務となる国税の納付義務については，その信託事務の引継ぎを受けた受託者が承継することとされています。

解 説

1 受託者が2人以上ある場合

複数の受託者が就任している信託について，そのうちの一人の任務が終了した場合には，他の受託者がその任務が終了した受託者（以下「任務終了受託者」という）の信託に関する権利義務を当然に承継することとされています（信託法86④）。そのため，受託者の変更があった場合と同様，任務終了受託者が負う信託財産責任負担債務（注）となる国税の納付義務についても，その信託事務の引継ぎを受けた受託者が承継することとされております（通則法7の2②）。

なお，複数いる受託者のうち信託事務の引継ぎを受けた特定の受託者にのみ納付義務を承継させることとされたのは，信託行為に別段の定めがあるときは，特定の受託者に任務終了受託者の権利義務が承継される場合があり得るからです（信託法86④但書）。

また，複数いる受託者のうち特定の受託者にのみ信託財産責任負担債務となる国税の納付義務が承継された場合であっても，他の受託者は，信託財産に属する財産について，共有的持分観念を持つことができない合有的法律関係にあることから，その承継された信託財産責任負担債務となる国税の納付義務について信託財産をもって共同して責任を負うことになります。

(注)　信託財産責任債務とは受託者が信託財産に属する財産をもって履行する責任を負う債務をいいます（信託法2⑨）。

2　前受託者及び新受託者の責任

　前受託者又は任務終了受託者は，信託に係る債務が新受託者に承継された場合であっても，引き続き自己の固有財産をもってその承継された債務を履行する責任を負うこととされています（信託法76①）。この場合，その債務が信託財産に属する財産のみをもって履行する責任を負うもの（信託財産限定責任負担債務）であるときは，任務が終了する以前と同様，前受託者又は任務終了受託者は自己の固有財産をもってその債務を履行する責任を負うことはありません（同項但書）。

　また，新受託者にとって，承継した信託に係る債務は自ら信託事務を処理したことに基づくものではないことから，新受託者は，信託財産に属する財産のみをもってその債務を履行する責任を負うこととされています（信託法76②）。

　複数の受託者が就任している信託について，そのうちの一人の任務が終了した場合において承継される信託財産責任負担債務となる国税の納付義務について，前受託者，任務終了受託者又は新受託者は，上記の信託法における場合と同様の責任を負うこととされています（通則法7の2⑤，⑥）。

受託者の納税義務(受託者の死亡)

受託者が死亡した場合，納税義務はどのようななるのでしょうか。

受託者が死亡した場合，信託財産責任負担債務となる国税の納付義務は，信託財産法人が承継し，新受託者が就任した段階で新受託者が承継することになります。

解　説

受託者が死亡した場合には，信託財産に属する財産はその受託者の相続財産には含まれず，その帰属主体を失うこととなります。この場合は，相続人が明らかでないときに相続財産が法人と擬制される（民法951）のと同様に，信託財産は法人と擬制されます（信託法74①）。そのため，相続財産法人に国税の納付義務が承継される（通則法5①）ように，受託者の死亡によりその任務が終了した場合には，受託者の負う信託財産責任負担債務(注)となる国税の納付義務は，信託財産法人が承継することになります（通則法7の2③）。

なお，信託財産法人が納付義務を承継した場合であっても，その後，新受託者が就任したときは，その信託財産法人は成立しなかったものとみなされるため（信託法74④），結果的に納付義務は新受託者が承継することとなります。

（注）　信託財産責任債務とは受託者が信託財産に属する財産をもって履行する責任を負う債務をいいます（信託法2⑨）。

Q173 受託者の納税義務（受託者が分割した場合の承継）

受託者である法人の分割により分割承継法人がその受託者としての権利義務を承継した場合，信託財産責任負担債務となる国税の納付義務はどうなりますか。

Point

受託者である法人の分割により分割承継法人がその受託者としての権利義務を承継した場合には，その分割承継法人に信託財産責任負担債務となる国税の納付義務が承継されます。分割により承継された信託財産責任負担債務となる国税については，分割による連帯納付責任の対象となりません。

解　説

法人が分割した場合には，その分割により事業を承継した分割承継法人は，その分割前に成立した分割法人に係る国税について，承継した財産の価額を限度として連帯納付責任を負うこととされています。

しかし，信託財産責任負担債務となる国税については，受託者である法人が分割した場合，受託者としての権利義務を承継した分割承継法人がその納付義務を承継することとされました。そのため，分割により承継された信託財産責任負担債務となる国税については，分割による連帯納付責任の対象となりません（通則法9の2本文）。

また，分割により承継された信託財産に属する財産は，もとよりその信託に係る信託財産責任負担債務となる国税についてのみ引当てとされるものであって，分割法人に係るその他の国税の引当てにはされていません。そのため，受託者の地位を承継した分割承継法人が，信託財産責任負担債務となる国税以外の分割法人の国税について連帯納付責任を負う場合には，その連帯納付責任の限度額を算定する際，分割により承継取得した財産から信託財産に属する財産を除くこととされています（通則法9の2但書）。

174　信託財産責任負担債務である国税に関する繰上請求

信託財産責任負担債務である国税に関する繰上請求について教えてください。

Point

納税者（受託者）の解散は繰上請求の事由から除かれますが，信託の終了は繰上請求の事由とされています。

解　説

　納税者の財産に対して強制換価手続が開始されたとき，又は法人である納税者が解散したときなど一定の事由が生じた場合において，本来の納期限まで自主的な納付を待っていたのでは国税の徴収を全うすることができないと認められるときは，税務署長はその納期限を繰り上げ，直ちにその国税を徴収するための措置をとることができることとされています（通則法38①）。

　信託財産責任負担債務である国税については，納税者である受託者が解散したとしても，それは受託者の任務終了事由であって，信託自体は存続し，その納付義務は新受託者に承継されることになります。このように，信託財産責任負担債務である国税に関しては，納税者（受託者）の解散は，徴収の確保を図る必要が生ずるような客観的事由ではないため，繰上請求の事由から除くこととされております（通則法38①）。

　一方，信託が終了した場合は，活動の停止による収益の減少又は清算手続による信託財産の散逸など，信託財産責任負担債務である国税の徴収が困難となるおそれが大きくなるため，納税者である法人が解散した場合と同様，信託の終了が繰上請求の事由とされております（通則法38①四）。

　ただし，信託の併合によって信託が終了した場合（信託法163五）は，その信託に係る信託財産責任負担債務である国税は，同一の受託者による併合後の信託の信託財産責任負担債務となる（信託法153）ことから，併合による信託の終了は繰上請求の事由から除かれています。

Q175 信託財産責任負担債務である国税に係る還付金等

信託財産責任負担債務である国税に係る還付金等の制限について教えてください。

Point

信託財産責任負担債務である国税に係る還付金等は，受託者の固有財産に係る国税や他の信託に係る国税に充当することができません。

解説

税務署長は，還付金や国税に係る過誤納金がある場合において，その還付を受ける者に納付しなければならない国税があるときは，還付金等をその国税に充当しなければなりません（通則法57①）。

充当は，還付金等とこれに対立する国税を対当額において消滅させる相殺に類似した処分です。ここで相殺に関して，信託においては，信託財産に対する強制執行等の制限を実効的なものとし，また，受託者の固有財産を保護するため，一定の範囲で相殺が制限されています（信託法22）。

具体的には，受託者が固有財産又は他の信託財産に属する財産のみをもって履行する責任を負う債務に係る債権を有する第三者は，その債権をもって信託財産に属する債権に係る債務と相殺することが禁止されています（信託法22①）。これを認めた場合，第三者による信託財産に対する強制執行等を認めたことになるからです。

また，信託財産に属する財産のみをもって履行する責任を負う信託財産限定責任負担債務に係る債権を有する第三者は，その債権をもって受託者の固有財産に属する債権に係る債務と相殺することが禁止されています（信託法22③）。これは，実質的に他人に対する債務をもって相殺したことになるからです。

信託財産責任負担債務である国税についても，信託法と同様にその充当が一

部制限されます（通則法57①）。まず，信託財産責任負担債務である国税に係る還付金等は，その信託に係る信託財産責任負担債務である国税との間でのみ充当をすることができます。つまり，信託財産責任負担債務である国税に係る還付金等は，受託者の固有財産に係る国税や他の信託に係る国税に充当することができないものとされています。また，受託者の固有財産に係る還付金等については，信託財産に属する財産のみをもって履行する責任を負う信託財産限定責任負担債務である国税に充当することができないものとされています。

清算受託者等の第二次納税義務

信託が終了した場合の清算受託者及び残余財産受益者の第二次納税義務について教えてください。

POiNT

信託が終了した場合において一定の要件を満たした場合，清算受託者及び残余財産受益者は一定の限度額の第二次納税義務を負います。

解　説

法人の解散により清算手続が行われる場合において，清算人は，法人の債務を完済した後でなければ残余財産を分配することができません（会社法502等）。これに違反して国税を納付せずに残余財産の分配又は引渡しが行われた場合には，国税債権を迅速かつ適切に確保するために，その分配等を行った清算人及び残余財産の分配等を受けた者は，第二次納税義務を負うこととされています（徴収法34①）。

信託が終了した場合には，清算受託者によって信託の清算が行われます（信託法175，177）。信託の清算においても，信託に係る債務を弁済した後でなければ，残余財産を残余財産受益者等に給付することができないものとされています（信託法181）。

信託の清算についても，法人の清算の場合と同様，一定の要件に該当するときは，清算受託者及び残余財産受益者等は第二次納税義務を負うこととされています（徴収法34②）。

具体的には，信託が終了した場合において，その信託に係る清算受託者に課されるべき又はその清算受託者が納付すべき国税（信託財産責任負担債務となる国税に限る）を納付せずに信託財産に属する財産を残余財産受益者等に給付したときは，その清算受託者に対して滞納処分を執行してもなおその徴収すべき

額に不足すると認められるときに限り，その清算受託者及び残余財産受益者等は，給付した財産の価額又は給付を受けた財産の価額を限度として第二次納税義務を負うことになります。

なお，清算受託者は，基本的に信託財産責任負担債務である国税について自己の固有財産をもって納付義務を履行する責任を負っているため，ここで第二次納税義務を負う清算受託者は，その信託財産責任負担債務である国税について信託財産に属する財産のみをもって納付義務を履行する責任を負う清算受託者に限られます。

すなわち，その清算受託者が限定責任信託の受託者である場合，又はその国税の成立後に就任した新受託者である場合は，清算受託者として負う第二次納税義務により初めて自己の固有財産をもってその国税を納付する責任を負うことになります。

(注1) 信託財産責任債務とは受託者が信託財産に属する財産をもって履行する責任を負う債務をいいます（信託法2⑨）。
(注2) 限定責任信託とは，受託者が当該信託の全ての信託財産責任債務について，信託財産のみをもってその履行の責任を負う信託をいいます（信託法2⑫）。

1 第二次納税義務の成立要件

成立要件	① 信託が終了した場合において，その信託に係る清算受託者に課されるべき又はその清算受託者が納付すべき国税（信託財産責任負担債務となる国税に限る）を納付せずに信託財産に属する財産を残余財産受益者等に給付したとき
	② 清算受託者に対して滞納処分を執行してもなおその徴収すべき額に不足すると認められるとき

2 第二次納税義務を負う者は次の①及び②に掲げる者です。

① 特定清算受託者

特定清算受託者とは，信託財産責任負担債務となる国税について信託財産に属する財産のみをもって納付する義務を負う清算受託者をいい，具体的に

は次に掲げる者がこれに該当します（徴基通34-21）。

特定清算受託者	清算受託者が限定責任信託の受託者である場合
	清算受託者が当該国税の納付義務の成立後に就任した新たな清算受託者である場合

② 残余財産受益者等

残余財産受益者等とは残余財産受益者と帰属権利者をいいます。

残余財産受益者等	残余財産受益者（残余財産の給付を内容とする受益債権に係る受益者
	帰属権利者（残余財産の帰属すべき者）

3 第二次納税義務の範囲

特定清算受託者と残余財産受益者等でそれぞれ以下のとおりとなります。

残余財産を給付した特定清算受託者	給付をした財産の価額を限度
残余財産の給付を受けた残余財産受益者等	給付を受けた財産の価額を限度

Q177 信託財産に対する滞納処分の制限

委託者，受益者及び受託者の滞納国税について，信託財産に対して滞納処分をすることはできますでしょうか。

POiNT

信託財産に属する財産に対しては，一定の場合を除き，委託者，受益者及び受託者のいずれの滞納国税についても，これを徴収するために信託財産に対して滞納処分をすることはできません。

解説

信託は信託契約，遺言等の信託行為に基づき，委託者が受託者に対して自己の財産を譲渡し，受託者が受益者のためにその財産を管理・処分する制度です。

信託財産は受託者に帰属しますが，信託財産に属する財産に対しては，一定の場合を除き，委託者，受益者及び受託者のいずれの滞納国税についても，これを徴収するために信託財産に対して滞納処分をすることはできません（信託法23①，徴基通47-64）。

滞納処分の制限

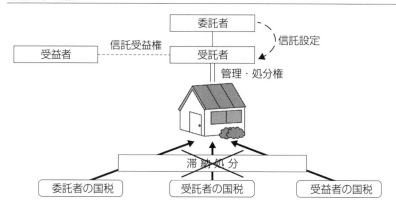

Q178 信託が終了した場合の残余財産に対する滞納処分

信託が終了した場合において残余財産に対して滞納処分をすることはできますでしょうか。

Point

残余財産の給付等が行われた後は，残余財産の帰属者に対して当該帰属者の財産として滞納処分をすることができます。

解 説

信託が終了した場合には，信託の清算が行われ，清算受託者によって残余財産の給付が行われます（信託法175，177）。残余財産は，最終的に，信託行為の定め等に従い，次に掲げる者のいずれかの者に帰属することになります（信託法182）ので，残余財産の給付等が行われた後は，これらの者の財産として滞納処分をすることができます（徴基通47-64（注）1）。

残余財産が最終的に帰属することとなる者	①残余財産受益者（残余財産の給付を内容とする受益債権に係る受益者）
	②帰属権利者（残余財産が帰属すべき者）
	③一定の要件の下で①及び②の者が残余財産の給付を受けない場合において帰属権利者となる委託者又は相続人その他の一般承継人
	④①～③によっても残余財産の帰属が定まらない場合における清算受託者

残余財産への滞納処分

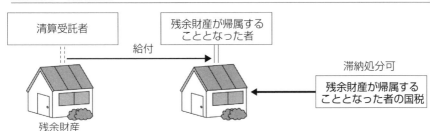

第3部 消費税

Q179 委託者に対する滞納処分

委託者に対して滞納処分をすることはできますでしょうか。

Point
一定の場合に委託者に対して滞納処分をすることができます。

解 説

1 詐害信託の場合

滞納者が委託者である場合において、委託者が国税債権者を含む債権者を害することを知って信託をしたときは、受託者が債権者を害することになるという事実を知っていたか否かにかかわらず、受託者を被告としてその信託の取消しと目的財産の返還（目的財産の返還ができないときは、それに代わる損害賠償）を裁判所に請求することができます。

ただし、受益者が現に存する場合において、その受益者の全部又は一部が、受益者としての指定を受けたことを知ったとき又は受益権を譲り受けた時において債権者を害すべき事実を知らなかったときは、信託の取消しを裁判所に請求することはできないものとされています（信託法11、徴基通47-65）。

詐害信託の場合の滞納処分

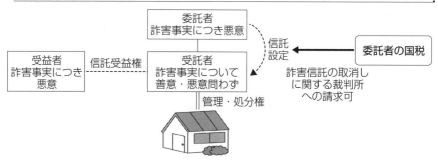

2 自己信託がされた場合における信託財産に対する滞納処分の特例

　自己信託がされた場合において，委託者兼受託者である滞納者が国税債権者を含む債権者を害することを知って当該信託がされた時から2年間を経過した場合を除き，信託前に生じた滞納者の国税を徴収するため，信託財産に属する財産に対して滞納処分をすることができます。ただし，受益者が現に存する場合おいて，その受益者の全部又は一部が，受益者としての指定を受けたことを知ったとき又は受益権を譲り受けた時において債権者を害すべき事実を知らなかったときは，滞納処分をすることはできないものとされています（信託法23②④，徴基通47-64注2）。

滞納処分の特別

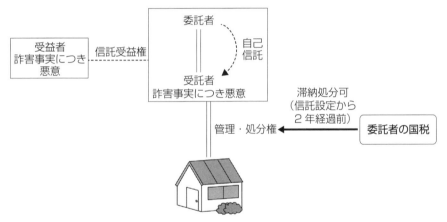

受託者に対する滞納処分

受託者に対して滞納処分をすることができるケースはありますでしょうか。

滞納者が受託者である場合において，その滞納国税が信託財産責任負担債務に該当するものであるときは，原則として，信託財産に属する財産のほか，受託者の固有財産に対しても滞納処分をすることができます。

解 説

滞納者が受託者である場合において，その滞納国税が信託財産責任負担債務に該当するものであるとき（信託法21①，徴基通34-17参照）は，信託財産に属する財産のほか，受託者の固有財産に対しても滞納処分することができます。ただし，滞納者が限定責任信託（信託法2⑫，216）の受託者である場合，又は滞納国税の納付義務の成立後に就任した新たな受託者である場合は，受託者の固有財産に対して滞納処分をすることはできません（信託法217①，76②，徴基通47-66）。

受託者に対して滞納処分をする場合

委託者 ──受託設定──→ 受託者 ──信託受益権──→ 受益者

管理・処分権

固有財産　信託財産

滞納処分可

- 受託者の固有の国税
- 受託者の信託財産責任負担となる国税（左以外の場合）
- 受託者の信託財産責任負担債務となる国税（限定責任信託の受託者，新受託者の場合）

受益者に対する滞納処分

受益者に対して滞納処分をすることができるケースはありますでしょうか。

PoiNT
　一定の場合，受益者に対して滞納処分をすることができます。

解　説

　滞納者が受益者である場合において，その滞納国税を徴収するために，受益者に対して滞納処分をすることができます。受益権とは，信託行為に基づいて受託者が受益者に対して負う債務であって，信託財産に属する財産の引渡しその他の信託財産に係る給付をすべきものに係る債権（受益債権という）及びこれを確保するために信託法の規定に基づいて受託者その他の者に対し一定の行為を求めることができる権利をいいます（信託法2⑦）。この場合の差し押さえの手続は以下のとおりです（徴基通47-67）。

受益権の差押手続	① 受益証券発行信託の受益権（受益証券を発行しない旨が定められた特定の内容の受益権を除く）を差し押さえる場合（信託法185参照）	受益証券が発行されている場合	受益証券を有価証券として差し押さえます（徴収法56）
		受益証券が発行されていない場合	受託者を第三債務者として受益証券の交付請求権（信託法207）を差し押さえる（徴収法62），受益証券の交付を受けた上で，その受益証券を有価証券として差し押さえます（徴収法56）。
	② 受益証券発行信託以外の信託の受益権を差し押さえる場合，又は受益証券発行信託の受益権のうち信託法第185条第2項の規定により受益証券を発行しない旨が定められた特定の内容の受益権を差し押さえる場合		受託者を第三債務者とする無体財産権として差し押さえます（徴収法73）。
	③ ②の受益権のうち受益債権だけを差し押さえる場合		受託者を第三債務者とする債権として差し押さえます（徴収法62）。

第3部 消費税

受益者に対して滞納処分をする場合

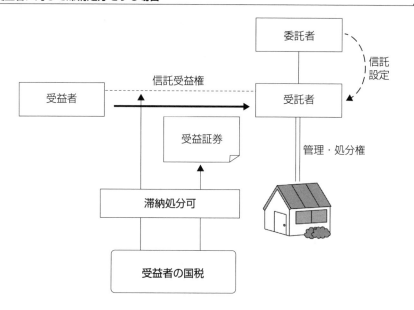

受託者の変更等があった場合の滞納処分の効力

受託者の変更等があった場合の滞納処分の効力について教えてください。

Point

信託財産に属する財産に対する滞納処分が執行された後に，受託者の変更に伴い新受託者が就任したとき，又は受託者である法人の分割により分割承継法人が受託者としての権利義務を承継した場合には，その財産について滞納処分を続行することができます

 解　説

滞納処分を執行した後に，その滞納者について相続又は法人の合併があった場合には，その財産について滞納処分を続行することができることとされています（徴収法139①）。

信託法においては，新受託者の就任前にされた強制執行等の手続は，新受託者に対し続行することができるとされています（信託法75⑧）。

信託財産に属する財産に対する滞納処分が執行された後に，受託者の変更に伴い新受託者が就任したとき，又は受託者である法人の分割により分割承継法人が受託者としての権利義務を承継した場合には，その財産について滞納処分を続行することができます（徴収法139③，④）。

【参考文献】

住沢　整『改正税法のすべて（平成17年度）』（大蔵財務協会・2005）

青木孝徳『改正税法のすべて（平成19年版）』（大蔵財務協会・2007）

武田昌輔　監修『DHC　コンメンタール　所得税法』（第一法規株式会社）

武田昌輔　監修『DHC　コンメンタール　相続税法』（第一法規株式会社）

武田昌輔　監修『DHC　コンメンタール　消費税法』（第一法規株式会社）

大澤幸宏　編著『法人税基本通達逐条解説（七訂版）』（大蔵財務協会・2014）

野原　誠　編集『相続税法基本通達逐条解説（平成27年版）』（大蔵財務協会・2015）

浜端達也　編集『消費税法基本通達逐条解説（平成26年版）』（大蔵財務協会・2013）

五月女浩一『図解　国税徴収法（平成26年版）』（大蔵財務協会・2013）

索　引

(A～Z)

Revobable Living Trust ……………………278

(あ行)

後継ぎ遺贈型受益者連続信託 ……………259
遺言信託 …………………………………247
委託者 ………………………………287, 408
委託者指図型投資信託 …………………61, 64
委託者非指図型投資信託 ………………61, 90
印紙税 ……………………………………392
姻族 ………………………………………283

(か行)

外国公社債投資信託 ……………………96
外国公募株式投資信託 …………………93
外国慈善信託 ……………………………234
外国私募株式投資信託 …………………93
外国証券投資信託 ………………………103
外国税額控除 ……………………47, 193, 293
外国投資信託 ……………………………63, 90
貸付事業用宅地等 ………………………339
貸付信託 …………………………………393
貸付信託の受益証券 ……………………345
過少申告加算税 …………………………367
株式等証券投資信託 ……………………69
元本の受益権 ……………………………350
元本の払戻し ……………………………118
帰属権利者 ……………………10, 243, 254, 407
教育資金 …………………………………318
教育資金管理契約 ………………………316
教育資金支出額 …………………………324
教育資金非課税申告書 …………………321
居所 ………………………………………160
繰上請求 …………………………………400
継続適用届出書 ……………………179, 203, 221
結婚・子育て資金 …………………326, 328
結婚・子育て資金非課税申告書 ………330
限定責任信託 ………………………391, 404, 410
公益信託 ……………………………228, 257
恒久的施設 ……………………45, 100, 146
公社債投資信託 …………………………66
更正の請求 …………………………177, 201
合同運用信託 ………………………58, 84, 90
公募 ………………………………………73
公募株式投資信託 ………………………69, 70
国外財産 ……………………………270, 359, 363
国外財産調書 ……………………………355
国外転出 …………………………………160
国外転出時課税 …………………………154
国外転出時課税制度 ……………………150
国内公募公社債等運用投資信託 ………75
国内公募投資信託 ………………………73
国内公募非公社債等投資信託 …………77
国内財産 …………………………………270
子育て資金支出額 ………………………332
固有財産 ……………………………108, 397
固有資産 …………………………………111

(さ行)

在留資格 …………………………………161
裁量信託 …………………………………278

415

詐害信託	408
残余財産	407
残余財産受益者	10, 243, 254, 403, 407
自益信託	15, 247
事業譲渡類似株式	43, 51
自己信託	108, 409
私募株式投資信託	69, 70
私募公社債等運用投資信託	128, 129
私募非公社債等投資信託	128
社債的受益権	84, 135
社債的受益権以外の特定目的信託の受益権	137
収益及び費用の帰属の時期	14
収益の受益権	350
収益の分配	117
重国籍者	274
住所	160, 272
集団投資信託	56, 383
受益権が複層化された受益者連続型信託	353
受益債権	411
受益者	375, 411
受益者等課税信託	7, 349, 373
受益者等の存しない信託	121, 280
受益者連続型信託	259, 351
受益証券発行信託	79, 348, 393
受託者	289, 295, 410
受託者の変更	394
取得の日	21
取得費	22, 24
準確定申告	214
小規模宅地等	337
証券投資信託	63, 64, 84
証券投資信託の受益証券	346
譲渡所得	20, 24
譲渡費用	21
申告分離課税	67, 71
親族	283
信託財産責任負担債務	264, 294, 394
信託財産法人	398
信託設定	113, 385
信託の計算期間	14
信託の計算書	37
信託の終了	17, 120, 379, 387
信託の設定	124
信用取引	150, 170, 191, 213
生活の本拠	272
制限納税義務者	269, 275
清算受託者	403, 407
生命保険信託	246
相続対象資産	218, 220, 222
贈与税の配偶者控除	334
贈与対象資産	195, 201
租税条約	42, 98, 144
損益通算	35
存しない者	301

(た行)

退職金信託	240
第二次納税義務	403
滞納処分	406, 407
他益信託	247
タックスヘイブン対策税制	102, 140, 142
担保財産	184
チェック・ザ・ボックス規制	47
チャリタブル・リメインダー・トラスト	53

直系尊属	316, 326
適格退職年金信託	240
適用被相続人等	213, 224
撤回可能生前信託	278
デリバティブ取引	150, 172, 191, 213
投資信託	61
特殊関係者	51
特定委託者	243
特定株式投資信託	69, 70
特定寄付金	231
特定寄附信託	37
特定居住用宅地等	339
特定公益信託	257
特定事業用宅地等	339
特定受益者	35, 49
特定受益証券発行信託	79, 84
特定信託	302
特定清算受託者	404
特定投資信託	103
特定同族会社事業用宅地等	339
特定目的信託	108, 133, 393
特別分配金	71
匿名組合契約の出資の持分	150, 213
匿名組合出資の持分	190
独立代理人	100
特例基準割合	185, 206
取消不能生命保険信託	309

(な行)

二世帯住宅	341
任務終了受託者	396
納税管理人	179, 194, 212, 220
納税猶予	178, 203
納税猶予期間満了	192, 211

(は行)

配当控除	71
配当所得	70
パススルー	373
発行日決済取引	170
非永住者	355
非課税拠出額	324, 332
非公社債等投資信託	131
不動産投資信託証券	348
振替国債	104
振替社債	104
振替地方債	104
プロベート	277
法人課税信託	108, 383
見積価額	365

(ま行)

みなし受益者	10, 122
みなし譲渡	25
無制限納税義務者	268, 274

(や行)

有価証券	166
ユニット・トラスト	92

(ら行)

利子所得	58, 66
利子税	185
連帯納税義務	295
連帯納付責任	399

執筆者紹介

Withers LLP
ウィザーズ・ジャパン（Withers Japan）税理士法人

　Withers LLPは英国ロンドンに本拠を置く100年以上の歴史を持つ国際法律事務所です。

　米国・ヨーロッパ・アジア等にオフィスを持ち，全世界に180名以上のパートナー，1,000名以上のスタッフを有し，富裕層向けの税務，信託，エステートプランニング等のサービスを中心とした様々な法務・税務サービスを提供しています。

　ウィザーズ・ジャパン税理士法人はWithers LLPの日本におけるサービスの拠点として2015年5月に設立され，信託等を利用したエステートプランニングに関するアドバイスの他，クロスボーダーM&A，組合・信託等を利用したクロスボーダー投資等に関する税務アドバイス等クロスボーダー取引に関する様々なコンサルティングサービスを提供しております。

ウィザーズ・ジャパン税理士法人
〒102-0092 東京都千代田区隼町2番19号　いちご半蔵門ビル1階
電話：03-6866-8700（代表）　FAX：03-6866-8701
代表社員　富田　千寿子／水谷　猛雄

【代表社員紹介】

富田　千寿子

　一橋大学社会学部卒業。税理士。

　英国大手通信会社タックスディレクター，アーンストアンドヤング税理士法人パートナー及びモリソン・フォースター税理士法人パートナーを経て，2015年5月よりウィザーズ・ジャパン税理士法人の代表社員・パートナーに就任。

　グローバルタックスミニマイゼーション，クロスボーダーM&A，組合・信託等を利用したクロスボーダー投資，クロスボーダーのエステートプランニン

グ，その他タックスヘイブン対策税制・租税条約等のクロスボーダー取引に関するコンサルティング業務に従事。
（主な共著書等）
Japan Taxation Chapter, IBFD
Japan Chapter, Investment Funds, IBFD 等

水谷　猛雄
　早稲田大学政治経済学部卒業。税理士。
　大原簿記学校（相続税法科講師），勝島敏明税理士事務所（現税理士法人トーマツ），税理士法人中央青山（現PWC税理士法人）での勤務，ホワイト＆ケース税理士法人パートナー及びモリソン・フォースター税理士法人パートナーを経て，2015年5月よりウィザーズ・ジャパン税理士法人の代表社員・パートナーに就任。
　来日外国人等クロスボーダーの所得税・相続税に関するコンサルティング，クロスボーダー投資，クロスボーダーM&A，金融商品等に関するコンサルティングその他の国際税務コンサルティング業務に従事。
（主な共著書等）
『Q&A投資事業有限責任組合の法務・税務』（税務経理協会）
『知的財産に係る税務戦略』（税務経理協会）
Tax Planning for International Mergers, Acquisitions, Joint Ventures and Restructuring, Kluwer Law International
Private Client Practical Law Multi-Jurisdictional Guide Country Q&A Japan, Practical Law Company

編著者との契約により検印省略

平成27年11月30日 初版第1刷発行

Q&A
クロスボーダー信託の税務
―個人信託に係る所得税・
相続税の課税関係―

編 著 者		ウィザーズ・ジャパン 税 理 士 法 人
発 行 者		大 坪 嘉 春
製 版 所		株式会社技秀堂
印 刷 所		税経印刷株式会社
製 本 所		牧製本印刷株式会社

発行所	東京都新宿区 下落合2丁目5番13号	株式 会社 税務経理協会
	郵便番号 161-0033　振替 00190-2-187450 FAX (03) 3565-3391 URL http://www.zeikei.co.jp/ 乱丁・落丁の場合はお取替えいたします。	電話 (03) 3953-3301 (大 代 表) (03) 3953-3325 (営業代表)

Ⓒ ウィザーズ・ジャパン税理士法人　2015

本書の無断複写は著作権法上での例外を除き禁じられています。複写される
場合は,そのつど事前に,(社)出版者著作権管理機構(電話 03-3513-6969,
FAX 03-3513-6979, e-mail : info@jcopy.or.jp)の許諾を得てください。

JCOPY ＜(社)出版者著作権管理機構 委託出版物＞

Printed in Japan

ISBN978―4―419―06296―5　C3032